Peter McAllister

Rohes Fleisch und Dosenbier

Peter McAllister

Rohes Fleisch und Dosenbier

Wie aus Menschen Männer wurden

Aus dem Englischen von Birgit Hock

HERDER

FREIBURG · BASEL · WIEN

Titel der Originalausgabe:
Manthropology. The Science of the Inadequate Modern Male
Hachette Australia
ISBN 978-0-7336-2391-2
© Peter McAllister 2009

Für die deutschsprachige Ausgabe:
© Verlag Herder GmbH, Freiburg im Breisgau 2010
Alle Rechte vorbehalten
www.herder.de

Satz: Barbara Herrmann, Freiburg
Herstellung: fgb · freiburger graphische betriebe
www.fgb.de

Gedruckt auf umweltfreundlichem, chlorfrei gebleichtem Papier
Printed in Germany

ISBN 978-3-451-30124-7

Inhalt

Vorwort:
Der schlechteste Mann der Geschichte

Wenn Sie diese Seiten lesen, dann sind Sie – oder der Mann, für den Sie dieses Buch gekauft haben – der schlechteste Mann der Geschichte.

Keine Wenns, keine Aber – der schlechteste Mann der Geschichte. Punkt.

Weshalb ich mir da so sicher bin? Als Paläoanthropologe (griech. *palaeo* = alt, antik; *anthropos* = Mensch; *logia* = Bericht) gehört es zu meinen Aufgaben, die Menschen zu erforschen, Männer eingeschlossen, und zwar von den evolutionären Anfängen bis heute. Über lange Jahre hinweg war ich damit beschäftigt, Menschen zu bezeichnen, zu vermessen, sie zu untersuchen und zu beschreiben. Und diese vielen Jahre haben mich davon überzeugt, dass es um die modernen Männer schlecht bestellt ist. Sehr schlecht sogar.

Als Klasse, der wir zugerechnet werden, gehören wir zu den bedauernswertesten Vertretern männlicher Homo sapiens, die je über diesen Planeten gewandert sind. Und jeder Mann – oder aber jede Frau, die sich mit ihm beschäftigt – ist der Definition nach ein moderner Mensch, sodass ich überzeugt wiederhole: Sie sind – bzw. er ist – definitiv der schlechteste Mann aller Zeiten.

Ich weiß, ich weiß: Diese Meinung ist nicht immer hilfreich. In Zeiten männlicher Krisen – fallender Spermienzahlen, immer häufigeren Jobverlusten, abnehmender Libido und schwindender männlicher Bedeutsamkeit – suchen die Männer nicht nach neuen Herausforderungen. Sie suchen nach einem Messias. Einem Retter. Nach dem einen, der ihre angekratzten Egos poliert, der ihnen die verlorene Männlichkeit zurückbringt und der sie dorthin zurückversetzt, wo sie ihrer Überzeugung nach hingehören: an die Spitze der Geschlechter!

Es tut mir leid. Dieser Messias bin ich nicht.

Um mit den Worten eines anderen Mannes zu sprechen, der wirklich ein Messias war: Ich bin nicht gekommen, um den Frieden zu bringen – ich bin gekommen, den Krieg zu bringen. Ich bin gekommen, den Vater gegen den Sohn aufzubringen, den Bruder gegen den Bruder und den Freund gegen den Freund. Mit dem Schwert der Wissenschaft in der Hand bin ich gekommen um aufzuzeigen, dass jeder noch so kleinste Zweifel, den Sie je gegen sich selbst gehegt haben, vollkommen und unwiderruflich berechtigt ist.

Kurz: Ich bin gekommen, um abzurechnen.

Zu meiner Verteidigung möchte ich allerdings erwähnen, dass dies nicht von Anfang an meine Absicht war. Ich bin nicht losgezogen, das Bild des modernen Mannes zu zerstören, als ich mit der Arbeit an diesem Buch begann. Ganz im Gegenteil. Als Paläoanthropologe – und als Mann – liebe und achte ich meine männlichen Brüder – jeden Einzelnen von ihnen. Es war diese Liebe, die mich zum Schreiben brachte. Immer wieder hatte ich gelesen, dass meine männlichen Mitstreiter unter der Verweiblichung der Gesellschaft schwer zu leiden haben. Also beschloss ich, Abhilfe zu schaffen. Ich würde mit meinen Forschungen über die Evolution unserer Spezies den Beweis erbringen, dass der heutige Mann keinesfalls ein Schwächling ist, sondern eine gottgleiche Gestalt auf Erden, mit nahezu heldenhaften Fähigkeiten, die sogar Zeus veranlassen würden, sich auf den Berg Olymp zurückzuziehen, um sich dort beschämt dem Aufbau seines Abdomianators zu widmen. Ich würde ein ABC der Tugenden des *Homo masculinus modernus* verfassen und ihn mit früheren Männern vergleichen, um zu beweisen, dass er – dass wir – die Krönung im langen evolutionären Kampf und siegreich aus unseren unheilvollen Anfängen als Leopardenfutter in der afrikanischen Savanne hervorgegangen sind.

Aber ich habe versagt.

Tatsächlich bin ich nicht über den Buchstaben B hinausgekommen. Zu meinem eigenen Entsetzen musste ich erkennen, dass es unmöglich ist, ein Buch über die herausragenden Leistungen moderner Männer zu verfassen – weil wir sie schlichtweg nicht vollbracht haben. Egal, ob es um den Kampf oder das Gelage, die Kinderaufzucht oder die Heldenhaftigkeit im Überlebenskampf geht – es gibt nichts, das nicht schon von einem Mann – oder einer Frau – vor uns erreicht worden wäre; und darüber hinaus waren unsere prähistorischen Vorfahren meist auf allen Gebieten besser, schneller, stärker und meistens sogar cleverer …

Allerdings hat es ein Weilchen gedauert, bis mir das alles dämmerte. Wie jeder geforderte Mann, der die zermürbende Erkenntnis der eigenen Unzulänglichkeit zu verschleiern trachtet, fing ich deshalb an, mir ein Mädchen zu suchen – ein Neandertaler-Mädchen, um genau zu sein. Ich beschloss, dass es ein großartiger Anfang wäre zu beweisen, wie stark moderne Männer im Vergleich zu unseren prähistorischen Brüdern seien, und berechnete die durchschnittliche Stärke in den Oberarmen einiger Gewinner der Weltmeisterschaften im Armdrücken seit dem Jahr 2000. Diese Werte verglich ich mit denen der Neandertaler, die im späten Paläolithikum, also ungefähr 40 000 Jahre v. Chr., in Europa gelebt hatten. Ich hatte wohl geahnt, dass ich die Messlatte nicht allzu hoch legen dürfte, entschied ich mich doch dafür, bei einer Neandertaler-Frau zu beginnen. Trotz allem kein guter Entschluss, denn wie sich schnell herausstellte, tat sich ein beunruhigende Ungereimtheit auf: *Sie* war stärker.

Ich kontrollierte sämtliche Daten immer wieder, aber es gab keinen Zweifel: Es sah ganz danach aus, dass jedes zufällig herausgegriffene, anonyme weibliche Neandertaler-Wesen jederzeit in der Lage gewesen wäre, die starken Helden der Ringer-Liga zu schlagen.

Zugegeben, das war verstörend, aber ich vermutete, dass es

sich dabei wohl um eine statistische Anomalie handelte – etwas, das von Wissenschaftlern als „Ausreißer" bezeichnet wird. Zuversichtlich begab ich mich deshalb auf ein sichereres Forschungsgebiet: Sport. Wettkampf-Athleten gelten gemeinhin als *der* Beweis für moderne körperliche Überlegenheit – rufen wir uns doch nur mal in Erinnerung, wie sehr das letzte Jahrhundert davon gekennzeichnet war, dass ein olympischer Rekord nach dem nächsten fiel: eine Ära, die in den schwindelerregenden, von Drogen befeuerten Höhen der Spitzenjahre zwischen 1980 und 1990 gipfelte (eine grobe Schätzung ergibt, dass mehr als achtzig Prozent der noch gültigen olympischen Rekorde in der Leichtathletik aus den Jahren 1984 bis 2000 stammen und seitdem ungebrochen sind). Ich war mir sicher: Moderne Leichtathleten würden ihre altehrwürdigen Rivalen in Stärke, Geschwindigkeit und Beweglichkeit übertreffen.

Doch zu meiner tiefsten Beunruhigung lautete die Antwort: Nein. Je weiter meine Forschungen voranschritten, desto mehr überraschende Tatsachen beförderte ich ans Licht. Ich entdeckte mongolische Bogenschützen, die im 12. Jh. mit einer größeren Genauigkeit ihre Bogenschüsse platzierten als moderne olympische Bogenschützen, noch dazu über Entfernungen, die um das Sechsfache größer waren, und die ihre Schüsse vom einem galoppierenden Pferd herab lancierten. Ich stieß auf antike Wettkämpfer griechischer Olympischer Spiele, die an einem einzigen Tag gleich drei mörderische Wettkämpfe gewannen (und einem dieser Wettkämpfer gelang dieser Coup gar an vier aufeinander folgenden Spielen). Ich entdeckte andere griechische Athleten, die Weit- und Dreisprungrekorde aufstellten, die bis in das Jahr 1952 Bestand gehabt hätten, und das, obwohl jene griechischen Athleten ohne moderne Hilfsmittel an den Start gegangen waren. Ganz zu schweigen von der Tapferkeit und dem Einsatz von Kämpfernaturen wie dem Boxer „Eurydamas von Kyrene", der seinen während eines Wettkampfes zertrümmerten Zahn einfach verschluckte, um seine Verletzung sowohl vor dem Gegner als auch vor den Juroren zu verbergen.

Je weiter ich zurückging, umso verheerender fielen meine Entdeckungen aus. Archäologische Untersuchungen eines fossilen Fußabdrucks in der Region der Willandra-Seen im südwestlichen New South Wales, Australien, beweisen, dass australische Aborigines vor 20 000 Jahren regelmäßig Laufgeschwindigkeiten erreichten, mit denen sie locker mit dem amtierenden Olympiarekordhalter über hundert Meter, Usain Bolt, mithalten und ihn wahrscheinlich sogar übertreffen könnten. Und der Blick noch weiter zurück, in die Anfangszeiten unserer Spezies, zeichnet ein noch düstereres Bild: Selbst weibliche Schimpansen, Gorillas und Bonobos, also unsere nächsten noch lebenden Verwandten, zeichnen sich durch einen größeren Anteil an Muskelmasse aus als der moderne Mann, und sogar jede einzelne Muskelfaser war bis zu viermal kräftiger als die irgendeines männlichen Homo sapiens.

Das hatte mich tief getroffen. Aus Verzweiflung erweiterte ich mein Forschungsgebiet: Wenn es dem modernen Mann nicht möglich war, mit Stärke und Geschwindigkeit zu triumphieren, dann vielleicht auf einem anderen Gebiet – beim Verstand, bei der Schönheit oder der Sangeskunst? Aber auch hier: Fehlanzeige. Wohin ich auch blickte, entdeckte ich demütigend große historische und prähistorische Erfolgstypen. Bei der Herstellung ihrer ausgeklügelten Speerspitzen mit dem Namen „Levallois" legten die „flintknappers" aus dem frühen Paläolithikum ein Verständnis von Steinbearbeitungstechnik an den Tag, das dasjenige der meisten modernen Geologen bei weitem übersteigt. Und die Schönheitsrituale moderner Metrosexueller wären den Männern der Wodaabe nicht einmal als Startniveau ausreichend. Und auch der witzigste und aufreibenste Rap-Battle (Rap-Duell) zwischen Superstars wie KanYe West und 50 Cent könnte nicht mithalten mit der Dramatik und Dauer eines traditionellen Eskimo-Gesangswettstreits oder den lyrischen Festivitäten slawischer Barden im Mittelalter, die regelmäßig zusammenkamen, um tagelang Verse zu schmieden. Doch der Tropfen, der das Fass zum Überlaufen brachte, war, als ich über die außergewöhnlichen Elternqualitäten der Väter aus dem Stamme der Aka-Pygmäen las: Sie verbringen 47 Prozent ihrer wachen Stunden in ganz engem Körperkontakt mit ihren Kindern, und manch einem wachsen sogar Brüste, um die Kinder zu säugen. Somit war auch der allerletzte Rückzugsraum, der sich dem modernen Mann in seiner Unzulänglichkeit bot, nämlich der, wenigstens gut im Umgang mit den Kindern zu sein, auf den Prüfstand geraten.

Das war der Moment, als ich auf die Seite des Bösen wechselte.

Wenn ich schon nicht über die Tugenden von *Homo masculinus modernus* würde schreiben können, so würde ich stattdessen sein Versagen auflisten. Ich würde detailliert und akribisch jede Schwäche, jede Unzulänglichkeit und jedes Laster des modernen Mannes festhalten. Ich würde den *Homo masculinus modernus* in seiner gesamten Feigheit und mit all seinen unrühmlichen Mängeln bloßstellen.

Eine extreme Reaktion, sicherlich. Aber zu meiner Verteidigung führe ich an, dass mich sowohl die Schande für mich als Wissenschaftler wie auch als Mann antrieb. Die Statistiken, die ich hier zitiere, sind schon seit Jahren, einige sogar schon seit Jahrhunderten verfügbar, und ich bin überzeugt, dass bereits manch ein anderer männlicher Forscher vor mir die gleichen Schlüsse daraus gezogen hat wie ich. Ohne Zweifel hat man sie dann aber ganz tief in ein staubiges, vergessenes Schubladenschränkchen vergraben, wo sie vermodern und uns mit ihren Anschuldigungen niemals mehr belästigen sollten. Ich war zunächst versucht, genauso zu handeln. Aber ein allerletzter Funken von Selbstachtung und der rebellische Wunsch zu beweisen, dass – wenn schon alles andere nicht funktionierte – wir Männer wenigstens wie ein Mann den Tatsachen ins Auge blicken können, hielt mich aufrecht.

Und hier sind sie also, die bitteren Früchte meiner Forschungen über den *Homo masculinus modernus.* Die ärgerlichen, verletzenden, erniedrigenden und trotzdem faszinierenden Schlüsse einer neuen Forschungsrichtung – einer Wissenschaft, die ich „Manthropology" – „Mannwerdung" (oder auch: die Lehre von den Eigenschaften und Verhaltensweisen des Mannes) genannt habe.

Muskeln

Wenn Sie sich die Schwierigkeiten, in denen sich der moderne Mann befindet, ansehen möchten, reicht es aus, irgendeine der vielen „Action Figure Conventions" zu besuchen, zum Beispiel die „Joe Con 25" – eine Versammlung von Liebhabern der von der Firma Hasbro hergestellten G.I.-Joe-Figuren. Hinweise finden sich weniger unter den Zuschauern und Besuchern – jenen grinsenden, über das ganze Land verstreuten Helden, die das „American Hero"-Rundumpaket erstanden haben und die nun in der Eingangshalle des Marriott Hotels in Atlanta darauf warten, dass vom 47. Stock dreihundert knapp zwanzig Zentimeter große Cobra-Red-Ninja-Figuren an Fallschirmen heruntersegeln – das Problem ist G.I. Joe persönlich.

Eine ganze Serie wissenschaftlicher Untersuchungen hat sich um die Jahrtausendwende damit befasst, eine verwirrende Tatsache über G.I. Joe offenzulegen: Er wurde immer größer, und seine Muskelmasse wuchs ins Absurde. Die moderne G.I. Joe-Figur beispielsweise – sie trägt den Namen „Sergeant Savage Extreme" – weist dreimal so viel Muskelmasse auf wie ihr Gegenstück aus dem Jahr 1982. Dieser Trend ist ganz besonders augenfällig, wenn man „Sergeant wild" mit echten, lebenden Männern vergleicht. Der durchschnittliche moderne Mann hat einen Bizeps-Umfang von knapp dreißig Zentimetern. Wenn man die Messwerte eines „Sergeant Savage" aus dem Jahr 1982 hochrechnet und diese mit den Werten eines echten Mannes vergleicht, so ergibt sich ein ähnlicher Wert, nämlich knapp 32 Zentimeter. Die Bizeps-Werte eines „Sergeant Savage" aus dem Jahr 1998 dagegen entsprechen einem Bizeps-Umfang von beinahe einhundert Zentimetern!

Nicht einmal Bodybuilder, und wenn sie noch so viel dopen, erreichen eine solche Muskelmasse: Den größten weltweit gemessenen Bizeps-Umfang hat der Bodybuilder Greg Valentino, der es auf beeindruckende und doch zugleich nur magere 69 Zentimeter bringt. Nicht einmal so hyper-männliche Helden wie Luke Skywalker und der „Mighty Morphin Power Ranger" erreichen derartige Werte. Und um ein letztes Beispiel zu nennen: Selbst Ken, der männliche Held der Firma Mattel, kann sich diesem Aufgeblasen-Sein nicht entziehen. Barbies harmloser Begleiter weist einen Brustumfang auf, wie er unter echten Männern in einem Verhältnis von 1:50 anzutreffen ist. Der pralle Bizeps eines G.I. Joe gibt somit ein in Plastik gegossenes Zeugnis unserer Besessenheit von männlicher Muskelkraft ab – und steht damit nicht allein. Eine weitere wissenschaftliche Untersuchung, die sich mit den nackten Playmen, wie sie die Zeitschrift *Playgirl* abbildet, beschäftigte, hat herausgefunden, dass diese im vergangenen Vierteljahrhundert im Durchschnitt 12 kg an Muskelmasse zugelegt und dafür 5,5 kg Fett verloren haben. Und eine Untersuchung unter männlichen amerikanischen Studenten hat ergeben, dass sie dem allesamt nacheiferten: Sie beschrieben eine Vorliebe für 11 kg mehr Muskelmasse und 3,5 kg weniger Körperfett, als sie tatsächlich auf die Waage brachten.

In sämtlichen industrialisierten Staaten füllen die Männer die Fitnessstudios, stemmen Gewichte und schlucken immer größere Mengen an legalen und illegalen Zusätzen auf der Jagd nach einer immer pralleren Physiognomie. Die Zahl der Bodybuilding-Studios ist in den letzten Jahren förmlich explodiert, und das Geschäft mit legalen Nahrungsergänzungs-Substanzen ist auf 1,6 Milliarden Dollar angewachsen. Auch die illegalen Steroide sind auf dem Vormarsch, immerhin geben siebzig Prozent der Bodybuilder und zwölf Prozent der amerikanischen Schuljungen zu, sie zu konsumieren. Kein Wunder, dass die männliche Muskelmasse messbare Steigerungen erfahren hat: Eine wissenschaftliche Auswertung der

Gewinner des Wettbewerbs um den „Mr America" ergab für die Sieger aus dem Vor-Doping-Zeitalter eine fettbereinigte Muskelmasse von 71,7 kg; inzwischen ist diese Muskelmasse auf 79,9 kg angewachsen (selbst für diejenigen, die eine Zunahme von 8 kg nicht für immens halten – es handelt sich dabei in der Tat um eine gewaltige Zunahme). Aber noch immer scheinen wir damit nicht zufrieden. Ein unlängst in der *Harvard Review of Psychiatry* veröffentlichter Artikel schätzt, dass heutzutage gut eine Million männlicher Amerikaner unter der sog. Körperdysmorphen Störung leidet – einer Erkrankung, deren wichtigstes Symptom der Wunsch nach einem muskulöseren Körper ist. Selbst Frauen sind gegen diese Erkrankung nicht immun: Zahlreiche Umfragen unter amerikanischen Studentinnen ergaben, dass die Mehrheit von ihnen sich insgesamt wünscht, ihre Freunde hätten einen muskulöseren Körper.

Das Zeitalter der Felsen

Der Boden wackelte förmlich – und das nicht nur im übertragenen Sinn –, als der Iraner Hossein Rezazadeh die 263,5-Kilo-Hantel fallen ließ, nachdem er im Gewichtstoßen bei den Olympischen Spielen 2004 die Goldmedaille gewonnen hatte. Nicht nur, dass er einen neuen olympischen Rekord aufgestellt hatte – Rezazadeh hatte sich damit auch den Titel als „stärkster Mann der Welt" erkämpft. Die folgende kleine Geschichte zeigt aber, dass dieser Titel ein bisschen zu spät vergeben wurde – 2600 Jahre zu spät, um genau zu sein.

Bei Ausgrabungen auf der griechischen Insel Thera (Santorin) stieß man im 19. Jh. auf einen gut 480 kg schweren Felsbrocken, der sich ins 6. Jh. zurückdatieren ließ. Er trug die Inschrift: „Eumastas, der Sohn des Critobulus, hat mich in die Höhe gehoben." Ein solches Hochheben bezeichnet man als „Kreuzheben", eine Wettkampfart, in der es Rezazadeh auf 380 kg gebracht hat. (Der Weltrekord im Kreuzheben liegt übrigens bei 457,5 kg und wird vom Gewichtheber Andy Bolton gehalten). Selbst wenn Eumastas diesen Felsbrocken nicht über Schulterhöhe gehoben hat, wie es die modernen Gewichtheber tun, handelt es sich dabei doch um eine außergewöhnliche Leistung, wie David Willoughby – ein Spezialist auf dem Gebiet der Geschichte des Gewichtshebens – betont, da ein Felsbrocken viel schwerer zu greifen ist als eine Hantel; eine Leistung, wie sie wohl die meisten modernen Gewichtheber nicht in der Lage wären zu erbringen.

Nun handelt es sich bei diesem Beispiel aber nicht um die einzige antike Höchstleistung im Gewichtheben. Auf einem anderen Felsbrocken, der ebenfalls in das 6. Jh. zurückdatiert – ein Stein mit einem Gewicht von 143 kg – und den man auf dem Wettkampfgelände des antiken Olympia in Griechenland gefunden hat, steht geschrieben, ein Athlet namens Bybon habe diesen Felsbrocken einarmig auf Über-Kopf-Höhe gehoben und dann in die Ferne geschleudert. Nach Arthur Saxon, einem deutschen Gewichtheber Ende des 19. Jahrhunderts, ist es keinem modernen Gewichtheber mehr gelungen, auch nur das eigene Gewicht einarmig in die Höhe zu stemmen. Und selbst Arthur Saxon scheiterte daran, sein eigenes Gewicht zu werfen.

Wenn wir aber als moderner Herkules die Männer von vor fünfzig Jahren so einfach an Muskelmasse übertreffen, wie schneiden wir dann im Vergleich zu Männern aus längst vergangenen Zeiten ab, also zum Homo erectus und zum Homo neanderthalensis, die die Erde zu unterschiedlichen Zeiten während der vergangenen zwei bis drei Millionen Jahre bevölkerten? Als Paläoanthropologe interessierte mich diese Frage aufs Brennendste, und so beschloss ich, es herauszufinden. Und weil der Fokus unserer momentanen Besessenheit sich auf den Oberkörper beschränkt – eine Untersuchung gibt an, dass fast 75 Prozent der amerikanischen Schüler in den Klassenstufen 10 und 12 sich einen größeren Bizeps wünschen –, beschloss ich, die Oberarmstärke moderner Männer mit der ausgestorbener Menschen zu vergleichen. Im Interesse eines fairen Kampfes beschloss ich, mich dort umzusehen, wo es ganz besonders auf die Oberarmmuskeln ankommt: Nämlich unter den Armdrückern.

Armwrestling oder Armdrücken unter Wettkampfbedingungen ist heutzutage ein überraschend populärer Sport. Im Pantheon moderner Muskelmännerkämpfe, zu denen das Lastwagenziehen, das Kühlschranktragen oder das Autos-in-Schubkarrenfahren gehört, ist das Armdrücken besonders hoch angesehen – seit Sylvester Stallone 1987 in seinem Kinofilm *Over the Top* dem Trucker Lincoln Hawk gezeigt hat, wie er durch Armdrücken das Herz seines Sohnes eroberte, und dabei gleichzeitig die Weltmeisterschaften gewann. Die Weltvereinigung Armdrücken ist stolz auf ihre 85 Mitgliedsländer und darauf, dass an Veranstaltungen wie z. B. den „Arm Wars X" und dem alljährlich stattfindenden „Riverboat Rumble" Hunderttausende begeisterte Teilnehmer mit von der Partie sind. Die ganz großen Namen aber, das sind die Gewinner der World Championships – Männer wie Travis Bagent, der beste Linksarm-Drücker der Welt, und der vielfache Weltmeisterschaftsgewinner John Brenzk, der in Stallones Film zu sehen ist. Für meinen Vergleich habe ich den größten, stärksten Mann ausgewählt, der je in einer Weltmeisterschaft seine Armmuskelkraft unter Beweis gestellt hat: den Gewinner der Weltmeisterschaften 2004, Alexei Voevoda. Er soll den *Homo masculinus modernus* in diesem Wettkampf vertreten. Mit 116 kg und einem Bizeps von 55 Zentimetern (das sind immerhin zehn Prozent mehr als Arnold Schwarzenegger auf dem Höhepunkt seiner Karriere aufweisen konnte) ist Voevoda unser Mann für den Vergleich in diesem Match. Wir brauchen ihn auch, weil ich als seinen Gegner den stärksten und muskulösesten Vertreter der Gattung Mensch ausgewählt habe, der je über diesen Planeten gelaufen ist: den Neandertaler.

Der Neandertaler war ein Hominide – so werden alle Vertreter der Gattung Homo genannt –, der seine Blütezeit in Europa, dem Mittleren Osten und in Zentralasien vor 350 000 bis 20 000 Jahren hatte. Die Männer und Frauen der Gattung Homo neanderthalensis sind uns heutigen Menschen vergleichbar, was die Größe des Gehirns angeht (tatsächlich waren manche Neandertaler-Gehirne sogar größer), ihre Körper aber waren weit muskulöser. Männliche Neandertaler zum Beispiel, obwohl sie nur knapp 1,65 Meter groß und somit ungefähr gut zehn Zentimeter kleiner waren als die durchschnittlichen Vertreter der Gattung Homo sapiens, haben im Vergleich zum modernen Mann zwanzig Prozent mehr Muskelmasse mit sich herumgetragen. Ein Grund dafür können die sie umgebenden kälteren Temperaturen gewesen sein: Man kennt ein thermoregulatorisches Prinzip, das sog. Bergmann-Gesetz, das besagt, dass Menschen, die in arktischen Umgebungen leben (z. B. die Inuit), eine größere Körpermasse und einen gedrungeneren Körperbau haben, um so ihre Oberfläche zu minimieren und besser Wärme speichern zu können. Ein anderer Erklärungsversuch lautet dagegen, dass die Hyper-Muskulatur eine Anpassung an die gewaltgeprägte Lebensführung, den die Neandertaler pflegten, war. Dreißig Prozent aller männlichen Neandertaler-Skelette, die je gefunden wurden, weisen traumatische Kopf- und Nackenverletzungen auf, ein Prozentsatz, der in unserer modernen Gesellschaft nur von Rodeo-Reitern erreicht wird. Somit ist es wahrscheinlich, dass männliche Neandertaler ihre Verletzungen auf dieselbe Art und Weise zugefügt bekamen, wie auch Rodeo-Reiter zu ihren Verletzungen kommen, nämlich durch Zusammenstöße mit wütenden Bullen und Bestien. Archäologische Beweise belegen die unglaubliche Tatsache, dass die Neandertaler Beutetiere jagten, die so groß wie Rhinozerosse waren, indem sie ihnen mit ausgestreckten Speeren aus dem Hinterhalt auflauerten.

So muskulös waren diese Neandertaler, dass ich anfing, Alexei Voevoda zu bedauern. Bemüht, diesem Champion der Gattung *Homo masculinus modernus* eine faire Kampfchance zu geben, ließ ich ihm einen kleinen Vorsprung: Ich beschloss, dass Voevoda den Kampf nicht mit einem Rhinozeros jagenden männlichen Neandertaler aufnehmen sollte, ich schickte ihn gegen einen weiblichen Neandertaler in den Ring. Gegen eine süße, sittsame, kokette Neandertaler-Frau – eine 1,53 Meter große, 80 Kilo schwere Schönheit mit dem unglücklichen Namen La Ferrasie 2 (man hatte sie so getauft, weil sie in einer Höhle in La Ferrasie, Frankreich, entdeckt wurde, wo man im Jahr 1909 auch auf andere Neandertaler stieß).

Es war schwierig, ihre Bizeps miteinander zu vergleichen, aber nicht unmöglich. (Man muss ein wenig rechnen, und wenn Sie die Zahlen langweilen, können Sie die nächsten vier, fünf Absätze einfach überspringen.) Die Kraft, die ein Bizeps-Muskel pro Quadratzentimeter des Muskelquerschnitts („crosssectional area", genannt CSA, senkrecht über den Muskeln gemessen) produzieren kann, beträgt 4,7 Kilo. Dieser Wert variiert zwischen den Geschlechtern nicht, und das, obwohl die gesamte Muskelfläche sich unterscheidet. Leider gibt es keine CSA-Daten von Alexei Voevoda, aber der Durchschnitt in einer vergleichbaren Gruppe moderner Männer und Weltklasse-Bodybuilder beträgt ungefähr 23 Quadratzentimeter. Multipliziert man diese Muskelfläche mit 4,7 kg/cm^2, so ergibt sich eine hypothetische Kraft von 108 kg für Voevodas Bizeps. Doch wie errechnet man dagegen den CSA-Wert des Bizeps von La Ferrasie 2, da ja alles, was von ihr übrig ist, Knochenmaterial ist?

Überraschenderweise ist das möglich – und zwar dank einer Regel, die als Wolff'sches Gesetz bekannt ist, benannt nach dem deutschen Militärchirurgen Julius Wolff. Er hat herausgefunden, dass auch Knochen eine Auskunft über die Muskellast geben, die sie tragen; denn als Antwort auf den permanenten Stress, dem der Knochen ausgesetzt ist, wächst er. Grob gesagt, kann man die Muskelmasse in Anlehnung an den Wert des Knochenrindebereichs („bone's cortical area", CA) schätzen, genau jenes Knochens, an dem der Muskel festgewachsen war. Da wir die Werte des Knochen-CA sowohl von La Ferrasie 2 als auch die einer repräsentativen Gruppe von (untrainierten) modernen Männern kennen, musste ich nichts weiter tun, als das Verhältnis der beiden zueinander auszurechnen und dieses mit dem durchschnittlichen Bizeps-CSA-Wert untrainierter Männer zu vergleichen.

Das war die erste Überraschung, die mich wie ein Schlag traf.

Trotz der Tatsache, dass der moderne Mann fünfzig Prozent mehr obere Körpermuskulatur hat als die moderne Frau, hatte La Ferrasie 2 einen größeren Bizeps als der durchschnittliche moderne Mann. Der CA-Wert ihres Oberarmknochens (Humerus) betrug 22,1 cm^2 – dagegen schwächliche 19,8 cm^2 bei modernen Männern. Ihr Bizeps-CSA-Wert lag somit bei ungefähr 13 cm^2 und war gut 16 Prozent größer als unsere durchschnittlichen 11,8 cm. Multipliziert man diesen – ihren – Wert mit 4,7 kg, so ergibt sich für La Ferrasie 2 ein hypothetischer Wert von 62 kg. Ein Wert, groß genug, um den durchschnittlichen Herausforderer im Pub (dieser hat 55,5 kg) zu bezwingen, jedoch noch weit entfernt von Voevodas 108 kg. Aber ich habe diese Rechnung noch nicht um den Trainingsfaktor korrigiert: Man darf schließlich nicht so unritterlich sein, La Ferrasie 2 ohne Training gegen Voevoda in den Ring zu schicken. Zahlreiche Untersuchungen an weiblichen Weltklasse-Bodybuilderinnen haben ergeben, dass weibliche Muskeln mit Krafttraining durchschnittlich um 31 Prozent zunehmen. Ein solches Wachstum würde den Bizeps-CSA-Wert von La Ferrasie 2 auf 17 cm^2 bringen, die Kraft auf 81 kg steigern. Doch so beeindruckend diese Werte auch sind, erreicht La Ferrasie damit nur 75 Prozent von Voevodas Werten. An diesem Punkt also sah es ganz danach aus, als könnte der russische Weltmeister das Preisgeld abräumen und sich die Dankbarkeit sämtlicher moderner Männer verdienen.

Doch La Ferrasie 2 hielt eine kleine, gemeine Überraschung parat – oder eher zwei. Die erste hat etwas mit Hebelkräften zu tun, die zweite ist eine Besonderheit im Muskelaufbau der Neandertaler. Beides zusammengenommen würde schließlich dazu führen, dass Voevoda es bedauern müsste, die Herausforderung überhaupt angenommen zu haben.

Es ist unter Armdrückern weithin bekannt, dass ein kurzer Unterarm einen ernstzunehmenden Vorteil darstellt, denn der

Unterarm bewirkt eine bestimmte Hebelwirkung (einen Hebel dritter Klasse). Im Allgemeinen vergrößern Hebel, je länger sie werden, die Menge an Arbeit, die geleistet werden kann; nur bei Hebeln der dritten Klasse verhält sich das anders: Sie verringern sie. Man nennt dieses Phänomen einen „mechanischen Nachteil", und der wächst, wenn man den Hebel verlängert. Deshalb bedeutet ein kurzer Unterarm einen geringeren mechanischen Nachteil. (Die Neandertaler hatten solche kurzen Handgelenke, ihr Körperbau folgte dem bereits beschriebenen thermo-regulatorischem Prinzip, Allens Gesetz, wonach Organismen, die in einer kalten Umgebung leben. dramatisch verkürzte Gliedmaßen haben, um ihren Wärmeverlust zu verringern.) Meine Berechnungen ergeben, dass Voevodas Unterarm einen mechanischen Nachteil von 6.145 aufweist, für La Ferrasie 2 liegt der Wert darunter – ungefähr bei 5. Wenn man nun die absolute Kraft eines jeden Wettbewerbers durch den Wert des mechanischen Nachteils dividiert, erhält man für die Unterarmkraft von La Ferrasie 2 einen Wert von ungefähr 16,25 kg – im Vergleich zu 17,50 kg für Voevoda.

Zu diesem Zeitpunkt würde der Schweiß, der von Voevodas kräftiger Stirn tropft, zweifelsohne eher von der Erleichterung herrühren, sich in diesem Wettkampf wacker geschlagen zu haben, als von der eigentlichen Anstrengung. Doch La Ferrasie 2 hält eine letzte grausame anatomische Besonderheit parat: Der Unterarm der Neandertaler, und zwar der von Frauen und Männern gleichermaßen, dort, wo der Bizeps-Muskel befestigt war, befand sich näher am Radiusknochen als beim modernen Menschen, sodass Neandertaler bei Drehbewegungen gegen den Uhrzeigersinn (Supination) oder wenn sie das Handgelenk gegen den Uhrzeigersinn bewegten, extreme Kräfte hatten, da es ihnen möglich war, den gesamten Bizeps in einer einheitlichen Bewegung zusammenzuziehen. Außerdem besaßen sie weitaus mehr hochentwickelte Muskeln, die am anderen Unterarmknochen, der Elle, angewachsen waren, sodass sie auch für die Drehbewegungen im Uhrzeigersinn, die Pronation, über größere Kräfte verfügten. Diese beiden Besonderheiten würden La Ferrasie 2 zu einer unbesiegbaren Domina in zwei Disziplinen des Armdrückens machen: beim „Haken", wo es darum geht, das Handgelenk des Gegners in Supinationsrichtung zu drücken, und bei der „top roll", die darauf zielt, das Handgelenk des Gegners in Pronationsrichtung zu drücken und seine Finger zurückzubiegen.

Sobald also La Ferrasie 2 ihren um zehn Prozent größeren Verstand einsetzen würde, wäre es mit einem Knacken im Oberarmknochen im Handumdrehen um Voevodas siebenprozentigen Vorteil geschehen (Oberarmbrüche sind unter Armdrückern übrigens überraschend häufig, siehe unten). Natürlich könnte der besiegte Russe ganz laut „Faul!" rufen, sich so den Titel eines „beleidigten Verlierers" einholen und diesen der Trophäensammlung der Verfehlungen des modernen Mannes hinzufügen – aber die Aussicht, dass La Ferrasie 1 – ein ausgewachsener männlicher Neandertaler, der über mehr als fünfzig Prozent mehr Muskeln im Oberkörper verfügte als La Ferrasie 2 – nur darauf warten würde, ihre Ehre wiederherzustellen, würde ihn wohl doch von diesem Vorhaben abbringen.

Es macht so lange Spaß, bis einer den Arm verliert
Armdrücken ist zwar eine populäre Sportart – aber sie kann auch gefährlich sein. Eine Studie der Abteilung für orthopädische Chirurgie an der medizinischen Fakultät der Keo-Universität in Tokio dokumentiert zum Beispiel vierzig Fälle von Armbrüchen unter Armdrückern in zwanzig Jahren. Die Verletzungen waren immer dieselben: ein Spiralbruch, der von der Drehung des Oberarmknochens herrührte.
Die Mehrzahl der Verletzungen wurde dabei überraschenderweise bei Männern dokumentiert, die gegen einen schwächeren oder einen gleich starken Gegner gekämpft hatten. Alkohol, wie vorherzusehen, war ein Faktor, aber auch Unerfahrenheit: Sechzig Prozent der Opfer hatte sich nie zuvor im Armdrücken versucht, der

Kampf – meist gegen einen Freund –, der zur Verletzung geführt hatte, war ihr erster Kampf gewesen.

Die Mediziner zogen daraus den Schluss, dass die Verletzungen von der Tatsache herrührten, dass unerfahrene Kämpfer ihre Hand, ihren Arm und ihre Schulter in die gleiche Richtung bewegten – eine ganz natürliche Drehbewegung. Der Haken bei der Sache ist, dass die Kräfte, die die Gegner auf ihre Oberarme ausübten, die Drehbewegung verstärkten. Die überstrapazierten muskulären Rotatoren reagierten mit einem plötzlichen Wechsel von konzentrischem Zusammenziehen (wobei sich die Muskelfasern verkürzen, um Widerstand leisten zu können) zu exzentrischem Zusammenziehen (wobei sich die Muskelfasern dehnen und einwirkende Kräfte verstärken).

Dieses Phänomen erklärt wahrscheinlich auch die Tatsache, warum die „Arm Wrestling Arcade Games" in Japan abgesagt werden mussten, nachdem drei Teilnehmer sich den Arm gebrochen hatten. Dieses knochenbrecherische Spiel hätte ein Kinderspiel sein sollen – die Teilnehmer stellten sich im Wettkampf nacheinander einem französischen Mädchen, einem betrunken Kampfsportmeister und einem Chihuahua.

Egal – Voevodas Auftritt in einem solch ungleichen Match hätte noch viel schlechter ausgehen können. All diese Berechnungen gehen nämlich davon aus, dass die einzelnen Muskelfasern vorzeitlicher Hominiden die gleiche Stärke aufwiesen wie die moderner Menschen. Doch es gibt ernstzunehmende Indizien, dass die Muskelfasern unserer Vorfahren um ein Vielfaches stärker gewesen sein könnten. Die meisten Hinweise liefern uns anatomische Studien unserer engen Verwandten, der Schimpansen. Zwei Schimpansenarten – Pan troglodytes, der gemeine Schimpanse, und Pan paniscus, der Bonobo oder Pygmäen-Schimpanse – sind zwar nicht unsere unmittelbaren Vorfahren, aber sie sind direkte Abkömmlinge unmittelbarer Vorfahren. Und es ist ganz offensichtlich, dass frühe männliche Menschen zu einem Zeitpunkt, als sich Schimpansen und menschliche Vorfahren auseinanderentwickelten – also vor 4.5 Millionen Jahren –, genauso stark waren wie männliche Schimpansen es heute sind.

Aber wie stark ist das eigentlich?

Ganz außergewöhnlich stark! Wissenschaftler, die mit Schimpansen arbeiten, stellen immer wieder fest, dass die Tiere über eine phänomenale Körperkraft verfügen. Jane Goodall zum Beispiel erzählte in einem Interview auf einem kanadischen Fernsehsender, dass sie immer wieder Schimpansen dabei beobachtet hat, wie sie mit Ästen hantierten, die sechsmal schwerer waren als die, die von Menschen noch handhabbar seien. Und wir müssen uns nur die unglückliche Carla Nash vor Augen halten, eine Frau aus Connecticut in den USA, die in der ersten Jahreshälfte 2009 von Travis, dem Schimpansen ihres Freundes, so heftig angegriffen wurde, dass ihr Gesicht und Hände beinahe vollständig heruntergerissen wurden, so erscheint uns diese Aussage der Wissenschaftlerin durchaus glaubwürdig. Eine Studie über Bonobos, die kleinste Schimpansenart, fand heraus, dass diese aus dem Stand heraus gleich dreimal so hoch springen können wie ein durchschnittlicher Mann und somit doppelt so hoch wie ein Hochspringer der Weltelite – und das, obwohl die Muskelmasse ihrer Beine gerade mal ein Drittel der des Menschen beträgt!

Warum aber sind Schimpansen so unglaublich stark? Tatsächlich ist die Muskelmasse ein Teil der Antwort. Wenngleich die Gesamtheit der Muskelmasse eines Schimpansen geringer ist als die des Menschen, so ist das Verhältnis der Muskelmasse zur geringeren Körpergröße doch ziemlich hoch. Eine Studie an toten Schimpansen aus englischen Zoos dokumentiert, dass jede einzelne Muskelgruppe (bis auf den Quadrizeps) bedeutend größer ist als die des Menschen, wenn man sie ins Verhältnis zur Größe ihrer Gliedmaßen setzt; und ihr Bizeps ist gar doppelt so groß! Doch Muskelmasse allein ist nicht die ganze Antwort, zumal, wie ein faszinierendes Experiment schon im Jahr 1926 bewiesen hat, der gewöhnliche Schimpanse – auch das Weibchen! – mehr als viermal stärker ist als ein gleich schwerer Mann.

Es liegt eine köstliche Ironie in dem von John Bauman in den frühen 1920er Jahren am Muhlenberg College, einer kleinen Universität in Pennsylvania, durchgeführten Test. Die Forscher testeten drei Schimpansen mithilfe eines Dynamometers: Sie verbanden eine Stahlfeder mit einer Kapazität von 900 kg mit einer Skala, die die maximale Zugstärke anzeigte. Die Maschine war den Wissenschaftlern am Muhlenberg College, einem lutheranischen College, von der „Narragansett Machine Company" für anthropometrische Zwecke zur Verfügung gestellt worden, um die physische Stärke männlicher Studenten zu dokumentieren – ein Spleen, der im ausklingenden 19. Jh. die amerikanischen Universitäten als Teil der sog. „muscular Christianity"-Bewegung ergriffen hatte; einer Welle, die über die amerikanischen Unis hinweggeschwappt war. Doch anstatt die Entwicklung des perfekten Christenmannes zu beweisen, würde die Maschine, in den Händen der Forscher am Muhlenberg College, den Beweis liefern, wie schwach Mann in Wirklichkeit war.

Bauman nutzte das Dynamometer, um die Zugkraft von drei „Menschenaffen mit einer passenden bösartigen Neigung" im Vergleich mit drei „kräftigen Bauernburschen", die das College besuchten, zu untersuchen. Zu seiner Überraschung übertrumpften die Schimpansen die Männer dramatisch, ohne sich groß anzustrengen. Selbst Suzette, eine Zirkus-Schimpansin, die man dem New Yorker Zoo wegen ihrer „zunehmenden Hinterhältig- und Niederträchtigkeit" überlassen hatte, legte eine Zugstärke von 572 kg an den Tag – und damit eine Kraft, die viermal so groß war die der College-Studenten im Durchschnitt. (Interessanterweise war der einzige Student, der mit einem Körpergewicht von 58 kg weniger wog als Suzette, auch derjenige, der die größte menschliche Zugkraft schaffte: 209 kg.) Baumans männlicher Schimpanse mit dem Namen Boma schaffte 385 kg mit einer Hand und somit das Vierfache der Kräfte, die die männlichen Studenten einarmig zeigten. Aus diesen Versuchen zog Bauman folgende Schlüsse:

Erstens, dass die einzelnen Muskelfasern der Schimpansen ungefähr viermal so stark waren wie menschliche Muskelfasern.

Zweitens, dass diese Kräfte genetisch veranlagt und angeboren, nicht aber antrainiert waren. (Bauman hob die Tatsache hervor, dass die Bauernburschen gerade eine anstrengende Farmsaison hinter sich gebracht hatten, wohingegen die Schimpansen ihre Zeit in engen Käfigen zugebracht hatten.)

Bauman stolperte dabei über eine Theorie, der Jahre später in der Evolutionstheorie über die Entstehung des Menschen eine bedeutende Rolle zukommen würde: dass der *Homo sapiens* einfach eine Art degenierter Affe sei. Einige Beweise unterstützten diese Theorie. So sind zum Beispiel einige der genetischen Mutationen, durch die wir uns von den Schimpansen und unseren gemeinsamen Vorfahren unterscheiden, nichts weiter als ein Funktionsverlust – vereinfacht ausgedrückt: Unsere Genversion funktioniert schlichtweg nicht mehr. Oder die sichtbaren Unterschiede in der Körpergestalt, dem Phänotypen: Obwohl wir ziemlich genau so viele Haarfollikel wie die Schimpansen haben, ist die menschliche Behaarung (mit Ausnahme auf dem Kopf) ein im Vergleich geradezu jämmerliches Überbleibsel. Und unsere Kinder wachsen viel langsamer, als Schimpansenkinder das tun; sie wachsen gar so langsam, dass es die jugendlichen Schimpansen sind, denen der ausgewachsene Mensch am meisten ähnelt – was einige Anthropologen zu der Feststellung bewegt, dass es sich beim Menschen um einen „neotonen Organismus" handelt, also um einen Körper, der in einem jugendlichen Stadium erwachsen wird. Somit sind wir Menschen glatzköpfige Schimpansen, die niemals erwachsen werden. Glatzköpfige und schwächliche Schimpansen, wie Bauman meinte.

Homo pugilistus

Paläoanthropologen haben sich lange darüber gewundert, wie unsere frühen Vorfahren sich in der rauen afrikanischen Savanne verteidigen konnten – in einer Gegend, die so wilden Lebewesen wie den Leoparden, den Hyänen und den Löwen Heimat ist. Die frühen Menschen haben ihre großen Eckzähne in dem Moment verloren, als sie von den Bäumen stiegen, und wirksame Speere wurden erst zwei Millionen Jahre später erfunden. Wie also haben sich unsere Vorfahren gegen solch gierige Fleischfresser verteidigt?

Bemerkenswerterweise haben sie sie einfach bewusstlos geboxt.

Menschen sind geborene Boxer. Wie unsere Verwandten, die Schimpansen, waren wir anfänglich von Ast zu Ast schwingende Lebewesen, deren Schultergelenke an Bewegungen bis zu 360 Grad angepasst waren. Als wir uns dann aber den aufrechten Gang auf zwei Beinen zulegten, benötigten wir plötzlich die Fähigkeit, böse Geraden, Haken und drastische Schwinger zu schlagen.

Schimpansen nutzen diesen zerstörerischen Effekt noch heute. Der Anthropologe Richard Wrangham beschreibt, wie er einen männlichen Schimpansen, Hugo, dabei beobachtet hat, Stummelschwanz, einen männlichen Pavian, der Eckzähne wie ein Löwe hatte, Schläge zu versetzen:

„Als sich Hugo näherte, trat Stummelschwanz auf die Hinterbeine und entblößte seine Zähne. Doch bevor er auch nur in Bissnähe gelangen konnte, holte Hugo mit seinem Arm in einem großen Bogen aus und stieß Stummelschwanz in den Bauch. Stummelschwanz krümmte sich ... Er sah krank aus. Tänzelnd wie ein Preisboxer landete Hugo schnell einen zweiten Schlag. Der Kopf des Pavians fiel nach hinten. Das war's. Stummelschwanz zog ab – und Hugo ließ sich zwischen den leckeren Palmfrüchten nieder, wo er mehr als eine halbe Stunde genüsslich speiste."

So viel zu Stummelschwanz. Doch können unsere mickrigen Vorfahren (sie waren im Durchschnitt 90–120 cm groß) tatsächlich Leoparden und Hyänen in die Flucht geschlagen haben? Nun, vielleicht. Betrachten wir uns zum Beispiel mal Rocky Marciano, den Boxer. Ingenieure haben in den 1950er Jahren seine Schlagkraft getestet und berichten, dass er genug Kraft entwickelt hat, ein Gewicht von knapp 500 Kilo 50,8 Zentimeter vom Boden hochzuheben, dass er Gesichtsknochen brechen und seine Opfer bewusstlos schlagen konnte. Somit waren unsere frühesten Vorfahren gut viermal so stark wie Marciano – oder, anders ausgedrückt, ein Hieb von dem frühen Homo pugilistus reichte aus, eine 45,4 kg schwere Hyäne aus dem Ring zu befördern ...

Warum aber würde sich eine solche Degeneration evolutionär so erfolgreich zeigen? Ganz sicher hätte die natürliche Selektion solche 45-kg-Schwächlinge wie uns längst ausgelöscht ... Ein Beweis aus einer im Jahr 2004 durchgeführten Studie über einen anderen menschlichen Muskel, nämlich den Kiefermuskel, kann uns die Gründe hierfür liefern. Die Studie, die vom Pennsylvania School of Medicine Muscle Institute durchgeführt wurde, stellte fest, dass bestimmte Fasern im menschlichen Kiefermuskel gerade mal ein Achtel der Größe der entsprechenden Schimpansenmuskeln aufweisen, und zwar aufgrund einer Mutation in den Genen, die das Protein Myosin, das für Muskelfasermasse zuständig ist, kodieren. Es sind dies dieselben Bedingungen, die sich in den Körpermuskeln als „Inclusion Body Myopathy 3" äußern, einer Art Schwindsucht, was bedeutet, dass unser Kiefer gerade mal einen Bruchteil der Bisskraft eines Schimpansenkiefers aufweist. Diese Funktionsminderung aber könnte paradoxerweise unentbehrlich gewesen sein für die Vergrößerung des menschlichen Gehirns. Eine solche Funktionsminderung könnte die Notwendigkeit einer dicken Hirnschale mit einer schweren, knöchernen Haube, wie sie die Schimpansen dort haben, wo ihre kräftigen Kiefermuskeln angewachsen sind, verringert haben, und so dem Schädel die Möglichkeit gegeben haben für eine erste Ausdehnung des menschlichen Gehirns, wie sie in der Tat kurz nach dieser Abschwächung der Kiefermuskulatur vor ungefähr 2,4 Millionen Jahren stattgefunden hat. Es ist gut möglich, dass ein Verlust an allgemeiner Körperkraft ähnliche Vorteile mit sich brachte, wie zum Beispiel die, energiesparender funktionieren zu können, um unseren gierigen Verstand zu ermöglichen, weiter zu wachsen. Eine andere Theorie besagt, dass wir die Muskelstärke eingetauscht haben gegen eine bessere Feinmotorik – die nützlich war, um Werkzeuge anzufertigen und Steine und Speere zu werfen.

Allerdings ist nur schwer zu erkennen, welche Vorteile unsere nächste Trophäe in der männlichen „Hall of Shame" mit sich bringen würde – es sollte sich nämlich herausstellen, dass wir nicht nur schwächer sind als jedes andere männliche menschliche Wesen, das je über die Erde gelaufen ist, sondern auch langsamer.

Der Beweis hierfür ist dem Erdboden unmittelbar eingraviert. Im Jahr 2003 entdeckten Archäologen der Bond University eine Reihe von menschlichen Fußabdrücken, die sich als fossiler Abdruck in einer Lehmschicht am Ufer der Willandra-Seenregion in New South Wales, Australien, erhalten haben. Die 23 aufgefunden Spuren lassen sich 20 000 Jahre zurückdatieren und bestehen insgesamt aus siebenhundert einzelnen Fußabdrücken. Am interessantesten sind die Abdrücke von sechs ausgewachsenen Männern, wahrscheinlich Jägern, die wohl hinter einem Raubtier her waren. Die Analyse der Geschwindigkeit, die sich aus der Schrittlänge ablesen lässt, zeigt auf, dass die Männer alle sehr schnell unterwegs waren, dass aber das an der Außenseite jagende, T8 genannte, 194 cm große Individuum mit einer unglaublichen Geschwindigkeit unterwegs war. Seine Sportlichkeit, die sich in der Lehmschicht eines eiszeitlichen Seenufers in Australien verewigt hat, wirft berechtigte Zweifel auf, ob sich irgendein Sprinter der Gegenwart überhaupt als „schnellster Mann der Welt" bezeichnen darf.

Nehmen wir Usain Bolt als Beispiel, den gegenwärtig schnellsten Mann der Welt. Während der Olympischen Spiele in Peking im Jahr 2008 lief er Weltrekord auf der 100-Meter-Strecke – 9,69 Sekunden. Seine Höchstgeschwindigkeit, gemessen während der schnellsten Beschleunigungsphase zwischen der 60- und 70-Meter-Marke, betrug ungefähr 42 km/h. Dieser Rekord gelang ihm unter größter Anstrengung auf einer ebenen, präparierten Strecke, unter Zuhilfenahme von Spikes und aufgrund eines strikten Trainings nach elaborierten, wissenschaftlich ausgeklügelten Plänen, die dazu gemacht wurden, das Optimum aus dem menschlichen Körper herauszuholen. Usain Bolt also ist ein Elitesportler, auserwählt unter Millionen lebender Männer, angetrieben und befeuert von der Aussicht auf Ruhm und eine lukrative Karriere.

Ganz anders T8: Er sprintete barfuß über das flache, matschige Ufer des Sees, mit nichts weiter als einer Känguru-Mahlzeit oder der Aussicht auf einen Wasservogel als Beute zum Ansporn, und er schaffte dabei 37 km/h. Die Tatsache, dass seine Schrittlänge immer größer wurde, deutet darauf hin, dass er seinen Lauf beschleunigte, und wenn man berücksichtigt, dass zu jener Zeit mehr als 150 000 Aborigines die Gegend bevölkerten, liegt die Vermutung nahe, dass sie trainiert ganz leicht auf eine Geschwindigkeit von 45 km/h kamen und somit jeden Olympischen Sprint gewonnen hätten.

Wie aber schaffte es T8, so schnell zu laufen? Auch wenn australische Aborigines, und zwar Männer und Frauen, auch heute noch beneidenswerte sportliche Leistungen erreichen, können auch sie damit nicht mithalten. Der Versuch liegt nahe, erst recht, weil T8 und seine Kameraden in längst vergangenen Zeiten lebten, diese Tatsache auf die Gene zu schieben, wie es uns von den Neandertalern bekannt ist. Doch T8 gehört in die gleiche Klasse wie der heutige Homo sapiens. Zudem war er nicht der Einzige unserer Vorfahren, dem außerordentliche Höchstleistungen gelangen. Ein Blick 17 500 Jahre und einen Sprung über das Mittelmeer zurück, lässt sich auch dort eine Gruppe super-sportlicher Männer ausmachen, deren Leistungen Wissenschaftler auch heute noch in Staunen versetzen: die Ruderer auf antiken griechischen Triremen.

Griechische Triremen – rudergetriebene Kriegsschiffe – waren vierzig Meter lange hölzerne Kriegsschiffe, die von 170 Rudern, die vertikal angeordnet auf drei Decks verteilt waren, bewegt wurden. Der berühmte griechische Historiker Thukydides notierte, dass im Jahr 427 v. Chr. die Athener Versammlung hitzköpfig befahl, die Männer aus Mytilene, einer Kolonie 340 Kilometer von der Ägäischen Insel Lesbos entfernt, zum Tode verurteilt werden sollten, und entsand eine Trireme, um den Befehl auszuführen. Am nächsten Tag jedoch widerrief die Ver-

31

sammlung das Urteil und schickte eine zweite Trireme hinterher. Die erste Trireme hatte anderthalb Tage Vorsprung, aber Thukydides vermerkte, dass, weil das zweite Schiff 24 Stunden ohne Unterbrechung ruderte, das zweite Boot das erste einholte und das Todesurteil aufheben konnte. Selbst wenn man Thukydides einen Hang zur Übertreibung unterstellt, schaffte das zweite Schiff durchgängig eine Geschwindigkeit von 12 km/h, also fast sieben Knoten. Das ist eine beeindruckende Geschwindigkeit – aber eine, die, auch wenn man andere griechische Quellen zurate zieht, von einer durchschnittlichen Besatzung einer Trireme erbracht wurde. Es sind solche Leistungen, die bei modernen Historikern Zweifel hervorrufen: Ob moderne Ruderer eine solche Leistung wohl erbringen könnten? Dank der Untersuchungen eines britischen Physiologen, der griechischen Marine und selbst mit einem Hauch von olympischer Sehnsucht kennen wir die Antwort:

Sie können es nicht.

Während der Eröffnungsfeier der Olympischen Spiele 2004 in Athen brachte man das Olympische Feuer an Bord einer Trireme namens *Olympias*, die von der griechischen Marine im Jahr 1987 nach antiken Bildern auf Lampen und Gemälden nachgebaut worden war, in den Hafen von Piräus. Harry Rossiter, ein Physiologe der Universität von Leeds in Großbritannien und selbst Wettkampfruderer, nutzte die Gelegenheit, um die Ausdauer eines trainierten Ruderers in einer echten Trireme zu untersuchen. Die Ergebnisse waren nahezu schandhaft. Rossiter stellte fest, dass es den modernen Ruderern nach monatelangem Training gelang, *die Olympias* auf eine Spurtgeschwindigkeit von 9 Knoten zu bringen; aber sie schafften es nicht, diese Geschwindigkeit – und auch nicht eine Geschwindigkeit von 7 Knoten – eine Zeitlang zu halten. Daraufhin maß Rossiter die metabolischen Raten und er entdeckte den Grund: Die moderne Crew war physiologisch nicht in der Lage, die notwendige Sauerstoffversorgung zu erreichen.

„Die griechischen Ruderer verfügen über eine außergewöhnliche Ausdauer", stellte also der Historiker Boris Rankov fest, ein Kollege Rossiters, der an der Studie beteiligt war. „Verglichen mit all denen, die wir heutzutage auf Wettkämpfen bewundern, waren sie Super-Sportler."

Was die Leistungen der antiken griechischen Ruderer noch bemerkenswerter macht, ist die Tatsache, dass sie vergleichsweise kleine Männer waren. Der durchschnittliche Ruder-Champion von heute weist eine Körpergröße von 1,90 m auf, wodurch er mit den Rudern eine größere Reichweite erzielt, wohingegen die antiken Ruderer gerade mal 1,70 m groß waren. Und bemerkenswert ist auch die Tatsache, dass die Griechen über eine riesige Anzahl an solch hochkarätigen Athleten verfügten, konnten sie doch 34 000 Mann bereitstellen, um die 200 Triremen starke Flotte der Stadt Athen mit Ruderern zu besetzen. Und auch wenn die Ruderer gut bezahlt und gut ernährt waren, so bestand ihre Diät trotzdem aus nichts anderem als einfachem Weizenmehl, Olivenöl und Wein. Warum nur sind moderne Männer im Vergleich dazu so schwächlich?

Ein Teil der Antwort lautet: Training. Die Ruder-Elite, die heutzutage für die Olympischen Spiele trainiert, rudert ca. 100 km pro Woche, was einer Ruderzeit von ca. 12 bis 14 Stunden entspricht. Thukydides dagegen stellt klar, dass die Ruderer, die die Triremen bewegten, des Öfteren für mehrere Tage auf Trainingsreise gingen. Darüber hinaus wurden immer wieder Wettkämpfe veranstaltet, um die Ruderer auf Spitzenleistung zu trimmen. (Und die Römer, die ebenfalls über Triremen verfügten, ließen ihrer Ruderer sogar auf dem Trockenen trainieren, wenn man dem griechischen Geschichtsschreiber Polybios Glauben schenken darf.) Und doch kann das nicht die ganze Wahrheit sein. Mithilfe moderner Untersuchungen hat man herausgefunden, dass aerobes Ausdauertraining in einem trainierten Körper lediglich zu einer Leistungssteigerung von ca. vier Prozent führt. Wo also liegt das Geheimnis der unglaublichen Ausdauer, zu der die Ruderer auf den Triremen fähig waren? Ist es ein genetisches Geheimnis? Und wieder gibt es hierfür eine gefällige Erklärung, aber eine, die nur schwer glaubhaft ist, da gerade mal 3000 Jahre zwischen den heldenhaften Athenern und ihren schlappen modernen Gegenspielern liegen. Normalerweise machen sich evolutionäre Änderungen, die durch natürliche Selektion geschehen, erst über einen wesentlich längeren Zeitraum bemerkbar. Die Antwort liegt vermutlich in der Knochendichte des modernen Mannes. Um das genau herauszufinden, müssen wir uns dem menschlichen Knochen genauer widmen – steht doch dort die ganze Geschichte unserer schwächlichen Faulheit geschrieben.

Studien, die unsere Knochen mit fossilen Menschenknochen vergleichen, legen offen, dass wir in den vergangenen zwei Millionen Jahren mehr als vierzig Prozent der Knochenmasse und der Knochenkräfte verloren haben. Man könnte dies auf genetische Ursachen zurückführen, wäre da nicht ein verräterisches Zeichen: Da die artikularen Enden unserer Knochen (jene gewölbten Ende, die unsere Gelenke, also Knie, Hüfte und Ellbogen, formen) und deren Wachstum erwiesenermaßen rein genetisch bestimmt werden, sind sie noch genauso groß wie die des Homo erectus, der von ungefähr 2 000 000 bis 1 000 000 v. Chr. die Erde bevölkerte. Der Verlust an Knochenmasse betrifft also vor allem unsere langen Knochen: Femur, Humerus, Tibia, Fibula, Radius und Ulna und somit genau jene Komponenten, die sich für das Wolff'sche Gesetz besonders anfällig zeigen. Die Ursache hierfür ist der Schwund an Muskelmasse, die über die vergangenen zwei Millionen Jahre hinweg auf die Knochen einwirkte. Zum Beweis: Auch die Knochen moderner Athleten reagieren auf die wiederholten muskulösen Belastungen und werden dicker. Einige moderne Tennisspieler beispielsweise haben in ihren Oberarmknochen eine Knochendichte, die ungefähr der des Homo erectus entspricht.

Das also ist das wirkliche Geheimnis der eiszeitlichen australischen Sprinter und der griechischen Triremen-Ruderer: Ihre unglaubliche Sportlichkeit verdanken sie nicht ihren Genen, sondern der Ontogenese. Unter Ontogenese versteht man den Prozess, im Laufe dessen sich ein Organismus an die Anforderungen seiner Umwelt anpasst. Während durch die Gene die Grenzen eines möglichen Wachstums festgeschrieben sind, ist die Frage, ob diese Grenzen auch ausgelotet werden, von den umgebenden Belastungen abhängig. Deshalb waren die historischen und prähistorischen Athleten so hervorragende Sportler: Ihre harten und extrem herausfordernden Lebensbedingungen brachten sie an die Grenzen ihrer Leistungsfähigkeit. Nicht nur, dass das Training der Athener Triremen-Ruderer um ein Vielfaches härter war als das moderner Ruderer; ihr tägliches Leben als Schäfer und als Bauer hatte auch ihre Knochen, Muskeln und Sehnen gestählt. Auch die eiszeitlichen australischen Läufer mussten vermutlich täglich erhebliche Distanzen überwinden. (Untersuchungen unter den !Kung, einem jagenden Volk in der Wüste Kalahari, haben gezeigt, dass die männlichen Jäger der !Kung während jeder Antilopenjagd im Schnitt 30 Kilometer zurücklegen.) Wichtig ist auch, dass beide Gruppen ihr konsequentes Training in einem sehr frühen Alter begannen, was der Entwicklung körperlicher Kraft extrem zuträglich ist. Die bereits erwähnte wissenschaftliche Studie, die die Zunahme der Knochendichte moderner Tennisspieler belegt, sagt auch aus, dass das größte Wachstum im Alter zwischen acht und vierzehn Jahren geschieht.

Beispiele dafür, wie viel Ausdauer historische Männer im Vergleich zum *Homo masculinus modernus* aufwiesen, finden sich aber auch näher bei uns. Die Arbeitnehmer der aufregenden frühen Tage der industriellen Revolution beispielsweise legten Heldentaten an den Tag, wie sie heute unmöglich wären. Ein Korrespondent der *New Scientiest* berichtete, dass die Brückenbauer in der Mitte des 19. Jahrhunderts sich den ganzen Tag lang mit 18,16 kg schweren Vorschlaghämmern abmühten; heute wiegt ein Vorschlaghammer gerade mal 6,35 kg. Die

Bauarbeiter der englischen Eisenbahn mussten um 1850 täglich von Hand mit der Schaufel 20 Tonnen Erde bewegen. Und in den Stahlwerken von Sheffield bildeten 40 Mann eine Kette, um glühende Eisenplatten mit einem Gewicht von 25 und 35 Tonnen vom Brennofen hin zum „Teufelshammer" zum Bearbeiten zu bewegen, wobei sie sich in nasse Säcke hüllten, um die höllische Hitze zu überleben. Und auch diese superstarken, hart arbeiteten Männer waren ziemlich klein – durchschnittlich 168 cm und somit knapp zehn Zentimeter kleiner als ihre modernen Gegenspieler, die heute durchschnittliche 178 cm groß sind.

Und wieder ist es der frühe Start in ein anstrengendes Arbeitsleben, der für den Unterschied verantwortlich ist. Die Jungs, die man als Läufer in den britischen Glaswerken angestellt hatte, legten täglich zwischen 21 und 27 Kilometer zurück, um die geblasenen Gläser zu den Trockenräumen zu bringen. Die Kerle, die den wenig beneidenswerten Job der „Ausbläser" in den Ziegeleien hatten und Wagenladungen voller Ziegel von der Gießerei zum Brennofen brachten, bewegten täglich ein Gewicht zwischen 12 und 25 Tonnen. Während solche Missbräuche Gott sei Dank den gleichen Weg nahmen wie die Hexenverbrennungen, nachdem der Earl von Shaftesbury in einem Bericht aufgezeigt hatte, dass nackte Fünfjährige wie Vieh in dunklen, tiefen Kohlegruben Lastkarren bewegten, gilt es trotzdem festzustellen, dass solch mörderische Arbeitsbedingungen nicht immer zu Verkrüppelungen führen. Träger in den nepalesischen Bergen – auch sie sind Männer von kleinem Wuchs, mit durchschnittlich 150 cm und 50 kg – transportieren in der Regel Lasten bis zu einem Gewicht von 90 kg (also fast das Doppelte ihres Eigengewichts) auf einer Strecke von bis zu 95 Kilometern zu Fuß, und noch dazu steile Bergpfade entlang. Auch sie beginnen in einem sehr jungen Alter (meistens mit ca. zwölf Jahren) und erhalten sich ihre Arbeitskraft bis in ihre Siebziger hinein, ohne merklich unter Degenerationserscheinungen der Wirbelsäule oder der Gelenke zu leiden. Chinesische Lasten-Radfahrer, die täglich durch Peking kreuzen, bewältigen Lasten mit einem Spitzengewicht von knapp 500 kg, und auch sie bleiben bis weit in die mittleren Lebensjahre hinein leistungsfähig.

Das aber vielleicht beeindruckendste Beispiel von immensen Arbeitsleistungen sind die Karrieren der sog. „starken Männer" in alten Zeiten. Diese Zirkus- und Showartisten aus dem goldenen Zeitalter der „starken Männer" (also der Mitte des 19. bis ins frühe 20. Jh.) wurden oft belächelt als Leoparden-gewandete Fettwanste. Ihr Versagen, nicht an die Rekorde moderner Gewichtheber heranzureichen, wie sie dem iranischen Super-Schwergewicht Hossein Rezazadeh während der Olympischen Spiele 2004 gelang, als er 263 kg im „clean and jerk" schaffte, gilt als Beweis für ihre mangelnde Stärke. Eine solche Sichtweise aber wird diesen starken Männern nicht gerecht. Tatsächlich nämlich beruht ein Großteil der Zunahme der Gewichte, die heutzutage gehoben werden, auf einer verbesserten Technik und darauf, dass die Wettkämpfe und Events in standardisierter Form ablaufen. Die starken Männer vergangener Zeiten beherrschten über die zwei olympischen Disziplinen hinaus eine verrückte Vielzahl an Techniken: Sie hoben Gewichte mit dem Nacken und dem Rücken, brachen Ketten auseinander, zogen Wägen, brachen Münzen und Hufeisen entzwei – um nur ein paar Beispiele zu nennen. Womit bewiesen wären, dass die starken Männer vergangener Zeiten eines tatsächlich waren: starke Männer eben!

So zum Beispiel Louis Uni, dessen Künstlername Apollon lautete und der im ausklingenden 19. Jh. auf Pariser Bühnen auftrat: Er war ein Riese mit einer Größe von 1,90 m und wog 118 kg. Er war so stark, dass die Streiche, die so mancher Widersacher ihm spielte, indem er zum Beispiel ein paar Gewichte heimlich vertauschte in dem Glauben, sie seien wirklich nicht zu schaffen, Schüsse waren, die nach hinten losgingen, weil Apollon nicht einmal bemerkte, dass seine Gerätschaften manipuliert worden waren. Während einer Show im Varieté-Theater von Lille im Jahr 1892 hatte beispielsweise ein „Freund" eine 100-kg-Hantel gegen eine 175-kg-Hantel getauscht (ein Gewicht, das fast siebzig Prozent des gegenwärtigen „clean and jerk"-Rekords entspricht). Apollon schaffte es nicht nur, das Gewicht zu heben – er stemmte es mit einer Hand (wobei er nur auf einem Bein stand!), warf es in die Luft und fing es in der Ellenbeuge auf! Apollon stemmte gar einen ganzen Satz massiver Eisenbahnräder – eine Leistung, die in den achtzig Jahren seit seinem Tod nur drei andere Gewichtheber nachahmen konnten. (In der Zwischenzeit gibt es sogar einen offiziellen Wettkampf, „Die Räder des Apollon", bei dem sich die Teilnehmer am „American Strongman Competition Circuit" daran versuchen, eine Replik eines solchen Reifensatzes zu stemmen.)

Dabei ist es wichtig anzumerken, dass die starken Männer des 19. Jahrhunderts, bevor sie sich als professionelle Artisten verdingten, allesamt in Berufen tätig waren, die körperlichen Einsatz erforderten. John Marx, der „Herkules von Luxemburg", der für seinen „harness lift", bei dem er Gewichte von 1800 kg mittels an seiner Schulter befestigter Gurte hob, berühmt geworden ist, hatte schon in seiner frühen Jugend als Schmied gearbeitet und als Teenager als Gehilfe in einer Brauerei volle Bierfässer gestemmt. Und Martin „Farmer" Burns, mit 85 kg ein leichtes Schwergewicht, der als Ringer im 19. Jh. nur sieben seiner gut 6000 Wettkämpfe verloren hat und sich häufig an einem 2 m langen Fallstrick aufhängte, um seine gewaltige Nackenstärke zu demonstrieren, verbrachte eine anstrengende Kindheit in den Holzfäller-Camps im Mittelwesten Amerikas. Diese frühen Lebensumstände jener drei Männer haben ihren Teil zur Ontogenese beigetragen und somit den Grundstein für ihre späteren phänomenalen Kräfte gelegt.

Ein einarmiger Tarzan

Jene wilden, bösartigen Löwen, die Johnny Weissmüller in seinen zahlreichen Tarzan-Filmen niedergerungen hat, waren – zum Glück für ihn! – sämtlich ausgestopft; nicht einmal der stärkste Stuntman Hollywoods hätte genug Kräfte gehabt, gegen Panthera leo in den Ring zu steigen. Und doch ist uns wenigstens ein Mann bekannt, der sich dem Kampf gestellt hat, der zwar nicht gegen einen Löwen, aber gegen einen Leoparden gekämpft hat, Hand gegen Pfote! Dieser unglaubliche Kampf hat sich zugetragen zwischen dem belgischen Anthropologen Jean Pierre Hallet und einem ausgewachsenen männlichen Leoparden – eine Schlacht, aus der Hallet siegreich hervorging.

Hallet, 2,10 m groß und 115 kg schwer, war ein Hüne von Mann, aber gehandicapt dadurch, dass er nur noch einen Arm hatte (er hatte den zweiten Arm beim Dynamitfischen verloren, als er afrikanische Pygmäen vor dem Verhungern retten wollte). Diese Tatsache aber stellte für ihn kein Hindernis dar, als während einer Expedition im Jahr 1957 ein Leopard seine Mannschaft von Trägern angriff. Der gigantische Anthropologe sprang der angreifenden Raubkatze auf den Rücken und umschloss ihre Gliedmaßen mit seinem Arm und den Beinen. Was folgte, war ein legendärer zwanzigminütiger Kampf, in dem Hallet versuchte, das Biest davon abzuhalten, ihm die Eingeweide auszunehmen, und es dabei mit dem einen Arm zu strangulieren. Hallet war dafür zwar nicht stark genug, aber als einer der aufgeschreckten Träger ihm ein Messer zuwarf, gewann Hallet schließlich die Oberhand. Und doch dauerte es weitere zehn Minuten, bis es dem belgischen Tarzan gelang, den Leoparden zu überwältigen und ihm mit dem Messer den Todesstoß zu versetzen.

Womit ich aber nicht sage, dass es nicht doch gelegentlich einen echten Freak unter ihnen gab. Ein solches Wunder war Thomas Topham, der berühmte starke Mann, der im frühen 18. Jh. mit seinen Vorstellungen das Londoner Publikum beeindruckte. Topham war 1,76 m groß und brachte 89 kg auf die Waage, aber seine Kraft übertraf die weit schwererer Männer um ein Vielfaches. Einmal gelang es ihm beispielsweise, einen adipösen englischen Vikar (der 175 kg wog) einarmig über seinen Kopf zu heben (mit beiden Händen, so wurde ihm nachgesagt, vermochte er, ein Pferd über einen Weidezaun zu heben). Bei einer anderen Gelegenheit bog er einen Eisenstab mit einem Durchmesser von 75 mm erst in die eine Richtung und dann wieder in die andere, wobei das Zurückbiegen die weitaus schwerere Aufgabe darstellt, da die dabei zum Einsatz kommenden Muskeln weitaus schwächer sind. Häufig zerriss er Seile, die auf eine Zugstärke von knapp 1000 kg ausgelegt waren, und er konnte eine Tabakpfeife zerstören, indem er sie sachte in seine Kniekehle legte und einfach die Sehnen anspannte. Topham war in seiner Jugend Zimmermann gewesen, und doch scheint seine schier unglaubliche Stärke nicht allein auf seine Arbeitsleistung zurückzuführen zu scheinen. Wie die Geschichte mit den Pfeifen beweist, konnte Topham seine steinharte Muskeln und Sehnen über die Maßen anspannen, woraus sich schließen lässt, dass sie über eine – vermutlich genetisch bedingte – Besonderheit verfügten. Ein Beobachter bestätigt diese Vermutung, als er feststellt, dass Topham, wenn man ihn nackt sah, „extrem muskulös" aussah, mit Achselhöhlen und Knien voller Muskeln und Sehnen. Möglich, dass Tophams Muskeln einfach über einen größeren Querschnitt verfügten als der Durchschnitt. Oder dass er eine Genmutation in sich trug, die sich auf die Myosine auswirkte, sodass seine Muskulatur der von Schimpansen und der menschlichen Vorfahren ähnlicher war. Das werden wir aber leider niemals erfahren.

Der Fall Topham aber wirft eine interessante Frage auf: Wie steht es eigentlich um die genetische Zukunft der männlichen Muskulatur? Wir Menschen glauben, dass Evolution und natürliche Auslese nur im Tierreich geschieht, bzw. bestenfalls unsere Vorfahren betraf; aber eine kürzlich veröffentlichte wissenschaftliche Analyse auf der Grundlage des sog. internationalen „HapMap-Projekts" – ein Projekt, das sich dem genetischen Wandel der Menschen, also den Haplotypen, widmet –

stellt fest, dass sich der genetische Wandel im Homo sapiens beschleunigt hat, seit die Entwicklung der Landwirtschaft voranschritt. Vielleicht unterliegt ja auch die Muskulatur einem radikalen Wandel? Zu Zeiten, da der *Homo masculinus modernus* den Couch-wärmenden, arbeitsvermeidenden, nirwana-ähnlichen Zustand, den er sich wohl immer herbeigesehnt hatte, erreicht hat und der selektive Druck auf das Muskelgewebe sich verringert, könnte es ja auch sein, dass die Muskularität schrumpft, so wie bei den Höhlenfischen nur Augenflecken zurückgeblieben sind und bei den Walen verkümmerte Beinknochen?

Zwei Bedingungen sind für ein solches Resultat unabdingbar: Zum einen, dass Muskularität als solche zumindest teilweise erblich ist. Und zum zweiten, dass es einen Selektionsmechanismus gibt, mithilfe dessen die Muskelmasse über den Genpool entweder erhalten oder aber beseitigt werden kann. In der Tat stellt sich heraus, dass einige Aspekte der Muskularität (wie z. B. der Bizeps-Umfang und die Sprungkraft) bis zu achtzig Prozent erblich bedingt sind – und auch die Möglichkeit, Muskeln durch Training aufzubauen. Darüber hinaus existieren zwei Selektionsmechanismen, die die Muskelmasse beim männlichen Homo sapiens mitbestimmen: Sex und Tod.

Der erste dieser Mechanismen, die sexuelle Selektion, beruht auf dem menschlichen Hype um die männliche Muskulatur. Viele Autoren wundern sich über unsere Muskel-Besessenheit und führen sie zurück auf einen Einfluss durch die Kunst der Griechen (und in der Tat war es der Preuße Eugen Sandow, einer der „starken Männer" und im 19. Jh. der Vater der Bodybuilder, der sich in seinen Posen oft an griechischen Statuen orientierte, wobei er sich noch weiß puderte, um einen Marmor-Effekt zu erzielen) oder, wie z. B. Susan Faludi in ihrem Buch „Stiffed", betrachten diese als Überkompensation für den Bedeutungsverlust, den männliche körperliche Arbeit erlitten hat. Aber es gibt eine viel einfachere Erklärung: Instinkt. Tatsache ist, dass es nicht nur westliche Jungs und Männer sind, die von Muskularität besessen sind – alle Männer sind es! Eine Studie an Jungen, die auf den Fidschi-Inseln leben, bestätigt, dass sich auch dort fast alle Jungs mehr und stärkere Muskeln wünschen. Auch die Ariaal-Nomaden Kenias sehnen sich nach mehr fettfreiem Muskelgewebe, und das, obwohl sie aufgrund ihrer chronischen Unterernährung eigentlich unter Fettmangel leiden. Zudem zeigt sich diese Vorliebe bereits in einem sehr jungen Alter. Eine im Jahr 1967 unter englischen Schuljungen im Alter zwischen sechs und zehn Jahren erhobene Studie belegt, dass mehr als achtzig Prozent von ihnen sich mehr Muskeln wünschten; ihre Beschreibung eines „idealen Mannes" lautete: Er muss stark, tapfer, freundlich, clever, nett, ehrlich und gut aussehend sein.

Natürlich gibt es einen einzigen, wirklich guten Grund für diese instinktive Sehnsucht nach mehr Muskeln: Frauen. Womit wir wieder beim Thema Sex wären. Auch die Männer, die im Studienalter waren und den Wunsch nach 11 bis 12 kg mehr Muskelmasse geäußert haben, gaben als Grund für ihren Wunsch die Tatsache an, dass Frauen Muskeln attraktiv finden. Das ist zwar wahr – aber nur zu einem Teil. Auch wenn es Studien gibt, die offenlegen, dass Frauen muskulöse Männer attraktiver finden als ihre knochigen Widersacher, so gilt dies nur für eine bestimmte Art von sexuellen Begegnungen. So ergab eine Untersuchung unter 286 kalifornischen Studentinnen, dass diese für eine langfristige Beziehung die weniger muskulösen Männer bevorzugten, die sportlicheren, muskulöseren Typen eher für einen One-Night-Stand. Als Grund gaben diese Frauen an, dass sie die muskulöseren Typen als dominanter und atttraktiver, aber zugleich auch als weniger vertrauenswürdig ansahen. Die meisten Frauen gaben an, dass ihr letzter kurzzeitiger Partner ein deutlich muskulöserer Typ gewesen war als der ihrer längeren Beziehung. Auch kam es zwischen diesen Frauen und den kurzzeitigen, aber muskulöseren Partnern schneller zum Geschlechtsverkehr – im

Durchschnitt nach nur einer Woche, im Gegensatz zu einer „Vorlaufzeit" von zwölf Wochen bei den Partnern einer länger andauernden Beziehung. Diese Ergebnisse scheinen durch die Ergebnisse zweier anderer Studien (die sonst wohl als bloßes Macho-Geprahle abgetan würden) belegbar: dass nämlich muskulösere Männer mehr Sexualpartner haben, und zwar auch mit Frauen, die fremdgehen.

Warum aber ist männliche Muskelmasse so sexy? Nicht nur, weil Muskeln Körperkraft zum Einsatz in Krieg und bei der Jagd ausdrücken, auch wenn dieses Prinzip wohl noch immer funktioniert. Sondern auch, weil große, starke Muskeln bei Männern ein sog. „ehrliches" sexuelles Signal darstellen, gleich den Federn des Pfaus: ein untrügliches Zeichen dafür, wie gut die männlichen Gene sind, weil sie beweisen, dass ihr Träger für die Kosten aufkommen kann. Starke Muskeln nämlich sind teuer – nicht nur, weil es viel Energie kostet, sie aufzubauen, sondern auch, weil das Testosteron, das notwendig ist, um sie aufzubauen, das Immunsystem unterdrückt. Daraus folgt, dass das Immunsystem eines jeden gesunden, muskulösen Mannes außergewöhnlich stark sein muss, einfach, weil es trotz der großen Testosteronmengen gut funktioniert. Unter dem Gesichtspunkt der Fortpflanzung macht es deshalb ganz viel Sinn, dass sich Frauen für kurzzeitige Beziehungen nach muskulösen Partnern umschauen, einfach, um Zugang zu diesen Genen zu bekommen. Und auch wenn der weibliche Instinkt Frauen hin und wieder dazu bewegt, sich heimlich davonzustehlen, um sich mit dem Muskelprotz einzulassen – ihr reproduktives Potenzial sparen sie sich dann doch auf für den zahmeren, dafür im Umgang mit den Kindern geeigneteren Partner, der geduldig zu Hause wartet.

Und so könnte die sexuelle Selektion, die die moderne Frau durch ihre Partnerwahl betreibt, tatsächlich darauf hinauslaufen, männliche Muskelprotze aus dem Genpool zu eliminieren. Wie aber steht es nun um den zweiten Selektionsmechanismus, den Tod?

In diesem Fall lauert die Bedrohung des muskulösen Geno-typs bei einer anderen Quelle – dem Träger selbst. Muskulöse Männer handeln aggressiver als schwächere Typen – interes-santerweise aber nicht, weil ihr Testosteron-Niveau höher ist; in der Tat sind bislang sämtliche Versuche, das Testosteron di-rekt mit der Aggressionsneigung in Verbindung zu bringen, fehlgeschlagen. In vorsesshaften Gesellschaften, als das Über-leben ganz stark von der individuellen Stärke abhing, sorgte aggressives Verhalten dafür, dass sich die Träger muskulöser Typen weit verbreiten konnten, da Muskelmasse zum einen für weibliche Sexualpartner sorgte und zugleich männliche Rivalen dezimierte. Eine Untersuchung, die sich mit den mit-telalterlichen „Berserkern" beschäftigt, belegt, dass die gewalt-tätigen Krieger mehr Kinder und Enkelkinder hinterließen als ihre weniger aggressiven Zeitgenossen. In urbanisierten Gesellschaften aber, in denen das Gesetz regiert, gleicht aggres-sives Verhalten einem Schuss, der nach hinten losgeht. Aggres-sive Männer sterben in ihrer Jugend häufiger einen gewalt-samen Tod und eliminieren sich somit selbst aus dem Genpool. Zudem neigen sie dazu, schon in jungen Jahren Straftaten zu begehen, sodass sie inhaftiert werden und immer längere Zeiten hinter Gitter zubringen müssen – ein weiterer Faktor, der ihre Reproduktionschancen zu reproduktiven Spit-zenzeiten mindert. Und in den Vereinigten Staaten fühlen sie sich in größerer Zahl zum Militär hingezogen – eine Tatsache, die sie häufiger früzeitig sterben lässt.

Egal, ob eingesperrt, hinter Gittern, vom Tod bedroht auf fremden Schlachtfeldern oder in den Kämpfen großstädtischer Banden – das muskulöse Erbe des *Homo masculinus modernus* wird geringer. Es ist an all denen, die zurückbleiben – also an all den Schwachen, die die Erde geerbt haben –, den Tatsachen unserer Unzulänglichkeiten tapfer ins Auge zu blicken.

Sind wir dazu bereit?

Auf den ersten Blick lautet die Antwort: Ja! Wenn man sich nach den Medaillenspiegeln richtet, so wird der moderne

Mann in der Tat immer stärker und tapferer. Die Anzahl der Medaillen zum Beispiel, die US-amerikanische Soldaten verliehen bekommen, hat sich in diesem Jahrhundert von Krieg zu Krieg bis hin zum Ersten Golfkrieg verdoppelt, wenn nicht gar verdreifacht. Aber solche Medaillenspiegel sind kein geeignetes Mittel, wenn es darum geht, die Tapferkeit moderner Männer mit derjenigen antiker Männer zu vergleichen. Wir müssen deshalb hinter die Schrecken des Krieges schauen, um feststellen zu können, welchem schier unglaublichem Grauen so mancher Mann in früheren Zeiten gegenüberstand, und zwar täglich, um ihre Tapferkeit bewerten zu können.

Bravado

An einem klaren, sonnigen Morgen im Jahr 2005 konnten
Pendler in der Stadt Hanau, einem kleinen Städtchen in der
Nähe von Frankfurt am Main, ein ungewöhnliches Spektakel
beobachten. Während ihr Intercity-Express (ICE) aus dem
Bahnhof ausfuhr, sprang eine schwarz gekleidete, mit einem
Kopftuch verhüllte Gestalt im Stile eines Ninja-Kämpfers auf
die hintere Fensterscheibe und befestigte dort einen Vakuum-
Griff. Zwanzig Minuten lang hielt sich der Mann, ein als „Der
Zugsurfer" bekannter Mittzwanziger, todesverachtend dort
fest, während der ICE auf seine Reisegeschwindigkeit von 255
km/h beschleunigte. In der Überzeugung, dass ihm der Tod
drohe, riefen verängstigte Passagiere den Bundesgrenzschutz
herbei, der in dem Moment eintraf, als der Zug in seinen letzten Haltebahnhof einfuhr. Unglaublicherweise aber war der
Mann unverletzt – und der möglichen zehnjährigen Haftstrafe
dadurch entgangen, dass er im Besitz eines gültigen Fahr-
scheins war.

Der Zugsurfer hatte Glück gehabt. Eine Untersuchung des
Instituts für Rechtsmedizin der Humboldt-Universität Berlin
dokumentiert dagegen, dass zwischen 1989 und 1995 vierzig
heranwachsende Männer schwer verletzt wurden, 18 davon
gar tödlich, als sie sich im Berliner S- und U-Bahn-Netz beim
Zugsurfen versuchten. Zugsurfen ist unter den heranwachsen-
den, todesverachtenden jungen Männer inzwischen zu einem
weltweiten Phänomen geworden, wobei die Techniken variie-
ren: In Europa und Großbritannien geht es darum, das Zug-
dach zu besteigen und die Fahrt dort oben stehend zu bewältigen, ohne herunterzufallen, wohingegen die jugendlichen
Abenteurer in Südafrika sich mithilfe von Schlingen am Boden

der Züge festhalten und sich im sog. „Schotter-Manöver" aus-
probieren, wobei sie ihre Beine rasend schnell drehen, um sie
vor Verletzungen zu bewahren. Ihnen allen gemeinsam ist eine
extreme Verachtung jeglicher Gefahr. Wie die Studie bewies,
ist das Herunterfallen, auch wenn es meistens tödlich ausgeht,
nicht die Haupt-Todesursache solcher Zugsurfer; die meisten
von ihnen verstarben an einem massiven Trauma, das sie
durch die Kollision mit Strom- oder Signalmasten bzw. anderen Zügen erlitten hatten.

Warum aber riskieren junge Männer ihr Leben so unnütz?
Die Autoren der Studie an der Humboldt-Universität in Berlin
ließen den Gedanken, das alles geschähe einfach aus dem
Wunsch heraus, auf sich aufmerksam zu machen, beiseite
und rückten familiäre Aspekte, wie zum Beispiel Entfrem-
dung, die Suche nach Anerkennung und das Fehlen positiv be-
setzter Vorbilder in den Vordergrund. Seltsamerweise haben
sie darüber aber vergessen, dass all dies in Wirklichkeit die
These bestätigt, dass die jungen Männer ganz universell ein
starkes Verlangen nach der unbekümmerten Zurschaustellung
ihres Mutes hegen. Warum, wenn nicht aus dem einen Grund,
andere damit zu beeindrucken, sollte irgendjemand solch toll-
kühne Aktionen unternehmen? Nun, was diese jungen Drauf-
gänger wie beispielsweise der Zugsurfer beweisen, ist etwas,
das Entwicklungspsychologen als „conspicious bravery", auf-
fällige Tapferkeit, bezeichnen – eine Form der Tapferkeit, die
dem einzigen Zweck dient, den gleichaltrigen Peers die eigene
evolutionäre Fitness zu kommunizieren. „Bravado" eben – zur
Schau gestellte Tapferkeit.

Nur so zum Spaß – ganz im Stil der Sioux
Während der Jahre der Adoleszenz stellen junge Männer immer wieder ihren Mut unter Beweis. Portugiesische Jugendliche toben wild
durch die Gärten der Nachbarschaft, wohingegen sich amerikanische Jugendliche Extremsportarten wie z. B. dem „wave jumping"
(„Wellenspringen"), dem Snowboarden oder dem „Senkrecht-

skaten" zuwenden. Und doch kommt keine dieser Herausforderungen dem Spiel gleich, das die Jungs der Sioux-Indianer im 19. Jh. pflegten: Iron Shell, der Häuptling der Brule-Sioux-Indianer, beschrieb für einen Chronisten das in seinem Stamm bekannte „swing-kicking-game" , bei dem ...

„... sich die Jungs in zwei Reihen gegenüberstanden, jeder ein Seil über den linken Arm haltend. Die Herausforderung lautete: ‚Sollen wir sie an den Haaren ziehen und uns in ihr Gesicht knien, bis sie bluten?' Wobei sie ihre Seile als Schutzschild nutzten, während sie auf die Gegner eintraten ... Sobald einer der Gegner am Boden war, knieten sie sich so lange auf sein Gesicht, bis das Opfer kampfunfähig war."

Auf den ersten Blick gibt „Bravado" den Evolutions-Anthropologen eine ganze Menge Fragen auf. Sich ganz sinnlos dem Risiko von Verletzungen und gar dem Tod auszusetzen ohne irgendeinen Grund, das widerspricht den Prinzipien natürlicher Selektion: der Tatsache, dass sämtliche Verhaltensweisen und Eigenschaften eines Organismus darauf ausgerichtet sind, seine Gene zu verbreiten. Mit anderen Worten: „Bravado" sieht ganz nach schlechter Anpassung, sog. Maladaption, aus. Eine „vernünftige" Tapferkeit dagegen – eine Tapferkeit also, die dazu dient, dass sich Individuen in Gefahr begeben, um ein Ziel zu erreichen – leidet nicht unter dieser Ambiguität. Ganz egal, ob das Ziel darin besteht, ein gefährliches Tier zu Nahrungszwecken zu erledigen oder einen von Krokodilen bevölkerten Fluss zu durchschwimmen, um einer attraktiven Frau zu begegnen, ist der Effekt derselbe: Ein solcher Akt der Tapferkeit birgt einen reproduktiven Vorteil, der das Risiko überwiegt. Selbst ein offensichtlich nicht lohnenswerter Akt der Tapferkeit kann immer noch vernünftig sein, wenn es sich dabei z. B. um Altruismus handelt. Tapferes Verhalten, von dem ein anderer profitiert, wirkt – wie auch die in den vorangegangenen Kapiteln beschriebenen starken Muskeln – als ein aufrichtiges und untrügliches sexuelles Signal auf eine/n potenzielle/n Gefährtin/Gefährten: Seht nur, wie tüchtig und furchtlos ich bin, und ich setze diese Kräfte auch gerne ein, um anderen zu helfen! Ein unlängst an der Universität von Maine durchgeführte Studie über die Paarungsvorlieben amerikanischer Studentinnen hat bestätigt, dass altruistische, also heldenhafte Tapferkeit noch immer sexy wirkt: Ungefähr zwei Drittel der Frauen bevorzugten einen heldenhaften Abenteurer. Bravado dagegen, jene Form der aufschneiderischen Tapferkeit, kam gar nicht gut an: Fast genauso viele Frauen gaben an, dass sie mit einem Mann, der sich in unnütze Risiken begibt, erst recht, wenn sie nicht altruistisch sind, nicht ausgehen, geschweige denn ihn heiraten würden.

Um diese Verwirrung noch zu steigern, sieht es ganz danach aus, dass die jungen Männer überhaupt nicht auf den Gedanken kommen, dass sie mit ihrer Aufschneiderei die Frauen noch nicht einmal beeindrucken. In einer anderen Phase der bereits oben erwähnten, an der Universität von Maine durchgeführten Studie, die sich mit der Sicht der Männer befasst, wird offengelegt, dass diese den Eindruck, den ihre risikoreichen Aktionen auf Frauen machen, gewaltig überschätzten (den Eindruck dagegen, den ihre echten Heldentaten hervorriefen, schätzten sie ganz richtig ein). Übrigens unterlag Lebohang Motsamai, ein berühmter südafrikanischer Zugsurfer, der gleichen Fehleinschätzung, als er in einem Interview in der BBC erzählte, dass er seine risikoreichen Aktionen und Tricks ausführte, weil er überzeugt sei, dass „sie (die Mädchen) mich dafür lieben. Sie staunen und sagen: ‚Wow, was ein starker Typ!‘“

Doch warum glauben all diese jungen Männer so sehr an diese Fehleinschätzung, dass ihre furchtlosen Aktionen ihre sexuelle Attraktivität steigerten? Eine Nebenuntersuchung der Studie der Universität Maine liefert uns dazu einen Hinweis: Wenngleich großspuriges Bravado Frauen sowohl hinsichtlich ihres Paarungsverhaltens als auch hinsichtlich gleichgeschlechtlicher Freundschaften unbeeindruckt lässt, so lassen sich Männer davon sehr wohl beeindrucken. Diese Tatsache lässt vermuten, dass die Männer das eigentliche Ziel solcher Taten sind! Indem sie ihre Bereitschaft, echte Risiken auf sich zu nehmen, unter Beweis stellen, selbst wenn nichts auf dem Spiel steht, verdeutlichen sie dadurch ihren Wert als ernstzunehmende Koalitionspartner. Eine Tatsache, die deshalb von Bedeutung ist, da es sich bei Koalitionen unter Männern – dem „Brüder-Prinzip" – um ein wesentliches Organisationsprinzip in den meisten menschlichen Gesellschaften handelt, die bisher unter ethnographischen Gesichtspunkten erforscht wurden. Auch die Beweise, die uns das Verhalten von Schimpansen und Bonobos liefert, deuten darauf hin, dass es sich dabei um ein Prinzip handelt, das unsere gemeinsamen Vorfahren vor ca. 4,5 Millionen Jahren eingeführt haben.

Und doch fehlt noch ein letztes Puzzleteil. Männliche Aufschneiderei mag zwar auf andere Männer ausgerichtet sein, aber die Logik natürlicher Selektion verlangt trotzdem nach einem positiven Effekt hinsichtlich des Reproduktionserfolgs, um weiter zu bestehen. Gibt es dafür wirklich einen Beweis? Ja, den gibt es. Die von Frans de Waal im Burger's Zoo in Holland dokumentierten primatologischen Forschungen legen einige überraschende Details über den reproduktiven Erfolg männlicher Koalitionen unter Schimpansen offen: De Waal berichtet, dass Yereon, ein älterer Schimpanse, der von jüngeren Rivalen vom Thron des Alphatiers gestoßen worden war, noch immer einen Löwenanteil an Paarungsgelegenheiten bekam, indem er umsichtig Koalitionen bildete, bei denen er seine Rivalen gegeneinander ausspielte. Selbst als die Koalitionen zerbrachen und Yereon sich einem einzelnen, dominanten Männchen, nämlich Nikkie, unterwerfen musste, bekam er trotzdem noch als Dank für seine Unterstützung einen Anteil an Gelegenheiten zur Paarung. Eine Tatsache, die korreliert mit den Anekdötchen, dass sich auch moderne Männer mit besonders attraktiven, prestigeträchtigen Männern zusammentun, um ihre eigenen Möglichkeiten zu steigern. Großmäulige junge Männer wie Lebohang sind somit vielleicht doch nicht so umnebelt, wie es den Anschein haben könnte. Ihr Verhalten bringt ihnen tatsächlich einen reproduktiven Vorteil, wenn auch nicht in der von ihnen erwarteten Form (eine Beobachtung übrigens, die uns auf nette Art den Unterschied zwischen den mittel- und den unmittelbaren Gründen in der Evolutionstheorie vor Augen führt: Der unmittelbare Grund für die Bravado junger Männer – neben reinem Instinkt – ist ihr vermeintlicher Glaube, durch ihre Aktionen auf Frauen ganz besonders anziehend zu wirken; aber der echte, wirkliche und richtige Grund ist der, dass sie durch ihre Aktionen wertvolle Koalitionen von Mann zu Mann eingehen).

Wenn wir modernen Männer in unserem Hang zur Prahlerei nun aber zu einer uralten Melodie tanzen, bleibt noch immer die Frage: Wie gut tanzen wir eigentlich? Wie tapfer sind wir wirklich? Ganz offensichtlich halten wir uns für hervorragend: sowohl in heroischer Heldenhaftigkeit, wie sämtliche Darstellungen heldenhaften Patriotismus' in 9/11-Filmen uns glauben lassen, als auch bezüglich nicht-heroischer Aufschneiderei, wenn man die Todeszahlen, die Nachahmungstäter von Fernsehshows wie „Jackass" nach sich ziehen, zurate zieht.

Doch wie, so frage ich mich, würden wir uns schlagen, müssten wir uns den quälenden Martyrien von Mut und Männlichkeit unterziehen, wie sie unsere männlichen Vorfahren durchlitten: all die Initiationsrituale, die Qualen, die erschreckenden medizinischen Behandlungsmethoden und die gefährlichen Jagden auf wilde Tiere? Zum Glück gibt es für all das moderne Entsprechungen, sodass die Antwort in einem einfachen Vergleich liegen mag.

Initiationsriten sind noch immer ein wesentliches Merkmal innerhalb von männlichen Gruppen, wie z. B. in Militäreinheiten sowie in Schul- und kriminellen Banden. Im Jahr 1997 kam es in den USA zu einem wütenden Aufruhr, als einige Filmmeter amerikanische „Marines" zeigte, wie sie mit Abzeichen niedergestochen wurden – das Ganze war Teil eines Abschlussfeier-Rituals bei einer Trainingseinheit für Luftlande-Kriegsführung. Die Absolventen krümmten sich vor Schmerzen, ihre T-Shirts waren blutverschmiert, während die Ausbilder ihnen die goldenen Abzeichen (an der Rückseite mit zwei Nadeln von ein paar Zentimetern Länge versehen) immer wieder in die Brust stießen. Ein Ritual, so stellte sich schließlich heraus, das bei den „Marines" „Blood Pinning" (oder, wie an der Luftlandeschule der Army, auch „Blood Wings") genannt wurde und das sich bis zum Zweiten Weltkrieg zurückdatieren lässt. Verteidigungsminister William Cohen bezeichnete das Ganze als ein verabscheuungswürdiges Ritual, doch er hat die Geschichte gegen sich. Erniedrigungen haben eine lange Tradition und scheinen noch immer unvermeidlicher Bestandteil männlicher (und manchmal auch weiblicher) Gruppenrituale zu sein.

Auch handelt es sich dabei nicht um die bedauernswerten Erfindungen modernenr „Weicheier" oder Studenten. Aktionen wie das bereits erwähnte „Blood Pinning" sind schlicht und einfach Imitationen – noch dazu meist ganz blasse Imitationen – von Ritualen, die wohl hunderte und tausende von Jahren alt sind. Mircea Eliade, ein rumänischer Religionsphilosoph, beschreibt das Herz solch antiker Rituale als „the ordeal", das Martyrium – eine brutale Erfahrung, die der Jüngling erleiden muss, um fortan Teil der Gruppe sein zu können. Der Zweck eines solchen „Ordeals" (Martyriums) scheint dabei dreifacher Natur zu sein: Erstens konnte der Kandidat dabei seine Stärke und seinen Mut unter Beweis stellen; zweitens diente die Gewalt des Initiationsrituals dazu, den Tod des unreifen früheren Selbst des Kandidaten zu besiegeln und so seine Wiedergeburt in die Welt der reifen Männer hinein zu ermöglichen; und drittens dienten die grausamen Rituale dazu, die Bande innerhalb der Gruppe zu stärken, um diese so für die Außenstehenden umso attraktiver zu machen. Die Martyrien enthielten dabei alle die folgenden Elemente: Sie verursachten extreme Schmerzen, Verstümmelungen und bedeuteten das Durchhalten einer körperlichen Heldentat. Wie nun schneiden unsere modernen Initiationsrituale im Vergleich dazu ab?

Auch wenn es sich beim „Blood Pinning" um ein mit Sicherheit schmerzhaftes Ritual handelt, so ist es noch mild verglichen mit den Ritualen amerikanischer Gangs, deren Mitglieder sich dadurch „Eintritt" verschaffen, indem sie von den bereits vorhandenen Gangmitgliedern „hineingeprügelt" werden. (Der „Gang-Forscher" Mike Carlie beschreibt ein Ritual, das sich „Freeing Hoover" nennt und bei dem die Kandidaten sechs einzelne Pennys vom Boden aufsammeln müssen, während sie von den anderen Mitgliedern verprügelt werden). Und doch sind all diese Rituale nur ein schwacher Abklatsch der Qualen, die der historische Homo sapiens während seiner Initiationsriten durchlitten hat: Eines der schmerzhaftesten Rituale ist das der Maué, einem indianischen Volk in Brasilien. Die jungen Männer der Maué ziehen sich einen Handschuh aus Palmblättern an, in den Hunderte von stechenden „Gewehrkugel-Ameisen" – die so heißen, weil ihr Stich mehr schmerzt als ein Schuss! – eingewoben sind, wobei die Stacheln nach innen zeigen. Gewehrkugel-Ameisen (bullet ants) verfügen über das schmerzhafteste Gift aller lebenden Insekten, und doch müssen die 14-jährigen Maué-Jungs den Handschuh ganze zehn Minuten lang tragen – mit dem Ergebnis, dass sie vor Schmerzen erblinden, Lähmungserscheinungen zeigen und über Tage hinweg unter unkontrollierbaren Zuckungen leiden. Und die Luiseno-Jungs im prähistorischen Kalifornien waren wohl noch schlechter dran, wurden sie doch gezwungen, sich während des als „Heminuwe" bezeichneten Initiationsritus in einer mit stechenden Ameisen gefüllten Grube zu wälzen, nur um anschließend mit beißenden Nesseln abgerieben zu werden. Und einen noch erstaunlicheren Einsatz von gefährlichen Insekten machten sich die Kayapos in Brasilien in ihren „Hornissenkämpfen" zu eigen, wobei erwachsene Männer dieses Stammes eine Leiter hinabstiegen, um – mit bloßen Händen – die riesigen Nester einer hoch-aggressiven Hornissenart so lange anzugreifen, bis sie von den aufgescheuchten Insekten halb bewusstlos gestochen worden waren. Ein erwachsener Kayapo-Mann hat sich in seinem Leben durchschnittlich zwölf solchen Kämpfen gestellt. Auch die Keyo in Kenia, ein der Sprachgruppe der Kalenjin sprechenden Stämme zugeordnetes Volk, griffen und greifen für ihre Initiationsriten auf Hornissen zurück. Allerdings wird bei ihnen der echte Schmerz von Pflanzen verursacht: Das Hornissen-Martyrium verlangt von den jungen Keyo-Männern, dass sie durch einen Tunnel kriechen, der aus beißenden Nesseln gebaut ist, und dass dieselben Pflanzen auch in ihren Genitalbereich gerieben werden. Ein noch sadistischeres Ritual, bei dem Pflanzen zum Einsatz kommen, wird uns von den sambischen Männern aus Neuguinea berichtet: Nicht nur, dass man ihnen messerscharfe Klingen – gefertigt aus *pitpit*, einer zuckerrohrähnlichen Pflanze – in die Nasenlöcher hineintreibt, bis sie bluten, man schiebt ihnen auch zentimeterlange Rebstöcke in die Kehle, um sie zum Erbrechen zu bringen, und schneidet ihnen dann die Eichel mit scharfkantigen Bambusblättern.

Diese Genital-Operationen bringen uns zu dem zweiten Element von Eliades Martyrium – der Verstümmelung. Die Hauptfunktion einer Verstümmelung scheint nicht darin zu liegen, das der junge Mann beweist, extreme Schmerzen ertragen zu können, sondern ein bleibendes Zeichen dafür zu schaffen, dass der Kandidat Standhaftigkeit bewiesen hat, und seine Zugehörigkeit zur Gruppe zu demonstrieren. Ein modernes Beispiel dafür sind die Brandzeichen, die sich afroamerikanische Bruderzechen als Zeichen ihrer Solidarität und Zusammengehörigkeit selbst geben. Ein etwas grausameres Zeichen ist das Abtrennen eines Fingerglieds, das bei den japanischen Boryokudan – im Westen als Yakuza bekannt – sowohl als Strafe als auch als Initiationsritus zum Einsatz kommt.

Ein anderes Ritual der Boryokudan bestätigt eine erstaunliche Tatsache, auf die uns die Initiationsriten aus Neuguinea bereits hingewiesen haben: dass nämlich männliche Verstümmelungsriten sich auf den Penis konzentrieren. zwanzig Prozent der inhaftierten japanischen Borykudan, so liest man in einer Untersuchung der rechtsmedizinischen Fakultät der Kumamoto Universität, wiesen eine seltsame Genitalveränderung auf: Penisbällchen. Bei diesem Verstümmelungsritual – man nennt es „pearling", und es klingt qualvoll – treibt ein Mitgefangener einen spitzen Zahnstocher oder eine Büroklammer durch die Vorhaut, höhlt einen Tunnel aus und drückt dann eine Perle aus Glas oder geschmolzenem Plastik in die Wunde, damit sie dort *in situ* verheilt. Und doch ist selbst diese grauenhafte Prozedur ein Kinderspiel verglichen mit den Penis-Manipulationen, die Männer in prähistorischen Zeiten erlitten haben.

Die moderne Beschneidung zum Beispiel wird oft als ein barbarischer und primitiver Akt bezeichnet, und es gibt sogar eine Protestvereinigung: die „International Organisation Against Circumcision Trauma" (INTACT). Und doch werden moderne Beschneidungen bei erwachsenen Männern unter Betäubung – meist der dorsalen Penisnerven – durchgeführt, und zwar als nur zehnminütiger, minimal-invasiver Eingriff. Rituelle Beschneidungen dagegen wurden und werden als langandauernde Prozeduren ohne die Gabe jeglicher Schmerzmittel praktiziert – das nämlich war nachgerade der Zweck einer solchen Aktion. Das Beschneidungsritual der Keyo beispielsweise war nicht nur der Höhepunkt der bereits beschriebenen qualvollen Zeremonien, es verlangte von den Opfern auch, dass sie stillhielten, während der boiyot-ab-tuum – der „Alte-Mann-des-Ritus" – ihren Penis mithilfe der sog. Kibos (grifflose Messer) zur Hälfte häutete und dann die verbleibende Haut und das verbindende Gewebe mit einer Rasierklinge abtrennte; die übrige Haut wurde dann nach vorne gezogen und der blutige Penis hindurchgezwängt, sodass er in halb-erigiertem Zustand verblieb. Erstaunlicherweise versagten nur ganz wenige junge Keyo in diesem Martyrium, auch wenn es immer wieder zu Todesfällen durch zu großen Blutverlust und Wundbrand kam. Doch hinter den Beschneidungsritualen, die die Männer der australischen Aborigines in den Wüstenregionen des Kontinents durchlitten, verblasst selbst die Prozedur der Keyo. Bei jenem Ritual – das übrigens noch immer durchgeführt wird – wird die Unterseite des Penis des jungen Mannes von der Spitze bis hin zum Scrotum aufgeschlitzt, je nachdem, wie viel Schmerz das Opfer ertragen kann, und zwar entweder mit einem extrem scharfen, traditionellen Quarzmesser oder aber heutzutage auch mit einer Rasierklinge. Der Penis muss dann verheilen, wobei die Harnröhre offen liegt, und er sieht ziemlich zerfleddert aus!

Wild gewordene Bullen

Rocky Balboa, der berühmte TV-Boxer, schlug alle seine Gegner mit dem Herzen, nicht mit den Muskeln, wenn man seiner Frau Adrian Glauben schenken darf. Tahitische Boxer in früheren Zeiten aber mussten in der Tat ein Löwenherz besitzen, um in den Ring zu steigen, so tödlich war die Variante des Sports, den sie betrieben. Die Aufzeichnungen des Missionars und Schriftstellers William Ellis lassen keinen Zweifel darüber aufkommen, wie brutal ein Wettkampf in einem tahitischen Ring sein kann:

„Man verschwendete keine Zeit damit, gegen Schläge anzukämpfen oder diese abzuwehren – Schläge, die normalerweise kerzengerade, massiv und heftig direkt auf den Kopf zielten. Sie kämpften mit nackten Fäusten, und manchmal riss es ihnen die ganze Haut von der Stirn ...“

Kein Wunder, dass die Verletzten- und Todeszahlen in diesen wilden Kämpfen beträchtlich hoch waren. Ellis notiert, dass die tahitischen Box-Champions damit prahlten, wie viele Männer sie bereits zum Krüppel oder zu Tode geschlagen hatten.

Natürlich sind es nur wenige moderne Männer, die je dem „waterboarding" in Guantanamo Bay ausgesetzt werden, noch weniger, die man den Löwen zum Fraß vorwirft. Und doch gibt es moderne Formen der Folter, der sich fast jeder moderne Mann unterzieht: medizinische Behandlungen. Einige Studien belegen, dass das klinischen Umfeld ein beliebter Ring ist, um die eigene Tapferkeit zur Schau zur stellen. Eine Untersuchung, die 2004 in Großbritannien vom Office of National Statistics als Flächenstudie durchgeführt wurde (um nur ein Beispiel zu zitieren), legt dar, dass englische Frauen als Reaktion auf Schmerzen doppelt so oft einen Arzt aufsuchen wie Männer. Diejenigen der Männer, die zum Arzt gingen, zeigten ein unerschütterliches Vertrauen in ihren eigenen Gleichmut. Amüsanterweise belegt eine andere Studie – durchgeführt vom *American Journal of Pain* (dem „Amerikanischen Schmerzmagazin") aus dem Jahre 2001, dass der typische Mann nicht nur der Auffassung ist, Schmerzen weitaus besser zu ertragen als eine typische Frau, sondern gar als jeder andere durchschnittliche Mann. Diese „Bravado" veranlasst Männer immer wieder dazu, den Einsatz von Narkotika abzulehnen, wenn sie sich medizinischen Behandlungen unterziehen. So berichtet beispielsweise das *International Journal of Men's Health*, dass die meisten australischen Männer, die sich einer TRUS-BX, also einer transrektalen Ultraschall-Prostata-Biopsie unterziehen, auf Schmerzmittel verzichten, selbst dann, wenn sie vor Schmerzen fast bewusstlos werden. Das klingt beeindruckend – doch wie stehen die modernen Männer da, wenn man vergleicht, welche medizinischen Qualen der antike Mann – noch dazu schweigsam erduldend – erleiden musste?

Sie ahnen es bereits: ganz schrecklich. Im Vergleich zu den vorzeitlichen männlichen Patienten sind wir ungefähr so tapfer wie Scooby-Doo, der den Hundezahnarzt aufsucht.

Antike Schmerzmittel waren nicht nur komplett unwirksam – sie stellten zumeist ein eigenes Martyrium dar. Holzgravuren aus der Nekropolis von Saggara, die bis 2500 v. Chr. zurückdatieren, zeigen, dass ägyptische Operationspatienten die Nerven und Arterien nahe der Schnittstelle zusammengepresst bekamen, um einen betäubenden Effekt zu erzielen. Zwar bedeutete diese schmerzhafte Technik ein bisschen Erleichterung, aber nicht viel: Versuche, die der britische Chirurg James Moore mit einer von ihm erfundenen Nervenklammer für den Oberschenkel 1784 durchgeführt hatte, scheiterten, weil die Klammer mehr Schmerz verursachte als die Operation selbst. Auch die Assyrer nutzten die gleiche Technik als lokales Anästhetikum: Sie pressten die Arteria karotis im Nacken des Patienten zusammen, um dem Gehirn den Sauerstoff zu entziehen, mit dem Effekt, dass dieser bewusstlos wurde (das Wort „karotis" kommt aus dem Griechischen und heißt „Schlafarterie"). Und wenngleich drastisch, so war diese Maßnahme noch vergleichsweise mild im Gegensatz zu den Methoden der britischen Schiffsärzte im 17. Jh., die den Kopf ihres Patienten in einer hölzerne Schüssel legten und ihn mit einem Zimmermannshammer kräftig schlugen, bevor sie mit ihrer Operation begannen (eine Maßnahme, die eher dazu diente, die Schreie des Patienten zu unterdrücken, als dass sie einen betäubenden Effekt gehabt hätte).

Antike Chirurgen hatten, zumindest manchmal und an manchen Orten, tatsächlich ein paar wenige schmerzstillende Drogen zur Verfügung. Pedascius Dioscorides, ein griechischer Chirurg in Neros Armee, beschreibt den Einsatz von Alraunen-Wurzeln, die das betäubende Atropin enthalten, während er die offenen Wunden von Soldaten operierte. Römische Chirurgen wussten um die betäubende Wirkung des stinkenden Nachtschattens (einem natürlichen Beruhigungsmittel) und des Opiums. Und die mittelalterlichen Ärzte Arabiens nutzten einen Schwamm, den sie mit dem Harz der Cannabispflanze getränkt hatten, und platzierten diesen über der Nase des Patienten, damit er die Dämpfe einatmete. Das Problem bei all diesen Praktiken, so wird von dem berühmten griechischen Arzt Galen berichtet, war das der richtigen Dosierung: Eine geringe Dosis war nicht effektiv, eine zu große konnte tödlich sein (der stinkende Nachtschatten beispielsweise war im angelsächsischen Sprachraum auch als „henbane" – Hühnchentöter – bekannt). Schon die Tatsache, dass antike chirurgische Lehrbücher unzählige Anleitungen geben, wie man einen Patienten am besten festband und mit Gewalt festhielt, beweisen, dass die meisten antiken Operationen ohne irgendwelche schmerzstillenden Mittel durchgeführt wurden.

Das hielt die antiken Chirurgen aber nicht davon ab, unglaublich brutale Prozeduren vorzunehmen. Römische Chirurgen, ebenso wie die arabischen im Mittelalter, operierten den grauen Star, indem sie mit einer hohlen Nadel in die Hornhaut des Auges stießen und es aussaugten, und das ganz ohne Schmerzmittel. Auch Amputationen und die chirurgische Entfernung von Geschwüren wurden ganz ohne Betäubung durchgeführt. Amputationen waren eine solch fürchterliche Prozedur, dass die römischen Ärzte ihren Patienten eine letzte Chance gaben, vom Operationstisch zu steigen; sobald der Patient aber signalisierte, dass der Arzt weitermachen sollte, wurde er von mehreren Helfern niedergestreckt, festgehalten und die Amputation durchgeführt, ganz egal, wie sehr er schrie. Somit war der wirklich wesentliche Bestandteil römischer Schmerzbehandlung Mut – einfacher, simpler Mut vonseiten des Patienten. Der legendäre römische Konsul Marius, um ein berühmtes Beispiel zu zitieren, überstand eine Krampfadern-Operation ohne jegliche Betäubungsmittel und ohne das übliche Festgebundenwerden. Der römische Historiker Plinius der Ältere berichtet, dass Marius die ganze fürchterliche Operation hindurch unerschütterlich stillhielt, dann aber dem Chirurgen die Erlaubnis verweigerte, auch das zweite Bein zu operieren, weil das Ergebnis die Schmerzen in keinster Weise rechtfertigte.

Wenn uns solche Tapferkeit beeindruckt, stellen wir uns dann erst einmal das Erstaunen früher europäischer Archäologen vor, die Schädel ausgruben, die ins Neolithikum (10 000–4000 v. Chr.) zurückdatierten und die eindeutige Spuren von Trepanationen aufwiesen: chirurgisch entstandene Löcher und Knochenmanipulationen, die dazu dienten, das Gehirn freizulegen – ob zu magisch-mystischen Zwecken oder um Kopfschmerzen, Epilepsie oder andere Erkrankungen zu kurieren, sei dahingestellt. Nicht, dass diese frühen Archäologen nicht um Trepanationen wussten – es handelt sich dabei um eine Technik, die man im prä-antiseptischen Europa aufgrund einer nahezu hundertprozentigen Todesrate aufgegeben hatte. Was sie überraschte, war die Tatsache, wie viele neolithische Schädel mit Spuren von Trepanationen Zeichen von erfolgter Knochenheilung aufwiesen, die nahelegten, dass die Patienten überlebt hatten. Einige hatten tatsächlich mehrere Löcher, die von einer Trepanation herrührten und die unterschiedliche Heilungsstufen aufwiesen, sodass naheliegt, dass sie nach den Operationen mehrere Jahre weiterlebten. Nun ist die Überlebensrate bei primitiven Schädeloperationen schwer abzuschätzen, aber gegenwärtige Schätzungen sprechen von fünfzig bis neunzig Prozent. Was nicht heißt, dass es sich dabei um eine sanfte Methode handelte. Die Spuren an den trepanierten Schädeln weisen auf vier grundlegende Operationsmethoden hin: Ausschabung, wobei Skalp und Schädel stufenweise mit einem scharfkantigen Stein abgetrennt wurden; das Einkerben oder Sägen, bei dem ein Kreis oder ein Quadrat mit einem angespitzten Stein oder einer Pfeilspitze in den Schädel getrieben wurde; das Drilling, bei dem kleine, kreisförmig angeordnete Löcher mit einer Knochen- oder Steinahle in den Schädel gebohrt wurden, und das Meißeln, bei dem ein Quadrat aus sich überlappenden Schnitten in den Knochen gehämmert wurde (in Polynesien tat man dies mit einem Haifischzahn oder mit Holzhämmern). Diese grauenvollen Operationen dauerten ungefähr eine Stunde, wobei manche Stämme, wie zum Beispiel die Kabyles in Algerien, fast zwanzig Tage dafür aufwendeten. Unglaublicherweise scheinen diese brutalen Prozeduren nicht unüblich gewesen zu sein. Nicht nur in Afrika, Australien, dem antiken China – auf dem gesamten amerikanischen Kontinent und den Pazifischen Inseln fand man trepanierte Schädel, die Operation wurde auch innerhalb der einzelnen Bevölkerungsgruppen an zahlreichen Individuen durchgeführt. Auf Uvea, einer polynesischen Insel, waren hundert Prozent der männlichen Bevölkerung trepaniert. Auf einer anderen polynesischen Insel hat man sogar die Kinder trepaniert, zumeist aus Gründen der Vorsorge. In all diesen Fällen hat man die Operation vermutlich ohne irgendwelche Betäubungen vorgenommen – ausgenommen Peru, wo die Ärzte vor der Operation eine Mixtur aus Salbei und gekauten Kokablättern auf den Schädel tropften.

Aller Wahrscheinlichkeit nach waren Trepanationen aber nicht die einzigen chirurgischen Eingriffe, die prähistorische Männer ohne Schmerzmittel erleiden mussten. Die archäologischen Beweise für solche Eingriffe sind sehr spärlich (es geht dabei meist um weiches Gewebe, das nicht konserviert wurde), und so beschränkt sich unser Wissen auf das jüngerer Jäger- und Sammlergemeinschaften. Klar ist, dass auch dort Patienten grausame Prozeduren ohne Betäubungsmittel überstanden. Polynesische Trepanierer beispielsweise nutzten ihre Haifischzahn-Meißel auch als Skalpell, um Tuberkulose-Drüsen aus dem Nacken erkrankter Personen zu entfernen und das geschwollene Scrotum von an Elephantiasis erkrankten Menschen zu kastrieren (eine groteske Hautschwellung, die von parasitären Würmern verursacht wird). Und dann gab es da noch die ausgeklügelten, aber brutalen Operationen, die Massai-Patienten erlitten. Weil sie eine extrem gewalttätige Kriegskultur hatten, entwickelten die Massai eine unglaubliche Geschicklichkeit in der Wundversorgung, und in ihrer Gesellschaft gab es eine eigene Kaste von Chirurgen. Zu den Operationen, die diese ausgesprochen geschickten Mediziner ohne Schmerzmittel durchführten, gehörten: das Entfernen von Augäpfeln; Knochen-Resektionen; das Verlängern von Sehnen; das Entfernen von Lymphdrüsen und Operationen wie die Korrektur eines Leistenbruches oder das Entfernen von Abszessen an Leber und Milz. Ein bisschen weniger beeindruckend, was die Geschicklichkeit der Operateure anging, dafür umso mehr bezüglich der Tapferkeit der Patienten waren die Amputationen, die australische Aborigines an ihren verwundeten Kriegern durchführten. Reverend H. Wollaston, ein Kolonial-Chirurg in West-Australien, beschreibt im 19. Jh. einen amputierten Aborigine, dessen Bein …

„… knapp unterhalb des Knies abgetrennt und von Feuer verkohlt war, während ungefähr fünf Zentimeter kalzinierten Knochens aus dem Fleisch traten. Auf Nachfrage erhielt er die Auskunft, dass in einem Stammeskampf ein Speer sein Bein getroffen und durch den Knochen gedrungen war. Deshalb hätten er und seine Kameraden ein Feuer gemacht und ein Loch in die Erde gegraben, das gerade groß genug war, um sein Bein zu fassen … Dann hätten sie Kohle um das Bein gelegt und so lange am Brennen gehalten, bis das Bein abgebrannt war."

Unglaublicherweise berichtet Wollaston aber auch davon, dass der Mann zwei Tage später auf Achse war und mithilfe eines Stockes knapp 96 Kilometer zurückgelegt hatte, um ihn aufzusuchen. Zugegeben, diese Amputationsmethode klingt barbarisch, aber gerade mal hundert Jahre früher war es auch in Europa gang und gäbe gewesen, Amputationen durchzuführen, indem man amputierte Stümpfe von Gliedmaßen in kochendem Öl ausbrannte. Dabei überstieg die Todesrate bei Amputationen der unteren Gliedmaßen mehr als 75 Prozent – ein Niveau, das die brutalen Stammesmethoden nicht aufwiesen.

Wenn aber die Martyrien, die antike Menschen und Stammeszugehörige in den Händen ihrer Artgenossen den modernen Mann im Vergleich gerade mal so tapfer aussehen lassen wie eine indianische Teppichverbrennung, wie steht es dann um die Qualen, wenn wilde Tiere beteiligt sind? Die Jagd zählt als traditionelle Möglichkeit, „Bravado" zur Schau zu stellen, seit steinzeitliche Jäger in der Türkei ca. 7000 v. Chr. auf Zeichnungen darstellten, wie sie Auerochsen – die damals etwa sechsmal so groß waren wie irgendein anderes lebendes Tier – abschlachteten. Xenophon, ein griechischer Kriegshistoriker aus dem 4. Jh. v. Chr., beschreibt die Jagd beispielsweise als ein ganz wesentliches Testfeld für Mut und Tapferkeit und als Vorbereitung auf männliche Kunst der Kriegsführung. Eine Tatsache, der auch der amerikanische Präsident Teddy Roosevelt, selbst ein berühmter Jäger, der in den Badlands von Dakota unterwegs war, zustimmte und der in seinem 1902 erschienenen Werk „Die Jagd auf den Grizzly und andere Zeichnungen" die Amerikaner dazu aufforderte, ihre Männlichkeit bei der Jagd auf wilde Bestien unter Beweis zu stellen. Daten der US-amerikanischen Statistikbehörde beweisen, dass sie gehorchten: 1980 waren mehr als 16 Millionen Amerikaner im Besitz einer gültigen Jagdlizenz.

Innerhalb einer bestimmten Untergruppe von Männern, z. B. den Arbeitern der Automobilindustrie in Michigin, USA, war die Zahl der Jäger sogar noch höher und erreichte manchmal einen Anteil von dreißig Prozent aller Männer im Alter zwischen 25 und 44 Jahren. All diese modernen amerikanischen Jäger geben gemeinhin als Motivation für ihre Jagdleidenschaft an, in der Gefahr einen Nervenkitzel zu verspüren, und betrachten es als Herausforderung, einen tierischen Gegner zu erlegen. Doch wie gefährlich ist die moderne Jagd eigentlich?

Oder anders gefragt: Wie häufig gewinnt eigentlich das Tier?

Nur selten, lautet die Antwort. Wenn wir den Sieg als Flucht definieren, dann gelingt das nur ganz wenigen Tieren: Der „Fund for Animals" hält fest, dass Jäger in Nordamerika jährlich mehr als hundert Millionen Tiere töten – wobei Tauben, Eichhörnchen, Fasane und Rotwild die häufigsten Trophäen sind. Wenn wir den Sieg aber gar dahingehend definieren, dass der Jäger eine Verletzung oder sogar den Tod erleidet, dann schneiden die Tiere noch schlechter ab: Verletzungen unter Jägern in den USA sind so selten, dass es dafür keine eigene Statistik gibt (um sie zu ermitteln, müsste man sie aus der allgemeinen Statistik über Zwischenfälle mit Tieren herausfiltern). Und die einzigen Tiere, die Jägern tatsächlich schwere Verletzungen zufügen können, sind Bären, die von amerikanischen Jägern in einer Anzahl von durchschnittlich 24 000 jährlich erlegt werden; dem Alaska Science Center zufolge starben aber in den etwas mehr als zwanzig Jahren zwischen 1980 und 2002 gerade mal neun Jäger in Alaska an den Folgen einer Bären-Attacke. Die größte Gefahr, in die sich amerikanische Jäger begeben, sind – andere Jäger, auch wenn diese Gefahr inzwischen ziemlich geschrumpft ist. Während im Jahr 1940 35 Jäger von anderen Jägern erschossen wurden, waren es 2005 nur noch drei. Ein geringes Risiko, ganz klar – doch wie steht es um die Jagderfahrungen unserer prähistorischen und stammeszugehörigen Vorfahren?

Ich traue mich diese Frage inzwischen kaum mehr zu stellen …

Von den grausamen Jagdgewohnheiten der Neandertaler habe ich schon berichtet. Jüngste Studien haben offenbart, warum sie so große Tiere wie Mammuts, Rhinozerosse, Bisons und Wildpferde gejagt haben – die Neandertaler waren räuberische Lebewesen mit einem beträchtlichen Verlangen nach Fleisch. Der Paläoanthropologe Steve Churchill schätzte im Jahr 2005 den wahrscheinlichen Kalorienbedarf männlicher Neandertaler wie folgt: Sie benötigten etwas 4500–5000 Kalorien (21 000 Kilojoule) am Tag, also fast das Dreifache des Kalorienbedarfs eines modernen westlichen Mannes (Grund hierfür waren ihr anstrengender Lebensstil und ihre physischen Besonderheiten). Aus dieser Zahl lässt sich die

Notwendigkeit von ungefähr zwei Kilo Fleisch pro Mann und Tag errechnen – ein ganzes Karibu (kanadisches Ren) im Monat. Bei diesem Appetit ist es kein Wunder, dass sich die Neandertaler nicht mit einem gelegentlichen Hamster-Snack zufriedengaben.

Aber riesige Tiere waren auch mächtige Kämpfer – ein Grund dafür, weshalb die Anzahl von Hals- und Schädelbrüchen unter männlichen Neandertalern sehr hoch war. Die Tatsache, dass all diese Verletzungen wohl von Nahkämpfen mit wild gewordenen Pferden, Mammuts und Rhinozerossen herrührten, wirft allerdings die Frage auf: Warum warfen die Neandertaler ihre Speere nicht aus der Ferne (wie es moderne Jäger tun), sondern griffen die Tiere mit bloßen Händen an? Eine Antwort könnte lauten, dass ihr robuster Körperbau ihre Wurffähigkeiten negativ beeinflusste. Eine 1990 an der Universität von New Mexico durchgeführte Studie ergab beispielsweise, dass das Schulterblatt nur eine eingeschränkte Armrotation ermöglichte. Mein persönliches Gefühl sagt mir, dass aber bestimmt auch die kurzen Gliedmaßen der Neandertaler eine Rolle spielten. In diesem Fall nämlich würden die Hebelwirkungen sich negativ auswirken, denn ihre kürzeren Arme verminderten sowohl den mechanischen Vorteil wie auch die Wurfgeschwindigkeit. Als Beweis für diese Vermutung dient eine im Jahr 1999 unter modernen Cricket-Spielern durchgeführte Erhebung, die aufzeigt, dass die schnellsten Werfer die mit den längsten Armen waren. Jede weiteren zehn Zentimeter am Handgelenk erhöhten die Ballgeschwindigkeit um 3,3 m/s.

Ironischerweise ist die Tatsache, dass der Homo sapiens von tropischen Afrikanern abstammt, vermutlich der Grund dafür, dass unsere Jäger zu Schwächlingen wurden. Der erste Homo sapiens in Europa hatte vor ungefähr 40 000 Jahren die gleichen langen „afrikanischen" Arme – auch wenn sie sich im Laufe der Zeit an die Bedingungen der europäischen Eiszeit anpassten und somit vermutlich besser für eine Jagd mit dem Speer angepasst waren als die Neandertaler; und auch eher in der Lage, wild gewordenen Bestien auszuweichen. Die Erfindung des Speerwurfs (der aufgrund zunehmender Hebelwirkung seine Geschwindigkeit beinahe verdoppelte) um ca. 15 000 v. Chr. führte dazu, dass Homo sapiens aus immer größerer Entfernung angreifen konnte. Damit begann ein technologischer Wettlauf um immer fortschrittlichere Waffen mit immer größerer Reichweite: Pfeil und Bogen, Blasrohre, Musketen und schließlich moderne Feuerwaffen. Die krönende Schande in unserem Kampf um die größte Entfernung zu jeglicher von unserer Beute ausgehenden Gefahr aber ist das Internet. In den Jahren 2007/08 sahen sich 35 amerikanische Staaten dazu gezwungen, Jägern den Zugang zu Internetseiten zu versperren, auf denen man, gegen Gebühr, ein lebendiges Tier an eine Futterstation vor ein Gewehr lockte, sodass der Jäger über das Internet seine Beute anvisieren und den Schuss abfeuern konnte. Gruppen, die sich gegen diesen neuen „Sport" verwehrten, argumentierten, dass eine Jagd über das Internet, aus einer Entfernung von mehreren hundert oder tausend Meilen, die Richtlinien einer fairen Jagd verletzten.

Irgendein Kommentar?

Im direkten Kontrast zu diesen hinterhältigen Jagdtechniken gibt es aber noch immer Flecken auf der Erde, wo Männer wirklich gefährliche Tiere aus der Nähe bejagen. Die Pygmäen in den Regenwäldern Afrikas jagen beispielsweise den wilden Elefanten noch immer von Hand, mit kurzen Stechspeeren bewaffnet. Kevin Duffy beschreibt in seinem 1984 veröffentlichten Buch „Children of the Forest", wie die modernen Mbuti-Pygmäen, auch „Tuma" bzw. große Elefantenjäger genannt, ihre riesige Beute verfolgen und erlegen. Zuerst bestreicht sich der Jäger sein Gesicht mit einer schwarzen Paste, weil er glaubt, so den Elefanten, falls er ihn erspäht, täuschen zu können, indem er ihn für einen Schimpansen hält. Dann folgt er – manchmal über mehrere Tage hinweg – dem Elefanten auf seinem Weg durch den Wald, und das manchmal in einer wütenden Geschwindigkeit. Wenn er ihn endlich aufgespürt hat, schleicht sich Tuma mit der größtmöglichen Heimlichkeit – Elefanten haben ein ausgesprochen gutes Gehör und einen ebenso guten Geruchssinn – so weit voran, bis er unter dem Bauch des Elefanten steht – dem einzigen Platz, an dem er den Speer ungehindert von Knochen weit genug in den Körper hineintreiben kann. Einer schneller Wurf – und dem Jäger bleiben nur Bruchteile von Sekunden, sich vom Rumpf des Giganten zu entfernen. (Stöße von Elefantenkörpern haben in den Jahren 2007 und 2008 einige Zoowärter rund um den Globus das Leben gekostet.) Dann verfolgt er das Tier von neuem, manchmal wieder mehrere Tage lang, bis es entweder stirbt oder so geschwächt ist, dass der Jäger es erneut angreifen kann.

Mit den Eingeweiden auf „Du und Du"

Dem Anthropologen Patrick Putnam zufolge, der eine Elefantenjagd der Tuma beobachtete, mussten sogar Pygmäen-Jungs, die für die Jagd noch viel zu jung waren, ihre Tapferkeit unter Beweis stellen, wenn auch auf ziemlich unorthodoxe Weise. Putnam berichtet, dass zu dem Zeitpunkt, da ein Tuma den getöteten Körper seines Opfers erreichte, es oft von Verwesungsgasen aufgebläht war. Diese nutzte man für einen überraschenden Effekt, nämlich:

„Ein Mann – und zwar nicht der Jäger – schneidet ein Rechteck aus der Seite des Elefanten ... so tief, bis er an den Punkt gelangt, an dem die Hautschicht sehr dünn ist, und dann wird ein kleiner, schreiender und brüllender Junge gegen den Elefanten geworfen; man sagt ihm, dass er zubeißen soll, er tut es, und der Ballon platzt ... Eine Zeremonie, von der das Kind ziemlich angewidert ist, denn es ist kein Vergnügen, die verrottenden Innereien des Elefants ins Gesicht zu bekommen ...“

Schade, dass diese Geschichte nicht wirklich verbürgt ist, gilt Putnam doch, obwohl er ein engagierter und angesehener Anthropologe war, auch als Exzentriker, der sich gelegentlichen Ergüssen seiner Fantasie hingab.

Eine weit unglaublichere Heldentat in Nahkämpfen sind die Löwenjagden, die die Massai durchführen. Dem Kolonial- ingenieur Frederic Shelford zufolge, der im 19. Jh. lebte, grif- fen die Tapfersten der Massai-Jäger den Löwen beim Schwanz und trieben ihm den Speer vom Gesäß bis zur Brust durch den Körper. (Eine Tatsache, die besonders beeindruckend ist, weil Löwen extrem stark sind: Die Muskeln von Raubkatzen sind, Pfund für Pfund, die stärksten in der gesamten Tier- welt.)

Somit steht unser Urteil: Ob es nun darum geht, Folter auszuhalten oder abschreckende Behandlungen zu Initiati- onszwecken oder während der Jagd auszuhalten, der moderne Mann ist nur ein Abklatsch von dem, was er einst war. Wenn- gleich die Tatsache, dass wir uns solchen Martyrien nicht aus- setzen, nicht auch heißt, dass wir sie nicht aushalten könnten. Für die meisten von uns gilt, dass die Gelegenheit, echten Ge- fahren zu begegnen, im täglichen Leben beinahe eliminiert ist – weshalb männliche Teenager heutzutage sich wohl ver- rückten Gefahren aussetzen. Der Hauptgrund dafür scheint unser Überfluss zu sein, denn der grundlegende Antrieb, der Prahlerei zu frönen, ist das Streben des Menschen, sich zu verbessern – entweder hinsichtlich weltlicher Güter, des eige- nen Prestiges oder der Wertschätzung, oder aber zu Repro- duktionszwecken. In Stammesgesellschaften boten sich den aufstrebenden Männern nicht viele Wege, und diese waren unvermeidlich gepflastert mit Feinden und Gefahren. Heut- zutage, in unseren reichen und vielfältigen Gesellschaften, hat sich die Anzahl an Gelegenheiten zum Vorankommen und an Fluchtwegen dramatisch erhöht. Die „Müllmänner" eines Stammes in Neuguinea – Krieger von einem geringen sozialen Status, denen es an Wohlstand, Ansehen und familiä- ren Beziehungen mangelte – waren bekannt dafür, mit Todes- verachtung in Clan-Kriegen zu kämpfen, war das doch ihre einzige Chance, zu sozialem Ansehen zu gelangen. Moderne Männer dagegen, denen man den Weg auf der Karriereleiter vereitelt, suchen sich einen anderen Job oder manchmal einen anderen Beruf.

Ein anderer kultureller Faktor, der unsere Tapferkeit mindert, ist vermutlich die Trennung der Männer untereinander. Wie eine Studie der Universität von Maine belegt, handelt es sich beim Bravado primär um eine Kommunikationsform unter Männern. Männer aber sind zunehmend voneinander isoliert – Kernfamilien, die Spezialisierung am Arbeitsplatz und (paradoxerweise) die Verbesserung von Kommunikationstechnologien (z. B. Videokonferenzen) führen dazu. Die brüderlichen Bande nehmen ab, und unser Sinn für Bravado, da es an Zuschauern und Beifall mangelt, schwindet. Es ist kein Zufall, dass es sich beim modernen Zurschaustellen von sinnfreiem Mut um Taten Pubertierender und heranwachsender Männer handelt. Auch wenn dies zumindest zum Teil eine körperliche Ursache hat und auf einer fünfzigprozentigen Zunahme des Testosterongehaltes bei pubertierenden Männern beruht sowie auf einer Verschiebung im präfrontalen Kortex, so ist es doch auch ein Produkt fehlenden Publikums. Schulen, Universitäten oder Berufseinstiegs-Umgebungen sind heutzutage so ziemlich die letzten Plätze unserer modernen Welt, wo Männer in einer ansprechenden Zahl zu finden sind. Somit mag die Abnahme der Risikobereitschaft unter jungen Männern ab 25 nicht nur auf fallende Testosteronwerte, sondern auch auf den Rückgang der Möglichkeiten, Allianzen von Mann zu Mann zu bilden, wo Bravado von Bedeutung wäre, zurückzuführen sein.

Und auch wenn unsere zunehmende Feigheit kulturell bedingt ist, heißt das nicht, dass diese sich nicht auch in unseren Genen festschreiben würde. In Tierversuchen hat man herausgefunden, dass sich auch Verhaltensweisen genetisch fixieren lassen, und zwar in nur zwei oder drei Generationen, und dass sie innerhalb von zehn bis zwanzig Generationen genetisch festgeschrieben sind. Nötig ist dazu nicht mehr als ein Selektionsmechanismus, der die Tapferkeitsgene zugunsten der Feigheitsgene aus dem Genpool eliminiert. Aber gibt es einen solchen Selektionsmechanismus?

Die Antwort lautet: Ja – und nein! Es ist ziemlich unwahrscheinlich, dass sich die sexuell wirksame Bedeutung einer altruistischen Tapferkeit vermindert, da Frauen bei ihren Partner so sehr danach verlangen. (Und es sieht auch überhaupt nicht danach aus, dass sich das ändert – denn welchen Grund hätte eine Frau, sich mit einem Mann zu paaren, der seine Brut nicht beschützt?) Die Landschaft, in der sich Aufschneiderei bewährt, hat sich indes verändert. Nicht nur, dass der Grund für das Vorhandensein von Bravado – nämlich die Bande zwischen Männern untereinander – im Schwinden begriffen ist; es endet sehr häufig auch tödlich. Abgeriegelt von den angestammten Kanälen, auf denen Bravado zur Schau gestellt werden konnte (wie z. B. wilde Tiere zu erlegen und Martyrien auszuhalten), begeben sich junge Männer heutzutage in tödliche Gefahren, indem sie Zug surfen oder betrunken Auto fahren. Statistiken der WHO von 2007 belegen, dass die häufigste Todesursache für junge Männer zwischen 15 und 19 Jahren Autounfälle sind. (Die Tatsache, dass weitaus weniger junge Frauen durch Autounfälle sterben, belegt, dass es sich bei diesen Autounfällen nicht einfach um Unfälle handelt – männliches Bravado-Verhalten, auch im Straßenverkehr ist dafür ganz sicher auch eine wesentliche Ursache). Weil dem so ist, wird es eine ganze Menge an Anstrengungen und Vorkehrungen kosten, um zu verhindern, dass sich Bravado im *Homo masculinus modernus* innerhalb kürzester Zeit selbst eliminiert.

„Halt, Stopp!" höre ich einige wütende Leser protestieren. „Wenn wir modernen Männer so feige sind, wie erklärt sich dann die ständig steigende Zahl von Berichten männlicher Gewalt in Fernsehen und Tageszeitungen? Man braucht Mut, um zu kämpfen, somit sind wir doch mindestens genauso tapfer und verwegen wie diese Männer, die uns vorausgegangen sind?"

Ja, da wäre etwas dran – wenn es denn wahr wäre. Aber ist es das?

Zugegeben, in mancher Hinsicht sieht es ganz danach aus. Man nehme nur mal die Kampfsportarten, zum Beispiel. Dort, wo einst vornehmes Boxen Gewalt in unsere Wohnzimmer brachte, sind es nun angeblich tödliche, barbarische Sportarten wie das „Ultimate Fighting", wo bis aufs Äußerste gekämpft wird. Ein Kampfstil, den man als so extrem empfindet, dass selbst Senator John McCain, selbst kein schwacher Boxer, diesen Kampfsport als „menschlichen Hahnenkampf" bezeichnet hat. Wie extrem aber ist „Ultimate Fighting" wirklich? Und wie würden diese Kämpfer sich schlagen, wenn man sie gegen echte harte Männer in den Ring befördern würde: gegen die antiken und stammeszugehörigen Raufbolde wie zum Beispiel die olympischen Boxer im antiken Griechenland?

Schlachten

Am 9. April 2005 bot sich 2,6 Millionen amerikanischen Kabelfernseh-Zuschauern ein 15-minütiges blutiges Gemetzel: das Finale der neuen Reality Show „The Ultimate Fighter" auf Spike TV. Zwei junge Wettbewerber – ein Personal Trainer aus Chicago, der sich „Stephan ‚The American Psycho' Bonnar" nannte, und ein ehemaliger Polizist aus Georgia, Forrest Griffin – betraten die Bühne und tauschten Hiebe, Tritte und Knieschläge in einem Rundum-Kampf aus, der im Gesicht des Gewinners, Griffin, Spuren hinterließ, als handelte es sich um einen Werbespot für Stephen Kings „Carrie". Forrest Griffin ging seinen Weg weiter und wurde zu einem ausgesprochen erfolgreichen Kämpfer in den „Martial Arts", den kriegerischen oder Kampfkünsten – in einem späteren Kampf schlug er auch den brasilianischen Kämpfer Edson Pardao, während der als „Heat Fighting Championships" bezeichneten Meisterschaften, nachdem dieser ihm bereits mit einem quälenden Gelenk-Schloss den Arm gebrochen hatte; auch Bonnar erhielt einen Vertrag als Showkämpfer, aber der echte Gewinner in dieser Runde war das „Ultimate Fighting": Es dauerte gerade mal drei Jahre, bis die „Ultimate Fighting Championships" (UFC) die „National Hockey League" von ihrem Rang als viertbeliebteste Sportveranstaltung in den USA verdrängt hatten und regelmäßig mehr als 4,5 Millionen Zuschauer vorweisen konnten. Heute handelt es sich bei den UFC um eine goldbringende, blutverschmierte amerikanische Erfolgsstory, und die Präsidentin Dana White hält dies für einen Verdienst des Wettkampfes Griffin gegen Bonnar 2005.

Was diese Geschichte aber in der Tat bemerkenswert macht, ist, dass zehn Jahre zuvor alles danach aussah, als wäre „Ultimate Fighting" dem Tod geweiht. Ursprünglich waren die UFC im Jahr 1993 entstanden aus der Fantasie eines Jungen heraus, als ein Kampfklub, der die Kämpfer verschiedener Schulen gegeneinander ausspielte, um auszutesten, wer einen echten, regellosen Straßenkampf wohl gewinnen würde. Aber die ganz offensichtlich immens ungleichen Kämpfe, die dabei herauskamen – als z. B. der knapp 80 kg schwere brasilianische Jiujitsu-Kämpfer Royce Gracie gegen den amerikanischen Wrestler Dan Severn antrat, der 113 kg auf die Waage brachte –, veranlassten den amerikanischen Senator John McCain zu einer erfolgreichen Kampagne, den Wettbewerb in 37 US-Bundesstaaten zu verbieten (obgleich der kleinere Gracie den Kampf gewonnen hatte). Fünf Jahre lang waren die Wettbewerbe sogar von der Bildfläche der amerikanischen Privatsender verschwunden. Aber unter der geduldigen Leitung von Dana White gelang den UFC die Rehabilitation. Durch die Einführung von Gewichtsklassen, Handschuhen und einiger Regeln, die Schläge auf die Augen, den Kopf und die Weichteile verboten, gelang es den UFC, in fast jedem amerikanischen Bundesland die Zulassung durch die Sportkommission zu erlangen. UFC finden nun in 39 amerikanischen Bundesstaaten statt, sind wieder ins Kabelfernsehen zurückgekehrt und haben gar Nachahmer auf einigen großen kostenlosen Sendern erhalten.

Worin aber liegt das Geheimnis der Anziehungskraft der UFC? Die Anhänger der MMA – „Mixed Martial Arts" (so die Bezeichnung, die die echten Enthusiasten der Sportart bevorzugen) – bestehen darauf, dass es sich um einen hochgradig sportlichen Wettkampf handelt. Und unzweifellos sind MMA-Kämpfer extrem fit: Ich habe einmal dem in Australien gebürtigen, 120 kg schweren, tonganischen UFC-Gladiatoren Soa „The Hulk" Palelei beim Training für einen Kampf im Super-Schwergewicht, dem „King of the Cage"-Titelkampf, zugeschaut, wie er Leitern in einer Geschwindigkeit erkletterte, die viele Sprinter atemlos zurückgelassen hätte. Und doch spricht das Marketing der UFC eine andere Sprache: Die Wettkämpfe erhalten apokalyptische Namen – „Tag des Jüngsten Gerichts", „Nemesis", „Shootout", „Aufruhr" usw. –, die auf die ursprüngliche Richtung des Wettbewerbs verweisen: „Es gibt keine Regeln." Solche Namen zielen ganz klar auf die männliche Liebe zu uneingeschränkter Gewalt hin. Das Erfolgsgeheimnis der UFC besteht darin, dass es ihnen gelingt, ein legales Spektakel, bei dem Männer voller Todesverachtung in einen befriedeten Ring treten, anzubieten, das genau dieses Bedürfnis befriedigt.

Bis auf die Tatsache, … dass niemand tatsächlich stirbt. Oder gar (Forrest Griffin mal ausgenommen) verletzt wird.

Über diesen „Leckerbissen" bin ich das erste Mal gestolpert, als ich mich zu Recherchezwecken bei Soa Paleleis „King of the Cage"-Event aufhielt. Soas Kampf war solide vorbereitet durch sieben Aufwärmkämpfe, alles vom Federgewicht bis zum Schwergewicht, das unter ihm war, und mir gelang es, in die Kabinen der Kämpfer zu gelangen und jeden Einzelnen von ihnen, egal ob er unterlegen oder siegreich gewesen war, zu interviewen, während er in die Kabine lief, hinkte oder hineingetragen wurde. Alle waren unglaublich dankbar dafür, mit mir sprechen zu können, erst recht eingedenk der Hiebe, die einige von ihnen gerade eingesteckt hatten, und der Verrücktheit meiner Fragen, aber der einhellige Tenor war der, dass noch nie jemand in einem MMA-Kampf wirklich Schaden genommen hatte. Nicht einmal jener Kerl, den ich dabei antraf, wie er sein lilafarbenes, zerkrumpeltes Gesicht mit einer Handvoll Eiswürfel kühlte: „Na, das sieht schlimmer aus, als es ist, und schon am Sonntag wird das alles Geschichte sein." (Auf alle Fälle, so versicherte er mir, sei das alles längst nicht so schlimm wie der Schmerz, einen Kampf verloren zu haben.) In Anbetracht dessen, was ich erwartet hatte, gaben mir diese Sätze Rätsel auf, aber vielleicht, dachte ich, liegt das daran, dass es sich um junge Kämpfer, echte Greenhorns eben, handelte, zu grün, um jemals richtig Schläge eingesteckt zu haben. Also schlüpfte ich in die Räume der Schwergewichte, um Brian Ebersole, einen Veteranen unter den Kämpfern, der mehr als fünfzig Kämpfe Leicht- gegen Schwergewicht ausgetragen hatte, zu interviewen. Bestimmt könnte er einige Horrorgeschichten erzählen?! Ich fand Ebersole (der mir bereits zuvor beim Wiegen begegnet war) auf dem Rücken liegend, wie er sich meditierend (um den Pulsschlag niedrig zu halten) auf den Kampf vorbereitete und sein Gesicht mit Vaseline eincremte.

„Hey Mann, wozu ist die Vaseline gut?", fragte ich.

„Schützt das Gesicht vor Rissen", grunzte er. „Die Schläge rutschen ab, und es sorgt dafür, dass die Ränder der Handschuhe nicht deine Haut zerreißen." (MMA-Kämpfer tragen leicht gefütterte, fingerlose Handschuhe, die es ihnen erlauben, mit den Fingern frei zu tasten und zu drücken.)

Aha! Endlich war ich dem Geheimnis auf der Spur! Doch nein – unglaublicherweise behauptete auch Ebersole, seine mehr als fünfzig Kämpfe hätten auch ihn völlig ohne Narben gelassen.

„Ich hatte schon ein paar Verstauchungen, aber keine Brüche!" Er zuckte mit den Schultern.

„Nicht einmal eine gebrochene Nase?" Ich bettelte fast und war zu diesem Zeitpunkt schon ziemlich verzweifelt.

Ebersole lachte. „Normalerweise stecke ich ein paar Schläge ein, und manchmal blutet sie auch ein bisschen", sagte er und drehte mir sein Profil entgegen, „aber dieses Baby hier hat nie auch nur einen Knick abgekriegt, und ich garantiere, dass das auch heute Nacht nicht der Fall sein wird."

Und in der Tat kehrte Ebersole eine halbe Stunde und drei brutale Kampfrunden später siegreich in den Raum zurück – sein Gesicht überzogen mit Bltuflecken von seinem eigenen, arteriellen Blut aus der Nase, die Nase selbst aber noch immer unbeschädigt.

Ein Blick in einige medizinische Studien bestätigte dieses erstaunliche Ergebnis meiner Recherche: „Ultimate Fighting" ist in der Tat eine lächerlich ungefährliche Kampfsportart. Eine vergleichende Statistik aus dem Jahr 2007 über im Wettkampf aufgetretene Verletzungen aus hundert amerikanischen Krankenhäusern belegt, dass es bei MMA-Kämpfen zu weit weniger Verletzungen kommt als beim Wrestling oder beim Boxen. (Beim Basketball, wenn es wettkampfmäßig stattfand, war die Rate gar um das Siebenfache (!) höher als bei den Martial Arts.) Gerade mal ein Prozent der Verletzungen, die von den Martial Arts herrührten, erforderten einen Krankenhausaufenthalt. Es gibt aber auch Studien, die andere Zahlen aufweisen: Eine Untersuchung aus dem Jahr 2008 verzeichnet für die 635 offiziellen MMA-Kämpfe, die in Nevada in den Jahren 2002 bis 2007 stattgefunden haben, eine Verletzungsrate von 23,6 auf hundert Kämpfe, verglichen mit ungefähr 25 Prozent beim Boxen – eine Statistik aber, die verschleiert, dass die Verletzungen, die vom Boxen herrühren, zumeist viel schwerer sind als die im Ring der Martial-Arts-Kämpfer. Eine aus dem Jahr 2007 stammende Studie über amerikanische Notaufnahmen belegt, dass neunzig Prozent der Verletzungen beim Boxen Kopf und Oberkörper – also die Körperregionen, an denen Verletzungen am gefährlichsten sind – betreffen, wohingegen Verletzungen, die aus „Ultimate Fighting"-Kämpfen resultieren, diese Körperregionen nur zu weniger als fünfzig Prozent betreffen. Dies scheint auch einer Studie aus dem Jahr 2006 der John Hopkins Medical School zu entsprechen, die feststellt, dass die Rate für Knockouts und Gehirnerschütterungen bei Martial-Arts-Kämpfen halb so groß ist wie bei Boxkämpfen. Das mag für manche Ohren ein bisschen seltsam klingen: Warum sollte das Boxen mit Handschuhen zu mehr Kopfverletzungen führen als das Zuschlagen mit den bloßen Händen beim Ultimate Fighting? Das Geheimnis liegt in unserem Verständnis für den Zweck von Handschuhen: Sie schützen weniger den Kopf eines Getroffenen denn die Hand des Kämpfers, dem sie ermöglichen, weitaus fester zuzuschlagen.

Als ein weiterer Beweis lässt sich anführen, dass als erstes Ergebnis, das die UFC verzeichneten, nachdem sie das Tragen leichter Handschuhe eingeführt hatten, die Zahl der Kämpfe, die in einem Knockout endeten, rapide anstieg (auch wenn die Rate immer noch vergleichsweise gering war).

Wahrscheinlich ist es genau diese Tatsache, nämlich dass es zu einer nur geringen Anzahl von Knockouts kommt, zusammen mit den strengen Regeln, die ein schnelles Eingreifen vonseiten der Schiedsrichter verlangen, die für die gegen null gehende Sterberate beim modernen Ultimate Fighting verantwortlich ist. Die UFC verzeichnet keinen einzigen Todesfall im Oktagon – dem Ring beim Ultimate Fighting –, wohingegen beim Boxen im gleichen Zeitraum mehr als achtzig Todesfälle weltweit zu beklagen waren. Zwar gab es drei Todesfälle in Martial-Arts-Kämpfen, die nicht der offiziellen Liga zugerechnet wurden, aber jeder Einzelne dieser Vorfälle weist ganz besonders ungewöhnliche und andere mildernde Umstände auf. Douglas Dedge zum Beispiel, ein Kämpfer in der amerikanischen MMA-Liga, der nach einem Kampf in der Ukraine 1998 an Hirnverletzungen verstarb, hatte Vorschädigungen, wahrscheinlich einen Schädelbruch, die die Ärzte dazu veranlasst hatten, ihm vom Kämpfen abzuraten. Oder ein koreanischer Kämpfer, Lee, der bei einem „Gimme 5"-Event im Jahr 2004 starb, allerdings an einem Herzinfarkt. Und der einzige Todesfall, der sich in einem offiziellen Ring zutrug, war der des texanischen Kämpfers Sam Vasquez 2007, der an Hirnblutungen starb – die aber vermutlich von einem Zusammenstoß mit einem Begrenzungspfosten herrührten und nicht von Schlägen auf den Kopf (das Texan Medical Advisory Committee schlug daraufhin vor, die Pfosten zu polstern). Ein anderer Grund, weshalb die Todesrate bei UFC-Kämpfen bislang so niedrig ist, ist die Anwendung von Würge- und Strangulationstechniken angelehnt an das Judo. Auch wenn diese brutal klingen und aussehen – der dreieckige Würgegriff beispielsweise beinhaltet das Strangulieren des Gegners, indem sein

Nacken mit dem Bein festgeklemmt wird, sodass die karotiden Arterien geklemmt werden und die Blutzufuhr zum Gehirn unterbrochen wird –, so kommt es dabei ganz selten zu anderen Verletzungen als einer kurzzeitigen Bewusstlosigkeit. Eine Studie, die 1998 im *Italian Journal of Neuropsychology* veröffentlicht wurde, belegt, dass es unter Judoka so gut wie nie zu einem Verlust von Gehirnzellen kommt – ganz im Gegensatz zu Boxern, von denen mehr als 87 Prozent einen solchen aufwiesen.

Somit erweist sich das moderne Martial-Art-Kämpfen als ungefähr so gefährlich wie der Schwertkampf mit Papp-Säbeln. Aber waren solche Hand-gegen-Hand-Kämpfe tatsächlich schon so beunruhigend feige? Wie war das damals, in längst vergangenen Zeiten – waren Todesfälle und Verletzungen beim antiken „Ultimate Fighting" weiter verbreitet?

Ungewöhnlicherweise gibt es in der westlichen Tradition tatsächlich einen solchen Sport, und er trug auch einen ähnlichen Namen. Im Jahr 648 v. Chr. war bei den Olympischen Spielen in Griechenland ein sportliches Event, „Pankration" („Mit ganzer Kraft" oder auch „Alles ist erlaubt") genannt, so populär, dass es in das Finale der Spiele Eingang fand. „Pankration" war ein ganz brutaler Hieb- und Stichkampf ohne zeitliche Begrenzung – und ohne Gewichtsklassen –, der nur zwei Regeln kannte: Es war verboten, dem Gegner die Augen auszustechen, und auch das Beißen war verboten (nur die Spartaner erlaubten sogar dieses). Alles andere war möglich: das Knochenbrechen, das Würgen und Strangulieren, das „Fischhaken" (bei dem es erlaubt war, Finger in Körperöffnungen zu stecken und dann zu reißen) und das Brechen und Zertrümmern von Finger und Zehen. Die vorsichtige Lektüre der griechischen Literatur zeigt, dass, wenn es um „Pankration" ging, das ultimative Ende – und in diesem Fall also wirklich das ultimative Ende – als gerechtfertigt angesehen wurde; und in der Tat haben antike „Pankratiasten" häufig den ultimativen Preis dafür bezahlt, dass sie in die Arena stiegen.

Ein Band der „Olympischen Oden" aus dem 6. Jh. v. Chr. aus der Feder des griechischen Poeten Pindar berichtet, dass sehr viele (pankratiastische) Kämpfer in diesen Wettbewerben starben. Eine genauere Schilderung dessen findet sich in den späten Werken des Philostratos, der von einem Brief berichtet, den ein Trainer an die Mutter seines Schülers schrieb, in dem er ihr erzählte, dass, sollte sie vernehmen, dass ihr Sohn tot sei, sie dieses glauben solle. Auch der große griechisch-jüdische Philosoph Philo (1. Jh.) stimmte damit überein, und er schrieb: dass Ringer und Pankratiasten „häufig litten bis zum Tod". Philo zitiert auch eine erstaunliche Geschichte von zwei Pankratiasten, die sich gegenseitig so heftig angegriffen haben, dass sie beide gleichzeitig starben. Auch wenn diese Geschichte übertrieben sein mag, auch, weil Philo nicht behauptet, den Kampf mit eigenen Augen verfolgt zu haben, so gibt es einen unbestrittenen, wahrhaften Vorfall, bei dem ein Pankratiast in der Sekunde seines Sieges starb: der Fall von Arrichion, einem dreimaligen Sieger in den Olympischen „Pankration"-Wettbewerben. Er errang seinen dritten Sieg, indem er eine Strangulationsattacke lang genug überlebte, um seinem Gegner den Knöchel auszurenken oder zu brechen (die Quellen berichten hier Unterschiedliches), dann starb er. Die Schiedsrichter erklärten seine Leiche zum Sieger. So, wie diese Schiedsrichter mit den Todesfällen, die sich während der Olympsichen Spiele ereigneten, umgingen, sieht es ganz danach aus, als wäre die Sterblichkeitsrate beim „Ultimate Fighting" im antiken Griechenland ziemlich hoch gewesen.

Den vielleicht besten Hinweis auf die Todesrate liefert uns der gefürchtete Pankratiast Dioxippos, der im Jahr 336 v. Chr. kampflos gewann, weil sich niemand gegen ihn in die Arena wagte. Es war offensichtlich, dass seine möglichen Kontrahenten längst begriffen hatten, dass das Verlieren gegen diesen Champion nicht einfach ein Verlieren, sondern den wahrscheinlichen Tod bedeutete.

Unglaublicherweise jedoch war selbst Pankration nicht der tödlichste Wettkampfsport, den die Griechen betrieben. Diese Ehre gebührt – wie in modernen Zeiten auch – dem Boxen. Ein Wettkämpfer, der in Pankration und im Boxen antrat, Kleistomachos von Theben, bat die olympischen Offiziellen darum, dass der Boxkampf erst nach der Pankration stattfinden solle, da die Chancen, dass er beim Boxen verletzt würde, größer wären. Noch einmal: Die antike griechische Literatur bestätigt, dass solche Befürchtungen berechtigt waren. Uns sind vier definitive Todesfälle im antiken griechischen Boxsport bestätigt (die tatsächliche Todesrate liegt vermutlich deutlich höher), und einige von ihnen waren erstaunlich grauenvoll. Eine Arbeit des griechischen Schriftstellers und Geographen Pausanias beispielsweise beschreibt den Sieg (und die anschließende Disqualifikation) des Boxers Kleomedes während der Olympischen Spiele 496 oder 492 v. Chr., der seinen Gegner Ikkos tötete, indem er ihm die Hand in den Bauch rammte und ihn dann ausweidete wie ein Tier. Das klingt unglaublich, aber im antiken griechischen Boxkampf waren eine Vielzahl von tödlichen, mit der bloßen Hand auszuführenden Schlägen, Hieben und Stößen zugelassen, die modernen Boxern verboten sind. Auch die asiatischen „Martial Arts" geben uns Hinweise, dass solche Grausamkeiten möglich sind: Im Taekwondo gibt es einen sog. „Speerstoß", der Haut und Muskeln zerreißen kann, wenn auf ihn wildes Zerren und Reißen folgt. Vielleicht aber ist der beste Beweis für Kleomedes' blutige Heldentat, dass genau der gleiche Vorfall ein Jahrhundert später erneut geschah, und zwar während der Nemischen Spiele: Damoxenos tötete seinen Gegner Kreugas während der Strafminuten nach einem langen, grausamen Kampf ebenfalls durch einen die Eingeweide herausquellen lassenden Schlag in die Magengegend. Und auch wenn Ikkos, wie schon Kreugas vor ihm, noch nach ihrem Tode zu Siegern gekrönt wurden, so beweisen diese Fälle durchaus, wie tödlich griechisches Boxen war – man hatte Kleomedes und Damoxenos nicht ihrer Siegerkränze enthoben, weil sie getötet hatten, sondern weil sie nicht zugelassene Hiebe ausgeführt hatten.

Diejenigen aber, die Boxkämpfe oder Pankration überlebten, litten meist unter schweren Verletzungen. Auch wenn man noch keine Skelette gefunden hat, die man ganz sicher einem antiken Boxer oder Pankratiasten zuordnen kann, gilt es als sicher, dass sie zahlreiche Knochenbrüche aufwiesen. Abgesehen von dem wahrscheinlichen Knöchelbruch des Arrichion gibt es Überlieferungen, dass ein Mann namens Sostratos in olympischer Pankration dreimal zum Siege kam, indem er nach den Fingern seiner Gegner griff und sie so lange zurückbog, bis sie brachen bzw. der Gegner die Schmerzen nicht mehr aushielt. Im modernen „Ultimate Fighting" nennt man ein solches Vorgehen „small-joint manipulation", also „Manipulation kleiner Gelenke" – ein Vorgehen, das verboten ist, weil es zu Verkrüppelungen führt. Der griechisch-römische Vater der modernen Medizin, Galen, schreibt abschätzig von Pankratiasten, denen die Augen ausgeschlagen wurden. Verletzungen, die vom Boxen herrührten, scheinen noch verheerender gewesen zu sein – so schlimm, dass ein Handbuch zur Traumdeutung, genannt *Oneirokritika*, Träume von Boxkämpfen als ein schlechtes Omen nennt, das auf schwere körperliche Verletzungen hinweist. Das Gesicht eines berühmten, aus dem 1. Jh. v. Chr. stammenden Bronzestatue eines Boxers, die man in Rom gefunden hat, weist eine gebrochene Nase, Blumenkohlohren und zahlreiche klaffende Schnittwunden auf – die Griechen bezeichneten diese Wunden spöttisch als „Ameisenspuren". Die Hände der Statue zeigen, woher diese Schnitte stammen: Griechische Boxer trugen scharfe Lederriemen um ihre Fingerknöchel gewickelt – und zwar nicht, um den Kopf des Gegners zu schützen, sondern um ihn zu verletzen. Und trotzdem waren all diese grausamen Instrumente ein Klacks im Vergleich zu den barbarischen Raffinessen, die die Römer ins Boxen einführten. Ihre Handschuhe, jene berüchtigten „caestus" (auch als „Gliedmaßen-Brecher" bekannt), wiesen

Metallspitzen auf, außerdem waren Bleiklumpen in sie eingenäht, und sie waren außen mit gezähnten, Sägeblatt-ähnlichen Metallplatten versehen. Kämpfe, in denen diese Handschuhe zum Einsatz kamen, müssen mindestens ebenso viele grausame Verletzungen mit sich gebracht haben, wie sie die Kämpfer in Gladiatorenkämpfen erlitten haben.

Nimmt man die nicht-existierende Todesrate beim modernen „Ultimate Fighting", so ist es schon fast unfair, dieses mit den echten, tödlichen Gladiatorenkämpfen der Römer zu vergleichen – wobei diese in der Tat das Ultimum beim „Ultimate Fighting" darstellen. Zumal die Gladiatoren – anders als UFC-Kämpfer – Waffen einsetzten. Und doch lassen die Prahlereien der UFC-Kämpfer, den Tod im Oktagon nicht zu fürchten, wenigstens diesen einen fairen Vergleich zu: Vergleichen wir ihre angebliche Bereitschaft zu sterben mit der der römischen Gladiatoren! Ganz klar: Die Fakten belegen den Hype, den es um die Todesbereitschaft gibt, in keinster Weise. UFC-Star Ken Shamrock etwa schwor vor einem UFC-Wettkampf, dass er sich „Respekt erkämpfen oder sterben" werde (er hat sich wohl Respekt verdient, denn er ist noch am Leben und tritt zu Kämpfen an, während ich diese Zeilen schreibe). Und dann ist da noch Aleksander Emelianenko, ein Experte im Sambo – einem russischen Wettkampfsport –; auch er ist noch am Leben. Einmal erzählte er einem Interviewer, dass er bereit wäre zu kämpfen, egal „ob zu Fuß oder auf dem Rücken eines Pferdes; mit Knüppeln oder mit der Streitaxt; bis zum ersten Blut oder bis zum Tod". Solche Schwüre klingen beeindruckend, so lange, bis man sie mit dem heiligen Schwur der römischen Gladiatoren, dem sacramentum gladiatorum, vergleicht: „uri, vinciri, verberari, feroque necari patior", zu Deutsch: „verbrannt, in Ketten gelegt, geschlagen oder durch das Schwert getötet". Ein Schwur, den die römischen Gladiatoren noch dazu sehr wörtlich nahmen. Selbst die geringen Schätzungen hinsichtlich der Sterberate unter Gladiatorenkämpfern, wie sie aus der noch am wenigsten blutrünstigen letzten Periode aus der Geschichte des Römischen Imperiums überliefert sind, geben die Chance mit 1:9 für den Tod in der Arena an. Und diese Tode waren keine schnellen Tode. Falls ein Gladiator niedergerungen wurde, rief die Masse der Zuschauer „Jugula!" („Durchbohre ihn!"), und vom niedergerungenen Kämpfer wurde erwartet, dass er sich auf die Knie warf, mit den Händen an die Hüfte des Gegners griff und ihm den Nacken darbot, damit der Sieger ein Schwert in ihn bohren oder ihm die Kehle durchschneiden konnte. Man erwartete zudem, dass er diese Prozedur in stoischer Gelassenheit ertrug, Schreie oder gar das Flehen um Gnade waren verpönt. Und doch waren seine Leiden auch damit noch nicht am Ende. Falls es ihm gelang, auch diese Prozedur zu überleben, zogen ihn die libitinarii („Beerdigungsmänner") durch das „Tor des Todes" und töteten ihn dort mit einem Schlag gegen die Schläfe, der ausgeführt wurde von einem hammerschwingenden Diener, der die Rolle des „Dis Pater", des römischen Gottes der Unterwelt, übernahm. (Ein aus dem 2. Jh. stammender Gladiatorenfriedhof, der unlängst in Ephesus, Türkei, freigelegt wurde, zeigt, dass 15 Prozent der Gladiatoren einen solchen Schlag gegen die Schläfe erhalten hatten.)

Auch im prähistorischen Australien operierte man mit todbringenden Hämmern, ebenfalls, um eine die Maßen heutiger UFC-Kämpfer übersteigende Todesverachtung an den Tag zu legen. Eine Untersuchung von 94 Schädeln prähistorischer australischer Aborigines, die vom Adelaide-Museum in Südaustralien durchgeführt wurde, zeigt, dass 54 dieser Schädel schwere Brüche aufwiesen, die von Schlag- oder Kampfhölzern herrührten. Bemerkenswerterweise geschahen diese vermutlich in einem brutalen Streitlöse-Verfahren, das der Anthropologe John Fraser im 19. Jh. festhielt: Die Aborigines knieten abwechselnd nieder, um einen Schlag gegen den Kopf hinzunehmen, und der Verlierer war der Erste, der starb, ansonsten wurde er enthauptet. Die exakte Todesrate bei diesem

Kampf lässt sich nicht nachvollziehen, aber sie muss sehr hoch gewesen sein.

Ganz klar, dass wir modernen Männer größere Münder haben als Herzen – zumindest, wenn's ums Kämpfen und Sterben geht. Wie aber steht es um die pure Liebe zum Kampf selbst? Sind wir wirklich die heißblütigen, mit blanken Fäusten kämpfenden Schlägertypen, die beim geringsten Anlass zuschlagen, wie es so oft heißt? Berichte in den Medien suggerieren uns dieses Bild. In englischen Tageszeitungen beispielsweise werden die Straßen von London am Wochenende als Leichenhäuser, angefüllt mit blutigen, versoffenen Schlägertypen beschrieben. Einige Statistiken belegen das – die Anzahl gewalttätiger Vorfälle auf Straßen und in Hotels stiegen zwischen 1996 und 2004 von 39 auf 49 Prozent (im gesamten Gebiet des Vereinigten Königreichs). Eine im Jahr 2006 veröffentlichte Studie der Universität von London fand heraus, dass einer von acht jungen Männern zugab, im Jahr zuvor in irgendeine Form von Gewalt als Freizeitbeschäftigung verwickelt gewesen zu sein, und eine auf fünf Jahre angelegte Studie in den Notaufnahmen von 58 britischen Krankenhäusern gibt an, dass durchschnittlich 0,75 Prozent der männlichen Bevölkerung jährlich mit Verletzungen durch tätliche Angriffe oder eine andere Form der Gewalt eingeliefert wurden. Diese Zahlen scheinen ein beeindruckendes Aggressionsniveau zu belegen – und doch stellt sich die Frage: Wie schneidet diese Aggression im Vergleich mit den trunkenen Schlägereien in früheren Kulturen ab?

Ein exakter Vergleich scheint unmöglich, da die meisten der frühen Kulturen längst verschwunden sind. Und doch gibt es überraschenderweise eine Studie, die eine Auswertung in beschränkter Form zulässt. In den 1960er und 1970er-Jahren führte der Anthropologe Mac Marshall eine Untersuchung über Gewalt und Alkoholmissbrauch bei Männern unter den Mitgliedern der Truk auf den mikronesischen Caroline Islands durch. Die Kultur der Truk war zum Zeitpunkt der Ankunft von Marshall auf den Inseln noch stark traditionell geprägt, zum Teil auch deshalb, weil ihr hohes Aggressionsniveau den Kolonisationsprozess lange ferngehalten hat (unter den antiken Seeleuten war Truk als „Dread Hologeu" – furchtbares Hologeu – berüchtigt). Marshall beschrieb eine gewalttätige Trinkkultur, die in fast jedem Dorf „Schlachtfelder" unterhielt, auf denen sich am Wochenende Betrunkene prügelten. Beim Betreten dieser Schlachtfelder stießen die jungen Männer schrille Schreie aus, traten in Kung-Fu-Manier um sich und suchten überall nach einer Gelegenheit, gewalttätig zu werden. Loyal zu seinem Clan zu sein bedeutete, dass sich Kämpfe schnell und unausweichlich zu richtigen Schlägereien mit zahlreichen bewaffneten Teilnehmern auswuchsen. Und auch wenn er keine konkrete Statistik vorlegt, so deutet Marshall doch an, dass die Teilnehmerrate an diesen Kämpfen die 1:8-Rate der jugendlichen Briten, die vorhin aufgeführt wurde, deutlich überstieg. Marshall gibt auch keine Zahlen über Verletzungen oder gar eine Todesrate an, aber die bekannte Vorliebe der Truk für grauenvolle Waffen (so z. B. die aus Stahl gefertigten Nanchaku), gepaart mit ihrer Furchtlosigkeit vor Verletzungen (die Kämpfer der Truk begannen ihre Kämpfe ganz häufig mit dem freiwilligen Aufschlitzen ihrer Arme, um dem Gegner die eigene Tapferkeit zu demonstrieren) legen nahe, dass mehr als 0,75 Prozent der männlichen Inselbewohner in jedem beliebigen Jahr – oder gar an jedem beliebigen Wochenende – Verletzungen, die Grund genug für einen Besuch in einer Notaufnahme lieferten, aufwiesen.

Die Stadt der Kämpfe

Dem modernen Reisenden gilt Venedig als eine Stadt voller Kultur: als die „Königin der Adria" oder als „Stadt des Lichts". Ein besonderes Flair verströmen seine viele Brücken – unter anderem die „Seufzerbrücke": jener überdachte Kalkstein-Weg, der den Kriminellen einen letzten Blick auf die mittelalterliche Stadt ermöglichte, bevor sie in den Kerker geworfen wurden. Die wenigsten wissen, dass diese Brücken einst Austragungsort brutaler Massenkämpfe, sog. Faustkämpfe (lat. *pugni*) waren, bei denen sich die Männer der beiden großen Parteien der Stadt, der *Castellani* und der *Nicoletti*, zu Tausenden aus Spaß prügelten, schlugen und ertränkten.

Zwischen 1369 und 1710 waren es Fischer, Munitionsfertiger, Träger und Gerber, die auf den Brücken ihre battagliole sui ponti abhielten, „kleine Kriege auf der Brücke", um in den Besitz jener steinernen Bögen zu gelangen, die die Grenzen der Parteien markierten. Diese Kämpfe beganngen in der Regel mit Punkten beim mostre, einem individuellen Faustkampf, wobei die Champions wie z. B. Magnomorti (der die Toten isst), Zuzzateste (der die Köpfe aussaugt) oder Tre Rose de Cul (drei Rosen im Hintern) kämpften, bis das Gesicht des Gegners blutig war und sie ihn in den Kanal werfen konnten. Solche brutalen Faustkämpfe reichten normalerweise aber nicht aus, den Bluthunger der Zehntausenden von Zuschauern zu befriedigen, weshalb diese die Sache selbst in die Hand nahmen und mit ihren eigenen Händen die Kämpfenden mit Dachziegeln bewarfen und mit Fäusten, Stöcken und fliegenden Dolchen um sich schlagend die Brücken stürmten. Und so brutal diese *pugni* auch waren, so waren sie doch eine Verbesserung verglichen mit den sog. *guerre di canne*, Kämpfe, bei denen die Gegner in Massen mit Klingen, die wiederholt in kochendes Öl getaucht worden waren, aufeinander losgingen (im Übrigen trugen die Kämpfer speziell designte Waffen und Helme). Die *battagliole sui ponti* wurden um 1650 weniger, als der Verlust ihrer besten Kämpfer im Krieg gegen die Türken dazu führte, dass die Castellani vermehrt Niederlagen einstecken mussten. Im Jahr 1705 kam es dann zum „coup de grace", als sich die Schläger unwillig zeigten, auf ihr schlägerisches Freizeitvergnügen zu verzichten, um die Kirche San Girolamo vor dem Niederbrennen zu bewahren. Die Herrschenden der Stadt, das Konzil der Zehn, verstanden den Spaß nicht länger und verboten die *pugni* fünf Jahre später.

Doch auch die prähistorischen Truk hätten es vermutlich nicht geschafft, einer anderen Gruppe von trinkenden Schlägern hinsichtlich ihres Aggressionsniveaus das Wasser zu reichen: den prä-modernen Iren nämlich. Die Begeisterung der viktorianischen „Boyos" für Gewalt als Freizeitvergnügen war nahezu unfassbar. Von den im Jahr 1932 notierten Totschlagfällen, die der Polizei zwischen 1866 und 1892 gemeldet worden waren, waren 41 Prozent durch Schlägereien verursacht, die zum Spaß ausgetragen worden waren. 35 Todesfälle pro Jahr (und zahlreiche unzählbare Verletzte) scheinen eine unglaublich hohe Zahl zu sein, und das aus zwei Gründen. Zum einen kämpften die Iren nicht mit bloßen Händen, sondern mit todbringenden Stichwaffen wie z. B. dem mit Blei gefüllten, mit einem Griff aus Schlehdorn-Holz versehenen „shillelagh" – einer Mischung aus Spazierstock und langem Kricketschläger. Zweitens kämpften sie nicht alleine, sondern in mächtigen Gruppen, manchmal zu Hunderten oder gar zu Tausenden, in sog. „Parteien". Diese bewaffneten Horden fanden sich oft aus fadenscheinigen Gründen zusammen: Limerick beispielsweise diente den „Dreijährigen" und den „Vierjährigen" als Schlachtfeld, die sich zusammengetan hatten, weil sie sich in einem dreißig Jahre andauernden Kampf um das Alter einer Kuh stritten. Gleichermaßen absurd waren auch die Vorwände, die dazu dienten, einen Stockkampf am Leben zu halten: Der irische Autor William Carleton beschreibt die Herausforderer, wie sie auf den Jahrmärkten (einem beliebten Austragungsort von solchen „Parteienkämpfen") großspurig ihre „shillelaghs" schwangen und dabei riefen: „Widderhörner! Wer wagt es, irgendwas Verrückteres als ‚Widderhörner' zu sagen?" oder „Schwarz ist das Weiße in meinem Auge. Wer wagt es zu behaupten, dass das Weiße meines Auges nicht schwarz ist?" Die Tatsache, dass es sich bei all diesen Streitereien um reflexartig ausgetragene Kämpfe handelte, die nur so zum Spaß ausgetragen wurden, zeigt sich auch in der Weigerung irischer Gerichte, die Täter in solchen

„Parteienkämpfen" zu bestrafen – gerade mal acht Prozent aller Täter erhielten eine Gefängnisstrafe von mehr als zwei Jahren.

In den kleinen Arenakämpfen und Straßenkriegen hätten wir modernen Männer also selbst auf der Ersatzbank eine schlechte Figur abgegeben. Wie aber schneiden wir ab, wenn es um *wirkliche* Kriege geht? Wie lässt sich die Grausamkeit moderner Schlachten mit antiken Kriegskämpfen vergleichen? Wieder sind es die Medien, die uns das Bild vermitteln, wir modernen, kriegshandelnden Männer kämpften unsere antiken Vorfahren in Grund und Boden. Im Jahr 2006 hieß es zum Beispiel in den Zeitungen und im Fernsehen weltweit, dass die Invasion des Irak im Jahr 2003 der verheerendste Krieg in der Geschichte Amerikas gewesen sei, beruhend auf den Schätzungen in einer Studie der John Hopkins Bloomberg School of Public Health, die in dem Magazin *The Lancet* im gleichen Jahr veröffentlicht worden war. Diese Studie gibt an, dass etwa 654 965 irakische Zivilisten und Kämpfer als eine Folge der militärischen Aktionen im Irak im Zeitraum von März 2003 bis Juli 2006 verschwunden seien – eine Todesrate von 2,5 Prozent in vierzig Monaten bzw. 0,79 Prozent jährlich. (Im Klartext bedeuten diese Zahlen, dass jährlich eine von hundert Personen durch militärische Gewalt stirbt.) Einige Kommentatoren hoben hervor, dass diese erschreckende Statistik einen Bevölkerungsverlust dokumentiert, der das Doppelte dessen im amerikanischen Bürgerkrieg bedeutet, womit der Zweite Golfkrieg zum blutigsten Krieg in der amerikanischen Geschichte geriet. Wie aber verhält es sich mit diesen Zahlen, wenn man sie mit den Todesraten in antiken Gesellschaftssystemen vergleicht? Auch wenn die Zahlen aus *The Lancet* umstritten sind, so scheint es dennoch fair zu sein, sie als Grundlage für einen Vergleich zu nehmen. Ein solches Gemetzel scheint schließlich nur glaubhaft, wenn man es unter dem Licht der zerstörerischen Kräfte moderner Waffen betrachtet.

Die Tendenz, gegenwärtige Katastrophen zu überschätzen, scheint dabei nichts weiter zu sein als ein Wiederauftauchen des Konzepts des „Goldenen Zeitalters", das der griechische Poet Hesiod zum ersten Mal thematisiert hat: Er beschrieb ein „goldenes Zeitalter", in dem die Menschheit in perfektem Frieden zusammen lebte – ganz anders als die Griechen zu seiner Zeit es taten, die ein „eisernes Zeitalter" bevölkerten. Oder anders ausgedrückt: Die Scheußlichkeiten, die eine Generation selbst erlebt, brennen sich tiefer ins Gedächtnis ein als die, über die sie nur liest. Und obwohl naiv, so ist dies doch ein verzeihlicher Fehler, wenn man überlegt, dass genau der gleiche Fehler auch von den wissenschaftlichen Anthropologen fast das gesamte vergangene Jahrhundert hindurch begangen wurde. In seinem Buch „War Before Civilization" beschreibt der Archäologe Lawrence Keeley die missverstandene Bemerkung über die „befriedete Vergangenheit", die die Archäologen mit Scheuklappen versah, als sie die Ruinenfunde neolithischer Forts – die mit Palisaden umzäunt und mit den Pfeilspitzen ihrer Angreifer übersät waren – als symbolische Einfriedungen beschrieben (die zahlreichen Funde gebrochener menschlicher Knochen hielt man für die Überreste von Beerdigungen). Tatsächlich aber – das legen Keeleys eigene Forschungen nahe – könnte die Idee, dass der prähistorische Mann ein Pazifist war, falscher nicht sein.

Seine Untersuchungen über die jährliche kriegsbedingte Todesrate bei 23 prähistorischen Gesellschaften weltweit weisen eine durchschnittliche Todesrate von 0,56 Prozent auf. Diese Zahl kommt den Angaben aus *The Lancet* ziemlich nahe, und doch lassen statistische Besonderheiten vermuten, dass die prähistorische Todesrate oft höher lag. Zum einen handelt es sich bei 0,56 Prozent um einen Durchschnittswert – mindestens fünf der von Keeley untersuchten Gesellschaften weisen eine Rate auf, die über der von *The Lancet* liegt. Und die zweite Besonderheit ist die, dass viele der Gruppen, denen sich Keeley gewidmet hat und für die er eine Rate unterhalb derjenigen aus irakischen Kriegszeiten berichtet, ihre Todesrate über viele Jahre hinweg konstant hielten. Keeley beschreibt zwei Gesellschaften in Neuguinea, die Mae Enga und die Tauade, die über fünfzig Jahre hinweg eine Todesrate von jährlich 0,32 Prozent aufweisen.

Warum aber war die Kriegsführung in prähistorischen Zeiten so tödlich? Einer der Gründe ist das gänzliche Fehlen von Kriegsgefangenen. Keeley fand nicht mehr als eine Handvoll prähistorischer Gesellschaften, die im Kampf unterlegene Gegner als Gefangene nahmen – mit Ausnahme der Irokesen, die Krieg führten mit dem Zweck, ihre Gefangenen dem eigenen Lebensstil zu unterwerfen, und der Meru in Kenia, die Kriegsgefangene gegen Vieh eintauschten. Die meisten Völker aber töteten ihre Gefangenen. Wenn sie sie verschonten, dann nur, um sie für spätere Folterungen parat zu haben, als Opfer darzubringen oder um sie als Trophäen aufzubewahren. Der normale „Zweck" eines prähistorischen Krieges war die Auslöschung – des Kriegers selbst, und am besten seines ganzen Stammes. Keeley berichtet beispielsweise, dass die subarktischen Kutchin häufig loszogen, um die Dörfer ihrer Gegner, die Mackenzie-Eskimos, bis auf einen einzigen männlichen Überlebenden, den sie „den Überlebenden" nannten, auszulöschen – damit dieser Überlebende die Kunde des Massakers verbreitete. Und manchmal waren unterlegene Gegner gar der kompletten Vernichtung ausgesetzt: Sie wurden gegessen. Ganz entgegen aller Annahmen, dass der sog. „kulinarische Kannibalismus" (also der Verzehr von menschlichem Fleisch zu Nahrungszwecken und nicht aus rituellen Gründen) in prähistorischen Zeiten unbekannt war, war der Verzehr der Verlierer dennoch ganz sicher ein wichtiger Motivationsgrund für den Krieg zwischen verfeindeten Gruppen. Die Rückkehr der Krieger mit den sog. *bakolo* – toten Gefangenen, die man verzehrte – war auf den Fidschi-Inseln zum Beispiel stets Grund für große Feiern und ausgelassene Feste, bei denen speziell geschnitzte „Kannibalen-Gabeln" zum Einsatz kamen.

Der Anthropologe Robert Carneiro schätzt, dass fast sämtliche Kriegstoten auf Fidschi zu Nahrung wurden, und er berichtet von dem Fall eines Fidschi-Häuptlings, Ra Undreundre, der mehr als neunhundert seiner Feinde in seinem Magen „vergraben" hatte. Der englische Missionar Alfred Nesbitt Brown beschreibt im frühen 19. Jh. den Gesang der Maori, die auf dem Weg zum Schlachtplatz waren, in dem es darum ging, „wie süß das Fleisch des Feindes wohl schmecken würde". Auch der Ethnograph Elsdon Best bestätigt, dass die Krieger der Maori von ihren Feinden lebten, und beschreibt eine Prozession, die er beobachtet hat, in der zwanzig weibliche Gefangene Körbe trugen, die schwer wogen unter dem Fleisch ihrer ermordeten Clanmitglieder.

Auf Adlerflügeln

Die Krieger der Wikinger traten nicht nur nach den Gegnern, wenn diese am Boden lagen, sie zerhackten sie. Krieger, die das Unglück traf, im 9. Jh. von skandinavischen Schwertträgern in eine schwierige Lage gebracht worden zu sein, sahen sich einem Schicksal gegenüber, das schlimmer war als der Tod: Sie dienten als menschliches Opfer für das grausame „Ritual des blutigen Adlers". Antike Gedichte der Wikinger geben uns Zeugnis von diesem grausamen Martyrium: Ragnars Saga erzählt, dass der englische König von Northumberland, Aella, von dem großen dänischen Wikinger Ivarr das Bild eines Adlers mit der Speerspitze auf seinen Rücken eingeritzt bekommen hatte. Andere Quellen berichten davon, dass der sadistische Ivarr gar noch Salz in die Wunden streute. Ein später entstandenes Gedicht, Pattr af Ragnars Sonum, beschreibt, dass man Aella das Rückgrat zertrümmerte, seinen Brustkorb aufriss und seine noch atmenden Lungen herauszog und ausbreitete, sodass sie Adlerflügeln ähnelten. Späteren Sagen zufolge zählten auch König Haraldr Harfagri von Norwegen, König Maelgualai von Irland und sogar Edmund von England zu den Opfern dieses „Rituals des blutigen Adlers". Unglücklicherweise aber weisen Gelehrte immer wieder darauf hin, dass dieses vermeintliche Ritual auch einfach eine Fehlübersetzung des ursprünglichen Hinweises des Dichters auf jene Adler gewesen sein könnte, die sich auf Aellas

Rücken niederließen, um seine Leiche zu verzehren. Doch ganz gleich, ob es sich um eine Verstümmelung mit einem historischen Breitschwert oder das „Als-Vogelfutter-Zurückgelassenwerden" handelt, verkündet Aellas Schicksal diese eine Botschaft ganz laut und deutlich: Man ging, wie jedem anderen Wikinger-Krieger auch, Ivarr am besten aus dem Weg.

Ein anderer Grund für die hohe Todesrate prähistorischer Kriege war die erstaunliche Effektivität primitiver Waffen. Zahlreiche Autoren geben Zeugnis von der beeindruckenden Geschwindigkeit und Präzision eines antiken turko-mongolischen Spitzbogens. Im Gegensatz zur langsamen und schwerfälligen Muskete des frühen Westens schoss der Bogen zehn Projektile pro Minute in eine Entfernung von 500 Meter (ein Steinmonument, das man in Sibirien gefunden hat, dokumentiert, dass in den 1220ern der Neffe des Dschingis Khan, Yesüngge, ein Ziel aus 536 Metern Entfernung mit dem Spitzbogen abgeschossen hat). Und diese vermeintlich primitiven Bogen konnten verheerend tödlich sein. Die einfachen Pfeilspitzen aus Feuerstein, die in der gesamten prähistorischen Welt zum Einsatz kamen, hatten beispielsweise gezackte, reißende Kanten, die schärfer waren als moderner Stahl. Keeley berichtet, dass im prähistorischen Nordamerika diese einfachen Pfeilspitzen so tödlich und so oft im Einsatz waren, dass bis zu vierzig Prozent aller Todesfälle durch Pfeilspitzen verursacht wurden. Die Krieger in prähistorischen Zeiten waren zudem teuflisch erfinderisch, wenn es darum ging, ihre todbringenden Kräfte zu stärken. Viele Stämme versahen ihre Pfeilspitzen mit Widerhaken, sodass sie schlecht zu entfernen waren, und schwächten absichtlich die Befestigungen am Schaft, damit diese in der Wunde leichter abbrachen. Und der aggressive Stamm der Mae Enga erzielte denselben Effekt, indem sie auf die Pfeilspitzen die Krallen von Kasuaren aufsteckten, die ebenfalls in der Wunde verblieben, um im Körper zu verfaulen. Zahlreiche Gruppen tauchten ihre Pfeilspitzen in

Gift, wie zum Beispiel den Muriju-Pflanzensaft der kenianischen Giriama (welches ein Elefantenherz in nur wenigen Stunden zum Stillstand bringen konnte), oder ein Schlangengift der alten „Sarmatians". Noch teuflischer war die Verwendung mikrobischer Gifte, die eine Blutvergiftung verursachten. Die Shoshonen beispielsweise vergruben Schafsinnereien, die noch mit Blut gefüllt waren, ließen sie verrotten und gruben sie wieder aus, um ihre Pfeilspitzen mit dieser infizierten Brühe einzustreichen. Stämme in Neuguinea bestrichen ihre mit Schmiere oder menschlichen Exkrementen oder umwickelten sie mit Orchideenfasern. All diese Hilfsmittel waren nicht dazu gedacht, dass das Projektil schnell zum Tode führte; sie vernichteten die Feinde durch Blutvergiftungen. Und selbst die häufig verlachten Waffen wie die ganz primitive Schleuder waren in Wirklichkeit ausgesprochen effektiv. Antike literarische Quellen berichten, dass die römische Armee (die Schleudern als Hilfsmittel einsetzte) nur solche Krieger beschäftigte, die ein Ziel in 185 Meter Entfernung treffen konnten. Die Feinde fürchteten die surrenden Projektile, die, im Gegensatz zu Pfeil und Bogen, nicht zu sehen waren und denen man deshalb auch nicht ausweichen konnte. Und auch wenn Steinschleudern nicht zum sofortigen Tod führten, schwächten sie die bewaffneten Opfer weit genug, sodass man sie mit einer Kriegskeule oder einem Speer leicht ganz erledigen konnte (oder, wie im prähistorischen Tahiti, auch mit Dolchen, die man aus dem Schwanz eines Stachelrochens gefertigt hatte).

Ein anderer Grund für die hohe Todesrate auf prähistorischen Kriegsschauplätzen war die Tatsache, dass sich Soldaten und Zivilisten nur schwer unterscheiden ließen. Jede moderne Luftwaffe, die eine Bombardierung aus der Luft durchführt, fürchtet den Verriss in den Medien, falls Zivilisten zu Schaden kommen. Zahlreiche historische Auflistungen aber geben Zeugnis davon ab, dass es in antiken Zeiten nicht nur die Krieger waren, die nach einer verlorenen Schlacht abgeschlachtet wurden – alle wurden abgeschlachtet. Meist zogen die Sieger in wildem, vernichtendem Wüten durch die Territorien der Verlierer.

Selbst in den Gesellschaften, die einen Unterschied zwischen Zivilisten und Kriegern machten, war antike Kriegsführung ein außerordentlich tödliches Unterfangen. Die beiden Autoren Gabriel und Metz schätzen, dass unterlegene Soldaten im antiken Sumerien, Assyrien, Ägypten, Griechenland und Rom eine durchschnittliche Chance von 37,7 Prozent hatten, auf dem Schlachtfeld zu sterben. (Die Todesraten in den siegreichen Armeen, die durchschnittlich 5,5 Prozent betrugen, waren viel niedriger, weil das große Abschlachten erst begann, wenn die Verlierer aufgaben und flüchteten.) Die Verluste in einigen Schlachten waren in der Tat katastrophal, wie zum Beispiel bei der verheerenden Schlacht von *Cannae*, als die Römer 70 000 Mann einbüßten bzw. 95 Prozent ihrer Truppen. Wie nun vergleicht sich das alles mit modernem Soldatentum? Gabriel und Metz berichten, dass die Todesrate unter den amerikanischen Soldaten des 20. Jahrhunderts durchschnittlich 23–24 Prozent beträgt (mit einem Tiefstand von nur 14 Prozent während des Koreakrieges, als man Körperpanzerungen einführte). Interessanterweise ergibt sich, wenn man ihre Analysemethode zugrundelegt, auch für den Irakkrieg eine relativ ähnliche Todesrate von 28,77 Prozent für die amerikanischen Kampftruppen (zu dem Zeitpunkt, da ich diesen Text verfasse). Und auch wenn diese Rate um ein Drittel niedriger ist als die antiker Soldaten, so klingt sie doch nicht dramatisch niedriger. Aber auch in den Zahlen von Gabriel und Metz verbirgt sich ein Geheimnis: Sie überschätzen die Todesrate moderner Soldaten ganz drastisch, weil sie sie gemäß dem modernen militärischen „teeth-to-tail"-Quotienten in Faktoren zerlegen. Es ist dies das Verhältnis von kämpfenden zu unterstützenden Soldaten, das in der modernen Armee der USA bei ungefähr 1:11 liegt. Gabriel und Metz beschränken ihre Untersuchung auf die modernen Soldaten, die tatsächlich kämpfen – aber in den antiken Armeen musste in der Tat *jeder* Soldat kämpfen (die „teeth-to-tail"-Rate in antiken Armeen lag nahezu bei 1:1!). Die vergleichbare Chance eines modernen Soldaten, im Kampf zu sterben, muss also durch 11 dividiert werden – und somit ergibt sich für den amerikanischen Soldaten, der in Irak kämpft, eine Todeswahrscheinlichkeit von 2,62 Prozent. Eine Rate, die weit unter der liegt, der antike eurasische Kämpfer ins Auge sehen mussten. Und sie ist sogar noch weiter entfernt von der Rate tahitischer Soldaten, die auf See in Kanus kämpften: Moerenhout, ein holländischer Abenteurer, berichtet, dass tahitische Seekämpfe eine Todesrate von 75 Prozent aufwiesen, und das auch auf der Seite der Sieger.

Antike Schlachten waren auch hinsichtlich ihrer Unmittelbarkeit erschreckender und gefährlicher als ihr modernes Gegenstück. Antike Soldaten schlugen, stachen und prügelten aus unmittelbarer Nähe aufeinander ein – ganz anders also als moderne Krieger, die aus einer Entfernung von mehreren Kilometern aufeinander losgehen. Die Gegenwart von tausenden von schreienden, kämpfenden, blutenden und sterbenden Männern machte das antike Schlachtfeld zur Hölle. In Cannae etwa erlitten die eingeschlossenen Römer ein vierstündiges Blutbad, da Hannibals Karthager sie dermaßen umzingelt hatten, dass sie ihre eigenen Waffen nicht erheben konnten – nur um sie dann mit Schwertern und Pfeilen abzuschlachten. Zudem geht von den Verkrüppelungen, die antike Soldaten insbesondere durch das Schwert fürchten mussten, ein ganz besonderer Schrecken aus. Livius berichtet, dass die Griechen angewidert waren von dem zerfetzten Fleisch, den zerhackten Gliedmaßen und den gespaltenen Schädeln, die ihre toten Landsleute erlitten hatten, nachdem sie in der Schlacht von Kynoskephalos eine Niederlage eingesteckt hatten – es war das erste Mal gewesen, dass sie gegen römische Schwertsoldaten gekämpft hatten. Und bekannt waren auch damals schon schreckliche Verletzungen durch Projektile, wie sie auch heutige Soldaten erleiden.

Ganz klar: Um solch brutale Kraftproben zu überstehen, brauchte es Mut und Aggression. Ob moderne Gegner für einen solchen Job gewappnet wären? Und wieder ist die Antwort ein „Nein". Der berühmte US-amerikanische Kriegshistoriker Samuel „Slam" Marshall schrieb in seinem Klassiker über den Zweiten Weltkrieg „Men against Fire", dass durchschnittlich gerade mal 15 Prozent der amerikanischen Truppen mit Waffen auf den Feind losgehen, auch wenn sie selbst unter Beschuss stehen. Marshall schob dieses Verhalten auf eine erbliche Form von Nicht-Aggressivität und eine daraus folgende Abneigung, dem Gegner das Leben zu nehmen. Ein amerikanischer Offizier, der im ersten Golfkrieg gekämpft hat, Captain John Eisenhauer, bestätigt diese Aussage, indem er feststellt, dass sämtliche Soldaten seines Batallions darin versagt haben, auf angreifende Iraker zu feuern – außer jenen, die mithilfe von Wärmesichtgeräten aus großer Entfernung ihre Artillerie abfeuern konnten. Weitere Studien stützen Marshalls Bericht: Die Rate, mit der moderne Soldaten abfeuern, steigt mit der Entfernung zum Feind.

Es gibt noch immer einen Platz auf der Welt, an dem man die außergewöhnlich kriegstreiberische Haltung prähistorischer Stammesangehörigen direkt beobachten kann. Im Jahr 1981 musste das die Crew der Primrose, eines Frachters unter der Flagge Panamas, hautnah erleben. Der Frachter war eines Nachts in den tückischen Gewässern in der „Bay of Bengal" auf Grund gelaufen, und der Kapitän der Primrose war, als der Morgen kam, zunächst erleichtert zu sehen, dass sein Schiff nur wenige hundert Meter von Sentinel Island entfernt gestrandet war. Ein Irrtum. Zwei Tage später war er gezwungen, einen Notruf an die indische Marine abzusetzen und sofortige Unterstützung aus der Luft anzufordern, um das Schiff und die Mannschaft gegen eine Horde von Stammesleuten zu verteidigen, die den Tag über das Schiff mit Bögen beschossen hatten und nun Kanus bauten, um aus größerer Nähe abfeuern zu können. Die Angriffe waren so schwer, dass die Crew mit dem Helikopter vom Deck der belagerten Primrose ausgeflogen werden musste. 25 Jahre später, im Jahr 2006, hatten zwei indische Fischer nicht dieses Glück: Unter den Augen ihrer erschrockenen Kollegen wurden sie durch einen Pfeilhagel ermordet, nachdem sie zu nah an die Küste von Sentinel Island geraten waren (noch nicht einmal ihre Leichen hat man retten können.)

All diese unglücklichen Seefahrer waren unwissend in die Fänge der super-aggressiven insularen Stammesbewohner geraten, deren Ruf, gewalttätig zu sein, bis zu Marco Polo und weiter zurück gereicht. Ein arabischer Text aus dem Jahr 851 n. Chr. berichtet von den Andamanesen, dass sie …

„… Menschen lebendig verzehrten. Sie sind von schwarzer Hautfarbe und haben wolliges Haar, und in ihrem Blick und ihrer Körperhaltung findet sich etwas Abschreckendes. … Sie gehen unbekleidet und barfuß. Wenn sie (Gelegenheit) hätten, würden sie alles, was in ihre Nähe kommt, verschlingen. Manchmal, wenn Schiffe Windbruch erleiden, wenn in solchen Fällen die Crew in die Hände der Eingeborenen gerät, werden die meisten von ihnen massakriert.“

Britische Kolonialisten bestätigen diese Angaben im 19. Jh., mit Berichten über den Angriff auf die Proserpine, die unnachgiebig von den Andamanesen angegriffen wurde, als sie nach der Emily suchten, die Schiffbruch erlitten und schon zuvor von ihnen angegriffen worden war. Indem sie sich die Eingeborenen mit Kanonenschüssen vom Leib hielten, fanden sie nur einen einzigen Überrest: „den Körper des Zweiten Offiziers, der ermordet und dessen Körper auf übelste Weise verstümmelt und dessen Schädeldecke mit einem sägeähnlichen Werkzeug abgetrennt worden war“. Die Andamanesen sind noch heute so aggressiv, dass sie als einziger Stamm auf der ganzen Welt noch nicht von der Zivilisation berührt wurden.

Erstaunlicherweise gibt es sogar in so feindseligen Gesellschaften wie denen der Andamanesen bestimmte Krieger, die derart aggressiv sind, dass sie von den eigenen Stammesgenossen gemieden werden. Zum Beispiel solche Hitzköpfe wie die Tarendseks auf den Andamanischen Inseln, die für ihre Gewohnheit, Amok zu laufen und ihre eigenen Stammesmitglieder zu töten, weiträumig verachtet werden. Auch unter den neuguineischen Baruya gibt es rasend wilde Krieger, genannt Aoulattas, die sich nicht von feindlichen Bogen einschüchtern lassen und im Alleingang vorwärtsstürmen, um die Schädel ihrer Feinde mit ihren steinernen Kampfkeulen, den sog. Keuleukas, zu zertrümmern, aber auch, um die Mitglieder ihrer eigenen Gemeinschaft mit zufälligen Morden zu tyrannisieren.

Die ersten Beispiele für solche aggressiven Krieger waren selbstverständlich die Wikinger – echte Berserker. Diese wilden Kämpfer terrorisierten in der skandinavischen Welt zwischen dem 9. und dem 11. Jh. n. Chr. Freund und Feind gleichermaßen. Sie verabscheuten Körperpanzerungen und stürzten sich in den Kampf, nur mit einem Wolfs- oder einem Bärenfell bekleidet (wahrscheinlich manchmal sogar unbekleidet), und überfielen und zerrissen ihre Gegner mit ungebändigter Wut. Zeitzeugen beobachteten sie, wie sie wie Bestien heulten und rasend auf ihren Schildern herumbissen. Der Schlüssel zu dieser Aggressivität war die Berserkergang, ein tranceähnliches Wutstadium, in das sie gerieten und das sie unempfindlich gegen Tod und Verletzung machte. Einige frühe norwegische Könige nutzten diese Berserker als Schocktruppen, aber sie zahlten auch in ihren eigenen Reihen einen hohen Blutzoll. Unter König Eirik Bloodaxe im 11. Jh. beispielsweise waren die Berserker „Outlaws", Geächtete, weil sie gewohnheitsmäßig reiche Männer zu einer Holmganga herausforderten, einem grausamen Duell, sie abschlachteten und anschließend ihren Besitz konfiszierten (und auch die Frauen: Berserker waren bekannte Vergewaltiger). Und allen Versuchen zum Trotz, den Berserkergang auf das Trinken psychoaktiver Substanzen wie zum Beispiel einem mit Wein versetzten „bog myrthle"-Pflanzensaft zurückzuführen, scheint die unbändige Wut dieser wilden Männer ein ganz einfacher Fall von wahrscheinlich genetisch bedingter Hyper-Aggressivität gewesen zu sein.

Den Brustkorb schlagen

Die grausamen Yanomami-Indianer aus dem brasilianischen und venezolanischen Amazonasgebiet hatten es nicht weit zum Kampf – gerade mal so weit wie zum nächsten Yanomami-Mann! Die Yanomami kämpften so häufig, dass sie ein fünfstufiges System aggressiver Auseinandersetzung entwickelt hatten. Es begann mit einem Duell im Brustkorb-Schlagen. Bei diesem Ritual standen die Kämpfer stocksteif, während ihr Gegner Arme und Brustkorb auf eine maximale Verletzbarkeit abstimmte, Anlauf nahm und seine Faust gegen den linken musculus pectoralis – also direkt in die Herzgegend – schmetterte. Das Opfer musste vier oder fünf dieser Attacken – die schmerzhafte und blutige Beulen nach sich zogen – aushalten, bevor er das Recht erhielt, zurückzuschlagen. Sieger war, wem es gelang, nicht zur Seite zu treten oder zusammenzubrechen. Wenn dieses Brustkorb-Schlagen den Zwist nicht löste, eskalierten die Kämpfe zu einem Duell im „In-die-Seite-Schlagen", bei dem die Gegner mit offenen Händen in maximaler Geschwindigkeit auf die verwundbare Stelle zwischen Rippen und Becken einschlugen – ein Hieb, der häufig zur Bewusstlosigkeit führte. Die nächste Eskalationsstufe war ein Kampf mit Kampfkeulen, bei dem sich die Kämpfenden die hölzernen Stöcke gegenseitig über die Schädel zogen; die meisten Yanomami-Männer rasierten sich die Stirn, um stolz ihre Narben aus diesem Martyrium zur Schau zu stellen. Wenn auch das nicht half, kam es zu einem Axtkampf, bei dem die stumpfen Kanten der Steinäxte zum Einsatz kamen – ein Kampf, der so todbringend war, dass genauso gut die scharfen Kanten der Äxte hätten zum Einsatz kommen können. Und wenn die Gegner dann noch immer nicht genug vom Kämpfen hatten (was oft genug der Fall war), wurde der Kampf richtig ernst: Nun kamen Schießbögen zum Einsatz, und zwar in Kombination mit zwei Meter langen Pfeilen, deren Spitzen in das tödliche Curare, ein Nervengift, getränkt worden waren. Autsch!

Ein solcher Kampfgeist geht modernen Soldaten ganz definitiv ab – ebenso wie andere kriegerische Qualitäten. Ein schneller Blick durch die historische Literatur beweist uns, dass es modernen „gemeinen Soldaten" auch an Stärke und Ausdauer fehlt. Die US-Armee schreibt sich stolz ihren hohen Anspruch an die körperliche Fitness auf die Fahne – man erwartet von Infantristen, dass sie am Ende ihrer Grundausbildung 2,4 Kilometer in weniger als 13 Minuten schaffen. Das sind Maßstäbe für Couch-Potatoes! Die Mitglieder der Yuan-Dynastie der kaiserlichen Wache im alten China mussten für ihren Fitnesstest 90 km in sechs Stunden zurücklegen! Und der Makedonier Alexander der Große rannte zwischen 58 und 84 km täglich, elf Tage hintereinander, als der den unterlegenen König der Perser, Darius, verfolgte. Der Schlendergang der römischen Armee betrug 32 km pro Tag, meist aber legten sie weit größere Distanzen zurück. Im Jahr 207 v. Chr. beispielsweise marschierte die römische Legion von Konsul Claudius Nero 500 km in sechs Tagen, also gut 75 km täglich, um auf Hannibals Bruder Hasdrubal zu treffen und ihn zu besiegen. Daraus ergibt sich ein leichter Trab von 10 km/h, oder aber ungefähr die halbe Geschwindigkeit, die ein moderner Marathonsieger erreicht – allerdings Tag um Tag. Dabei legen moderne Marathonläufer ihre Strecke in leichter Kleidung zurück – die römischen Legionäre aber marschierten in voller Montur und trugen immens viel Gepäck. Heutzutage beschränkt die US-Armee – und auch die amerikanische Marine – die Last, die ein Soldat tragen darf, auf ein Drittel des Körpergewichts eines durchschnittlichen amerikanischen Rekruten – also auf ungefähr 22,7 kg, da das durchschnittliche Gewicht der Rekruten bei knapp 70 kg liegt. Gemäß dieser Regel hätten Neros Soldaten, die im Durchschnitt 65,7 kg wogen, während ihres Ultra-Marathons nicht mehr als 21,3 kg tragen dürfen. Tatsächlich aber trugen sie 45 kg, also zwei Drittel ihres Körpergewichts. Andere Krieger, die nicht mit solch gewaltigen Lasten beladen waren, rannten weiter und schneller. Die Impis der Shaka-Zulu zum Beispiel rannten gewöhnlich mehr als 80 km täglich, wenn sie auf Feldzug waren. Einem Kriegsführer der ostafrikanischen Ruga Ruga namens Mirambo („Ein Berg von Körper") wurde nachgesagt, 26 km gerannt zu sein, um ein Dorf anzugreifen, es zu erobern, und dann weitere 48 km zu rennen, um das nächste Dorf anzugreifen.

Die Adidas-Armee

Der frühere Fitnesstrainer der australischen Armee, Captain David Sanders, hat kein Ohr für grauhaarige alte Soldaten, die behaupten, dass die Zeiten früher härter waren. „Das Infanterie-Training in der australischen Armee heutzutage ist, wie es immer war: hart wie Stahl", beharrt er. „Die Marschrouten sind anstrengend, der Drill ist hart, und die Oberfeldwebel sind auch, wie sie immer waren – furchtbare Bastarde." Wenn überhaupt, so Sanders, werden die Soldaten im neuen Millennium immer besser, da sie (im Gegensatz zu der langen kriegsfeindlichen Nach-Vietnamphase) tatsächlich kämpfen. Ein einziges Gebiet nur lässt er gelten, wo moderne Soldaten schlechter abschneiden: „Seit den achtziger Jahren beobachten wir vermehrt Knochenabsplitterungen und Ermüdungsbrüche in den unteren Beinknochen", sinniert er. Und der Grund? „Früher liefen die Kinder viel barfuß oder trugen Schuhe mit Ledersohlen. Davon wurden ihre Knochen hart. Seit den Achtzigern aber sind die Kinder alle mit Turnschuhen aufgewachsen, deshalb haben sie Knochen wie Hühnerbeinchen."

Es gibt einen Grund dafür, dass die antiken und primitiven Soldaten so viel fitter waren als die trägen modernen „Jämmerlinge": Training. Um seine Soldaten fit zu machen, schickte Shaka sie auf zermürbende Patroullien von hunderten von Kilometern – barfuß. (Wenn sich einer von ihnen über Verletzungen durch sog. „Teufelsstachel" – lange, stechend scharfe Dornen, die hart genug sind, Reifen zu durchstoßen – beschwerte, sorgte Shaka dafür, dass er stundenlang auf einem Exerzierplatz, der mit Dornen übersät war, herumstampfen musste; und er tötete jeden, dem es nicht gelang zu tanzen.) Die Soldaten der Wu-Dynastie in China im 6. Jh. v. Chr. trainierten Läufe von 130 km Länge, ohne Pause, bewaffnet und in voller Rüstung. Und die Rekruten römischer Legionen trainierten, 35 Kilometer in fünf Stunden zurückzulegen, wobei sie in voller Rüstung waren und ihr Gepäck von 44 kg Gewicht mit sich trugen. (Manchmal errichteten und zerstörten sie ein komplettes Legionärslager – ein Vorgang, der drei Stunden dauerte – dreimal am Tag.) Die einzigen modernen Soldaten, die sich mit diesen Leistungen messen können, sind die Elite- und Sondereinsatztruppen. Die US-Rangers zum Beispiel unternehmen 25-km-Läufe in viereinhalb Stunden und tragen dabei 18 kg schweres Gepäck. Und die Soldaten, die das US-Special-Operations-Command-Assessment-Programm durchlaufen, das sog. SFAS, trainieren knapp 30-km-Läufe in vierdreiviertel Stunden mit einem Gepäck von 22 kg! Das ist natürlich sehr löblich, aber es degradiert unsere normalen Soldaten nur noch weiter – zumindest körperlich konnte sich jeder bäuerliche Kerl in der römischen Armee mit den modernen Elitetruppen messen!

Und doch haben selbst die heutigen Elitetruppen keine Monopolstellung: Eine ganze Unterhaltungsindustrie preist die Tapferkeit der Soldaten in den Spezialeinheiten: ihre körperliche Fitness, ihre Todesverachtung, ihre Tapferkeit und ihre Fähigkeiten, in feindlicher Umgebung aktiv zu handeln. Und doch war vor tausend Jahren der Mittlere Osten übersät von einer Gemeinschaft von Schattenkriegern, die die „Delta Force" wie Pfadfinder auf einem bunten Treffen aussehen lassen. Diese Schattenkrieger waren die Fida'is („jene, die ihr Leben ablegen"): die Geheimagenten der erblichen Assassinen-Gemeinschaft von Shia-Muslimen. Vom 11. bis zum 13. Jh. n. Chr. terrorisierten diese fanatischen Krieger die orthodoxen Muslime weltweit, indem sie heimlich das Gefolge hoher Offizieller infiltrierten und diese dann plötzlich in aller Öffentlichkeit auf brutalste Weise ermordeten. Unter ihren zahlreichen

Opfern waren der Premierminister von Persien und der Kreuzritter König von Jerusalem, Konrad (den sie ermordeten, indem sie sich als christliche Mönche verkleideten). Selbst der mächtige muslimische Krieger Saladin litt so häufig unter Angriffen auf sein Leben, dass er schließlich in einem speziell konstruierten hölzernen Turm schlief. Ein Bericht aus dem 14. Jh. von einem Priester der Kreuzritter, Bocardus, schildert die Ehrfurcht, mit der den geschickten Infiltrationskünsten der Fida'is begegnet wurde:

„Die Assassini, die man verfluchen und vor denen man fliehen sollte, dürsten nach menschlichem Blut, indem sie Gesten, Gewänder, Sprachen, Bräuche und Rituale von unterschiedlichen Nationen nachahmen. Versteckt wie ein Wolf im Schafspelz erleiden sie den Tod, sobald sie enttarnt werden, aber ich kann nicht erklären, wie man sie an ihren Gesten, ihrem Verhalten oder an anderen Zeichen erkennen könnte, weil diese Dinge über sie nicht bekannt sind."

Derart geübt in den Schwarzen Künsten der Kriegsführung waren die Fida'is, dass die orthodoxen Herrscher niemals sicher waren, ob nicht vielleicht ihre engsten Vertrauten sich als Assassinen herausstellen würden. Sharaf al-Mulk, der Premierminister des Khwarezmian-Reiches (= des modernen Iran) musste zum Beispiel im Jahr 1227 entsetzt feststellen, dass nicht weniger als fünf (!) Fida'is sowohl sein Gefolge als auch das Büro seiner Herolde heimlich infiltriert hatten. So sehr fürchtete er sich davor, dass andere Assassinen unentdeckt geblieben sein konnten, dass er ihrem religiösen Anführer 50 000 Dinare Blutzoll bezahlte, als der Sultan von ihm verlangte, diese fünf bei lebendigem Leib zu verbrennen.

Doch noch nicht einmal diese Fida'is konnten es mit den heimlichen Fähigkeiten der Soldaten der archetypischen antiken Spezialeinheiten aufnehmen: denen den Ninja. Diese stillen Krieger waren die Geißel der japanischen Aristokratie zwischen dem 15. und dem 17. Jh., da sie mit ihrer heimlichen Kriegsführung die Samurai-Krieger der herrschenden

Aristokraten besiegten. Die Ninja – oder Shinobi, wie sie gemeinhin im mittelalterlichen Japan genannt wurden – kamen aus geheimen Ninjutsu-Trainingslagern in den wilden Provinzen Iga und Koga. Diese Lager hatten ihren Ursprung in den Wanderschaften eines im 12. Jh. besiegten Samurai-Kriegers namens Daisuke, der in den Bergen Igas auf einen chinesischen Kriegsmönch traf, Kain Doshi, der selbst ein Flüchtling aus der zusammenbrechenden Tang-Dynastie in China war. Die militärische Doktrin, die aus Daisukes Training erwuchs, mit dem er in die Fußstapfen Kain Doshis trat, betonte Betrug, Unterwürfigkeit, Geschwindigkeit und Überraschung. Auch die Assassinen der Shinobi wandten ähnliche Taktiken an wie die Fida'is der Shia, verkleideten sich als buddhistische Mönche, als Waschfrauen oder sogar als vagabundierende Puppenspieler, um sich ihrem Opfer zu nähern. Ihre Waffen aber übertrumpften die von den Fida'is bevorzugten Dolche. Zusätzlich zu ihren weithin gefürchteten waffenlosen Kampftechniken (die den Aufstieg des Karate begründeten) und ihren verkürzten Samurai-Schwertern trugen die Shinobi-Kämpfer pulverisierten Sand und Pfeffer mit sich herum, um ihre Gegner zu blenden. Aus ihren Mündern konnten Nadeln hervorschießen. Und ihre Hände und Füße konnten Tekken aufweisen, umgebundene Metallbänder, die ihnen ebenso als Hilfsmittel dienten, Burgmauern zu erklimmen, wie dazu, ein Schwert zu ersetzen oder auf einen Gegner einzustechen. In ihrem Gürtel steckten die gefürchteten Shinobi-Gama, lange Ketten, die man um sein Opfer schlang, um es bewegungsunfähig zu machen, damit es dann mit der rasiermesserscharfen Sichel, die sich am Ende dieser Kette befand, zerhackt werden konnte. Auch beherrschten die Shinobi eine faszinierende Bandbreite an Kletter- und Bewegungsgeräten, darunter mit Haken versehene Seile und zusammensteckbare Kletterposten, und hölzerne Schwimmschuhe ermöglichten ihnen das Überwinden von Burggräben. Die Aktivitäten der Shinobi waren so mörderisch, dass einige Aristokraten die einzige Möglichkeit, sich gegen sie zu verteidigen, darin sahen, ausgeklügelte, „Ninja-sichere" Häuser zu konstruieren. Ein solches ist das berühmte „Nijo Castle" in Kioto, das über einen Nachtigallen-Boden verfügte – einen Boden, dessen ganz speziellen elastischen Bodenbretter „sangen", falls ein möglicher Assassine mitten in der Nacht zu Besuch kommen sollte. Und doch schreckten selbst solche drastischen Maßnahmen einige Shinobi nicht ab. Einem Ninja-Krieger, Ishikawa Goemon genannt, wird nachgesagt, in das Schloss des berühmten Aristokraten Nobunanga eingedrungen und diesem im Schlaf einen vergifteten Trank durch den Mund eingeflößt zu haben. Nobunga aber überlebte diesen Angriff und sandte seine eigenen Shinobi aus, um seinen Rivalen, Kenshin, zu ermorden – was diesem Shinobi auch gelang, indem er sich mehrere Tage lang in seiner Abwassergrube verbarg, so lange, bis sich ihm eine Gelegenheit bot, den Adligen mit einem Speer in den Anus zu durchbohren.

Und ohne unseren vielen tapferen, ergebenen modernen Soldaten in den Spezialeinheiten etwas anlasten zu wollen – ein solches Martyrium lässt selbst unsere Suche nach Osama bin Laden aussehen wie eine Seite aus einem Bilderbuch.

Apropos Osama bin Laden – sein Name wird oft von denen zitiert, die behaupten, dass ein anderes aggressives Handeln des *Homo masculinus modernus*, Terrorismus nämlich, neue, nie dagewesene Vernichtungshöhen erreicht habe. Eine nach dem 11. September herausgegebene wissenschaftliche Untersuchung beispielsweise stellt heraus, dass die 2974 Toten der Angriffe am 11. September 2001 zu einem fast vierzigfachen Anstieg an Todesfällen geführt habe im Vergleich zu den 76 aufgezeichneten Bombenattentaten der Jahre 1950 bis 2000. Allein die Tatsache aber, dass es die Shia-Assassinen – historische Terroristen par excellence – gab, beweist uns, dass Terrorismus auch in der Alten Welt keine unbekannte Größe war. Sun Tzu, der berühmte chinesische Militärstratege aus dem 7. Jh. v. Chr., begründete ein Sprichwort, als er das primäre Ziel politischen Terrors wie folgt formulierte: „Töte den einen, aber erschrecke zehntausende". Und auch wenn es ganz offensichtliche Schwierigkeiten gibt, den Terrorismus in gänzlich verschiedenen Zeiten und Kulturen zu vergleichen (und das nicht nur, weil man über unterschiedliche Todesmaschinerien verfügt), so haben uns Al-Kaida und Bin Laden selbst zwei Standards an die Hand gegeben, anhand derer man die Messlatte anlegen kann. Die Dschihadisten Al-Kaidas brüsten sich damit, dass ihre Attacken dazu führen werden, dass der Westen unter den verwerflichen, spektakulären und massenvernichtenden Angriffen aufgeben werde. Wir sind somit gezwungen nachzufragen, wie erfolgreich Al-Kaida an zwei Fronten war: hinsichtlich der Zahl der von ihnen verursachten Opfer und hinsichtlich des Erreichens ihrer strategischen Ziele. Aber noch wichtiger, zumindest für dieses Buch, können wir fragen, wie ihre Anstrengungen auf diesen beiden Gebieten sich mit denen antiker Terroristen vergleichen.

Doch mit welchen historischen Terroristen sollen wir Al-Kaida vergleichen? Am besten passen vielleicht die Mongolen des Mittelalters. Dieser nord-asiatische Reiterstamm war, wie Al-Kaida auch, eine ethnisch zusammengesetzte Gruppe, die es sich zum Ziel gesetzt hatte, ein universales Reich zu begründen. Wie Al-Kaida auch, nutzten die Mongolen in diesem Streben den Terrorismus. Der Hauptunterschied zwischen den beiden Gruppen aber ist, wie phänomenal erfolgreich die Mongolen vergleichsweise waren. (Wobei erfolgreich in diesem Fall nicht auch bedeutet, dass sie bewundernswert waren.) Unter ihrem grausamen Anführer Dschingis Khan machten sich die Mongolen, deren Zahl um 1260 n. Chr. ca. 850 000 betrug, auf, ein eurasisches Reich zu beherrschen, in dem mehr als hundert Millionen Menschen lebten. Und wenn die Mongolen selbst nicht so viele Menschen getötet hätten – sie metzelten oft die gesamte Bevölkerung der Städte, die sie erobert hatten, nieder –, dann wäre diese Zahl gar noch höher.

In Merv in Turkmenistan etwa – und Merv war zur damaligen Zeit die größte Stadt der Welt – tötete Tolui, der Sohn des Dschingis Khan, jeden einzelnen Einwohner – bis auf eine Handvoll Handwerker, die er versklavte. Die Zahlen schwanken (sie reichen von 400 000 bis hin zu 1,3 Millionen), aber fest steht, dass es sich um eine unglaubliche Vernichtungsaktion handelte, erst recht, da sie von Hand ausgeübt wurde und sich über fünf Tage erstreckte (Tolui hatte es sich offensichtlich zur Aufgabe gemacht, jeden enthaupteten mongolischen Krieger mit 300 bis 400 Opfern zu rächen). Dasselbe Schicksal ereilte Nishapur in Iran (dessen Bürger unvorsichtigerweise den Schwiegersohn des Dschingis Khan, Tokuchar, getötet hatten), wo man jeweils Pyramiden aus den Schädeln von Männern, Frauen und Kindern außerhalb der Stadtmauern aufstapelte. Und die Mongolen waren so gründlich, dass sie meist einige Tage nach ihrem Massaker in die Städte zurückkehrten und diejenigen töteten, denen es gelungen war, ihrem ersten Angriff zu entkommen. Solche Methoden sind der Grund dafür, dass die Mongolen in den neunzig Jahren ihrer größten Raubzüge 30 bis 60 Millionen Menschen getötet haben. Al-Kaida und ihren Anhängern gelang es 2005, weltweit 14 602 Menschen zu ermorden (seitdem ist die Rate aber gefallen); multipliziert man diese Zahl mit neunzig Jahren, so ergeben sich daraus 1 314 180 Todesopfer – vergleichsweise wenig zu den Zahlen der Mongolen.

Und da ist da noch die Frage nach den Zielen. Al-Kaida hat sein strategisches Ziel klar verfehlt, im Gegenteil: Die Angriffe Al-Kaidas haben nur dazu geführt, dass der Westen wild entschlossen seinen Willen zum Kämpfen wiederentdeckt hat – mit der Folge, dass er seinen Krieg gegen den Terror führt. Der Terrorismus der Mongolen war dagegen vernichtend effektiv. Einige antike Quellen berichten von dem lähmenden Effekt, den die mongolischen Grausamkeiten auf zukünftige weitere Opfer hatten, sodass sich immer wieder auch große, führende Städte kampflos unterwarfen.

Ohne das Leid, das die modernen islamischen Dschihadisten in die Welt gebracht haben, schmälern zu wollen – Vergleiche wie dieser machen deutlich, dass es Osama bin Laden in der Armee des Dschingis Khan nicht zum *Noyan* (zum „Captain") gebracht hätte.

Zum Glück bedeutet das für die meisten von uns in der westlichen Welt, dass wir niemals unter terroristischer Gewalt leiden werden. Im Gegenteil, jede Form tödlicher Gewalt, die wir erleiden werden, wird wahrscheinlich eine individuelle, krimininell motivierte Form des Totschlags sein. Bei dieser Form von Gewalt handelt es sich weltweit um eine männliche Domäne: Eine Statistik der US-Justizbehörde berichtet für 2005, dass 88 Prozent der Morde in den USA von Männern begangen wurden, und dass Männer in 74,9 Prozent der Fälle Opfer waren. Und trotz eines bemerkenswerten Rückgangs bei den Totschlagzahlen der USA in den vergangenen 15 Jahren (im Jahr 1993 lag die Anzahl der Morde bei 24 526, im Jahr 2005 waren es nur 16 692) nehmen wir sehr häufig an, dass es sich bei den Formen aggressiven Totschlags, wie er von Männern begangen wird, um eine Seuche unserer modernen Gesellschaft handelt. Aber ist diese Annahme auch richtig? Untersuchen wir doch mal die Bandenkriminalität. Im Jahr 1996 bezifferte das Los Angeles County Gang Information Bureau die Zahl der Bandenmitglieder im Bezirk Los Angeles auf 150 000. Im gleichen Jahr zählten die getöteten Bandenmitglieder im Krieg untereinander gerade mal 803, das ergibt eine jährliche Rate von 0,53 Prozent. Im Vergleich zu der durchschnittlichen Rate von Tod durch Gewalteinwirkung, wie sie der Archäologe Lawrence Keeley für prähistorische Zeiten aufnotiert hat, ist diese Rate relativ gering. Selbst der übelste Kerl in den schlimmsten Gegenden von Süd-Los Angeles, so scheint es, hat eine geringere Chance, geköpft zu werden, als irgendein vorzeitliches oder in Stammesgruppen lebendes männliches Wesen, das mit einer Klinge aus Feuerstein, Bronze oder geschnitztem Knochen bedroht wurde.

Ganz klar – nur sehr wenige moderne Männer müssen wirklich kämpfen. Warum aber trachten wir so sehr danach? Warum gibt es so viele junge amerikanische Männer, die für die Martial-Arts-Kämpfe oder fürs Ultimate Fighting trainieren, sodass die US-Armee mittlerweile einen Wettkampf außerhalb von Fort Benning veranstaltet, einfach um ihre Rekruten dorthin zu schicken? Die einfache Antwort lautet: Es steckt in unseren Genen. Wie schwach auch immer wir heute sind, so geben moderne männliche Körper doch immer noch Zeugnis von den Kämpfern, die wir einst waren. Betrachten wir doch einfach mal unsere geschlechtliche Zweigestaltigkeit: den Grad, in dem sich der Körper eines männlichen Homo sapiens von dem eines weiblichen Homo sapiens unterscheidet. Im Durchschnitt sind Männer weltweit neun Prozent größer als Frauen. Sie wiegen zwanzig Prozent mehr, wobei der größte Anteil dieses Unterschieds von einer fünfzigprozentigen Zunahme der Muskeln der oberen Körperhälfte herrührt. Wie bei allen anderen Säugetierarten auch gibt es für diesen geschlechtsbedingten Unterschied einen einzigen Grund: das Kämpfen. Somit bezeugt der menschliche Körper, dass Kämpfe unter Männern seit langer, langer Zeit Teil unserer Vererbungslinie sind. Auch einige andere Merkmale männlicher Physiognomie scheinen Anpassungen an das Kämpfen zu sein. Gewiss, die Tatsache, dass Männer generell ein um dreißig Prozent größeres Sauerstoff-Fassungsvermögen haben als Frauen könnte genauso gut eine Anpassung ans Jagen wie an Faust-zu-Faust-Kämpfe sein. Und doch fällt es schwer, die Tatsache, dass männliches Blut einen höheren Anteil an Gerinnungsfaktoren wie z. B. Trombin und Vitamin K hat (die die Wundheilung vorantreiben und das Schmerzempfinden herabsetzen), etwas anderes darstellt als eine Anpassung an Zeiten, in denen antike männliche Hominiden befanden, dass es nicht anders geht, als die Sache vor der Tür mit den Fäusten zu regeln.

Dazu kommt die emotionale Maschinerie, die wir geerbt haben. Schon so viele Frauen haben ihren Kopf geschüttelt über die Neigung von Männern, mit extremer Aggression und Gewalt gegen scheinbar harmlose Beleidigungen vorzugehen. Und oberflächlich betrachtet haben sie sogar recht: Eine Untersuchung über Totschlag unter Männern in Victoria, Australien, stellt fest, dass eine große Anzahl von aus Konfrontation erwachsenen Tötungen hervorgegangen waren aus unbedeutenden „Ehrverletzungen" wie zum Beispiel Rempeleien oder wütenden Blicken. Es ist ein leichtes, das als männliche Dummheit abzutun, aber die Wahrheit scheint zu sein, dass dieser Kurzschluss fest eingebrannt ist in das männliche Hirn – und das aus gutem Grund. Mehr als nur ein einziger Anthropologe hat die Tatsache herausgestellt, dass bereits die Androhung von unverhältnismäßig großer Gewalt als Reaktion auf kleinste Übergriffe in Stammesgesellschaften, die kein zentrales Justizorgan haben, die soziale Ordnung sicherstellt. Nur ein Gleichgewicht des Schreckens kann das männliche Verlangen, die Gefährten zu täuschen und aus ihrer Situation einen Vorteil zu schlagen, in Schach halten. Deswegen riskiert ein männlicher Stammesangehöriger in jedem (!) System, das auf wechselseitiges Vernichten ausgerichtet ist, das eigene Überleben im Kampf gegen seine noch aggressiveren Brüder, wenn er dafür votiert, seinen Kopf durch die Vermeidung eines Kampfes aus der Schlinge zu ziehen.

Doch was genau hat dieser Mann eigentlich zu verlieren? In anderen Worten: Wofür kämpft er eigentlich?

Die Antwort, die jeder Evolutionspsychologe (bzw. was das angeht, genauso gut ein jeder Barkeeper auch) auf diese Frage gibt, lautet: Frauen. Der Kampf darum, die eigenen Gene an die nächste Generation weiterzugeben, bedeutet für einen männlichen Stammesangehörigen einen brutalen, alles auf eine Karte setzenden Kampf, für den es sich zu sterben lohnt. (Frauen, im Gegensatz dazu, sind diesem Druck nicht ausgesetzt; fast jedes fruchtbare weibliche Mitglied eines Stammes wird Kinder haben, so sie lange genug lebt.) Sicher, so manch maßlose männliche Gewalt dient eher dem eigenen Überleben denn der Reproduktion. Eine Studie zu den Totschlagfällen bei den antiken Schotten und isländischen Wikingern legt beispielsweise offen, dass Opferfamilien sieben Mal seltener nach Rache strebten, wenn der Mörder als gefährlicher Berserker verrufen war. Aber auch das könnte man noch als eine reproduktive Strategie erachten. Und eine weitere Studie beweist, dass Berserker wesentlich mehr Nachkommen zeugten als andere Wikinger-Krieger.

Und wieder einmal lässt sich der verborgene sexuelle Antrieb bei Gewalt unter Männern an unseren nächsten Verwandten, den Schimpansen, deutlich beobachten. Eine Untersuchung eines Schimpansen-Verbandes in Tanzania beweist beispielsweise, dass die drei ranghöchsten männlichen Schimpansen nur dann kämpften, wenn die sie umgebenden Weibchen fruchtbar waren. Und das reproduktive Ergebnis dieser Kämpfe ist bemerkenswert: Der Anteil des Alpha-Männchens Kasonta an allen Paarungen fiel von 85,66 auf gerade mal 12,99 Prozent herab, nachdem er vom zweitrangigen Männchen, Sobonga, besiegt worden war. Und auch die Gewalt, die männliche Schimpansen gegen andere männliche Horden an den Tag legen – und die wesentlich häufiger tödlich ausgeht als die Gewalt innerhalb der eigenen Horde –, scheint ebenfalls eine sexuelle Funktion zu haben. Ein bisschen verschleiert wird das alles von der Tatsache, dass männliche Schimpansen auf Kriegspatrouille auch fremde Weibchen angreifen – es sei denn, sie sind gerade paarungsbereit; doch eine vom Jane-Goodall-Institute für Primatenforschung durchgeführte Untersuchung stellt fest, dass aggressive Horden von Männchen dadurch, dass sie ihren Aktionsradius ausweiten und auf mehr Futter zugreifen konnten, sowohl ihre Reproduktionsrate als auch die Anzahl der Geschlechtskontakte mit den residierenden Weibchen steigern konnten.

Sind nun die Reproduktionsfolgen männlicher Gewalt beim Homo sapiens genauso positiv? Einmal mehr sind es die schrecklichen Mongolen, die uns beweisen, dass dem so ist. Ihr Khan, Dschingis, war es, der sagte: „Die größte Freude eines Mannes ist es, seinen Feind abzuschlachten, seine Reichtümer zu plündern, seine Rösser zu reiten, die Tränen seiner Lieben zu sehen und seine Frauen zu umarmen." Es ist ganz offensichtlich, dass Dschingis nicht zimperlich damit umging, Gelegenheiten zum Umarmen wahrzunehmen: Ein Genforschungsprojekt aus dem Jahr 2003 unter den Männern, die das frühere mongolische Reich bevölkern, stellte fest, dass achtzig Prozent der Männer identische Y-Chromosomen tragen – und weil Y-Chromosomen vom Vater auf den Sohn unverändert weitergegeben werden, heißt das, dass 16 Millionen Eurasier direkte Nachfahren von Dschingis Khan und seiner nächsten männlichen Verwandten sind! In einem etwas kleineren Umfang eiferten auch viele griechische und römische Soldaten dieser Heldentat nach, folgten doch auf jede Eroberung einer feindlichen Stadt Vergewaltigungsorgien. (In der „Ilias" fordert Agamemnon seine Truppen auf: „Lasst kein Gerangel ums Nachhausekommen entstehen, bevor nicht jeder Einzelne von euch mit einer trojanischen Frau geschlafen hat.") Und der Reproduktionserfolg, den männliche Gewalt nach sich zieht, offenbart sich auch in den Kopfjäger-Kulturen Borneos, in denen es einem Mann erst dann erlaubt war zu heiraten, wenn er einen anderen geköpft (und den Kopf dann als Brautgeschenk präsentiert) hatte.

Eine häufige Kritik dieser sexuell fixierten Theorie männlicher Gewalt ist, dass es keinen Beweis für die Existenz spezieller Aggressionsgene gibt: eine Behauptung, die nicht mehr gültig ist. In den früher 1990er Jahren nämlich entdeckten Wissenschaftler, dass bei männlichen Mäusen Mutationen in einer MAOA genannten Gen-Sequenz auffällig zirkulierende Neurotransmitter im Gehirn, wie z. B. Serotonin, zu extremer Aggression führten. Dieselbe Mutation konnte kurz darauf auch beim Menschen nachgewiesen werden – zuallererst bei einer ganz bestimmten holländischen Familie, deren Mitglieder alle ein extrem hohes Niveau an impulsiver Aggressivität zeigten. Eine später folgende Untersuchung zu Absicherungszwecken unter sozial benachteiligten Kindern fand heraus, dass diese Genvariante relativ weit verbreitet war und es ermöglichte vorherzusagen, ob Kinder, die missbraucht worden waren, selbst eine eigene aggressive und antisoziale Persönlichkeitsstörung entwickeln würden. Interessanterweise fand eine Studie im Jahr 2000 auch unter den Makaken-Affen – jenen Primaten, die nach den Menschen weltweit am weitesten verbreitet sind – einen hohen Anteil dieses genetischen Komplexes. Es scheint ein bemerkenswerter Zufall zu sein, wie der Autor herausstellt, dass ausgerechnet die beiden Primaten, die das höchste Niveau an aggressiven „Kämpfer-Genen" aufweisen, die erfolgreichsten aller Menschenaffen und Affenkolonien sind.

Natürlich beweist dies noch längst nicht, dass männliche Aggressivität von einem bestimmten Gen gesteuert wird. Aber es legt den Mechanismus offen, wie Aggressivität durch natürliche Selektion gesteuert werden kann – und vermutlich gar gesteuert wird.

Wenn dem so ist, worin liegt dann die evolutionäre Bedeutung der Abnahme der kämpferischen Fähigkeiten des modernen Mannes, wie sie hier dokumentiert wird? Ist dem kämpferischen Herzen des *Homo masculinus modernus* eine Genänderung widerfahren? Bislang noch nicht, denke ich. Die Tatsache, dass der moderne Mann nicht mehr im Zehenspitzengang sich rachelüstern nach tödlichen Auseinandersetzungen ausstreckt, hat weitaus mehr mit der Tatsache zu tun, dass wir unser Recht auf Blutrache an den Staat abgegeben haben, der unsere Feinde für uns bestraft. Dieser kulturelle Wandel hat die Selektionsmechanismen durcheinandergeworfen. Wie es uns schon hinsichtlich unserer *Muskelkraft* und auch jener *Bravado* genannten, zur Schau gestellten Tapferkeit ergangen ist, führen uns heute auch unsere *Kampfinstinkte* nicht mehr zu einem reproduktiven Erfolg, sondern sorgen dafür, uns aus dem Genpool zu eliminieren. Ob das auch bedeutet, dass dem *Homo masculinus modernus* gar eine noch schwächere Zukunft droht? Werden hitzköpfige junge Duellanten, anstatt mit zehnfacher Marschgewindigkeit zu marschieren, anfangen, sich gegenseitig über Fragen nach der Ehre des Sterbens auszutauschen, nur um beim Anblick eines abgebrochenen Nagels im nächsten Krankenhaus zusammenzubrechen? Ein Langzeitexperiment mit brütenden Silberfüchsen in Novosibirsk scheint dies anzudeuten: Forschern dort gelang es, erbliche Aggression unter den Füchsen in nur vierzig Jahren ganz herauszuzüchten.

Und doch könnten einige Tatsachen den modernen Mann vor diesem Schicksal bewahren. Unsere zunehmende Fähigkeit, medikamentöse Behandlungen auf ganz spezielle genetische Bedingungen zuzuschneiden wird es wahrscheinlich allen Männern, die die MAOA-Mutation in sich tragen, ermöglichen, das Serotonin-Niveua im Gehirn zu steuern und sich (und auch ihre Gene) somit vor den womöglich tödlichen Gefahren ihrer impulsiven Aggressivität zu bewahren. Und dann ist da noch eine unbequeme, aber nicht umwandelbare Tatsache – Väter, deren Töchter im Teenageralter sich Hals über Kopf in junge soziopathische, frauenverachtende Punks verlieben, müssen das immer wieder leidvoll erfahren –, dass Frauen sich von aggressiven Männern sexuell angezogen fühlen. Eine aus dem Jahr 1987 stammende Studie unter Studentinnen fand zum Beispiel heraus, dass all jene Männer, die als dominant eingestuft wurden (und die Aggression als eine Strategie einsetzten, ihre Herrschaft zu erreichen), weitaus attraktiver schienen als die weniger aggressiven Männer – und das, obwohl die Frauen allesamt einen starken Widerwillen gegen Aggression als solche hegten.

Solange weibliche Vorlieben wie die beschriebene funktionieren, ist es höchst unwahrscheinlich, dass männliche Aggression in nächster Zeit aus dem Genpool verschwindet. Und dann gibt es da noch überraschende Wege, wie man pathologische Aggression zum individuellen und zum gesellschatlichen Vorteil in unserer modernen Welt nutzen kann. Einige

Studien haben herausgefunden – vielleicht wenig überraschend –, dass kriminelle Bombenattentäter bestimmte physiologische Charakteristika aufweisen, darunter einen pathologisch niedrigen Herzschlag (der eine hohe Hindernisschwelle für Stress bedeutet); auf die meisten Kampfmittelentschärfer triff dies ebenfalls zu. Noch gibt es meines Wissens keine Studien über die Reproduktionsrate von Bombenattentätern und Kampfmittelentschärfern, aber die Tatsache gibt uns dennoch einen Hinweis darauf, dass auch in der modernen Welt männliche Aggression – und sämtliche Qualitäten, die damit in einem Bezug stehen – nicht unbedingt eine Einbahnstraße hin zur genetischen Auslöschung bedeuten muss.

Eine andere Möglichkeit des modernen Mannes, seine Aggression zum Erregen von Aufmerksamkeit und für den genetischen Erfolg einzusetzen, ist der Sport. Viele Soziologen behaupten ernsthaft, dass die Tatsache, dass der Mann so friedfertig geworden ist, seine Ursache in der Bedeutung dieses ritualisierten Kampfes hat. Einige bestehen sogar darauf, dass der Bedeutungszuwachs, der dem Sport widerfahren ist, den Zivilisationsprozess der vergangenen 200 Jahre erklärt. Eine interessante Theorie – aber wenn wir uns das Ausmaß von Gewalt und Aggression, das unsere Vorfahren an den Tag legten, vor Augen führen, so müssten moderne Männer im Sport eigentlich besser, schneller, stärker und härter sein als es der Sport in der Geschichte je war. Ob es dafür einen Beweis gibt?

Hmm. Ich habe bei dieser Sache kein gutes Gefühl.

Bälle

Am 16. Februar 2004 wurden all jene Zuschauer, die sich im Hockeystadion von Vancouver drängten, Zeugen eines der brutalsten Vorfälle, die sich im Eishockey je zugetragen haben, als Todd Bertuzzi seinen Gegner Steve Moore mit einem „roundhouse Suckerpunch" verblüffte und ihn dann mit dem Kopf voraus auf das Eis warf. Als Moore die Eisfläche zehn Minuten später für immer verließ, befand er sich auf einer Trage: Seine drei gebrochenen Wirbel beendeten seine Karriere so brutal, wie er Wochen zuvor Bertuzzis Captain, Markus Näslund, mit einem Schulter-Check erschüttert hatte. Der Vorfall erregte Aufmerksamkeit, wieder einmal ging es um Gewalt in der kanadischen und der US-amerikanischen Hockeyliga, der NHL (National Hockey League) – der einzige Profisport, dessen Regeln den Kampf zulassen (Kämpfende werden nicht ausgeschlossen, man verlangt von ihnen lediglich, dass sie Schläger und Handschuhe weglegen und ihren Kampf mit bloßen Händen austragen). Aus den Reihen schulischen und medizinischen Personals wurden Rufe laut, die Gewalt aus der Liga zu verbannen – aber sie wurden nicht gehört. Gerade mal drei Jahre später wurde Todd Fedoruk, der Verstärker (eine halb-offizielle Position u. a. mit der Aufgabe, den Gegner körperlich anzugreifen) der Philadelphia Flyers, von seinem Gegenspieler bei den New York Rangers, Colton Orr. Fedoruk, dessen Schädel man längst mit Titanplatten repariert hatte, auf ähnliche Weise aus dem Spiel befördert (anders als Moore aber war es ihm später möglich, aufs Spielfeld zurückzukehren). Nichts hatte sich geändert, bis heute nicht.

Es gibt einen ganz einfachen Grund für das Zaudern der NHL beim Thema Gewalt: die Fans. Die Liga weiß ganz genau, dass viele Zuschauer eben genau wegen (!) dieser Gewalt die Spiele anschauen. Eine Studie aus dem Jahr 2003, die im *American Journal of Economics and Sociology* veröffentlicht wurde, beweist, dass die Anzahl der Kämpfe während eines NHL-Spiels die Ticketverkäufe in die Höhe treibt – mehr noch als die Anzahl der Tore oder die Anzahl der Gewinne. Eine Tatsache, die sich auch in Kanada bemerkbar macht und die für Spiele in den vergleichsweise aggressiven USA stattfinden umso mehr gelten dürfte.

Ein anderes aufregendes Spektakel in Sachen Gewalt im amerikanischen Sport bietet die National Football League, die NFL. Beim Football entstammt die Gewalt nicht den Kämpfen, die auf dem Feld ausgetragen werden, sie liegt in der Natur des Spiels selbst begründet. Spielstatistiken geben hierzu Auskunft: In der drittletzten Woche der Saison 2008 fielen 15 NHL-Spieler wegen Verletzungen aus. Und in jedem beliebigen Jahr zählten zu den Verletzungen, die die NHL-Spieler erlitten: Schädelbrüche, Knochenbrüche, Gehirnerschütterungen, gebrochene Schlüsselbeine, zerrissene Rotatoren, Schulterverrenkungen, zerquetschte Wirbel sowie zerrissene Sehnen und Bänder. Die meisten dieser Verletzungen rühren her von heftigen Zusammenstößen mit anderen Spielern: Ein Arzt hat ausgerechnet, dass zwei 110 Kilo schwere NFL-Linienspieler, die mit einer Geschwindigkeit von 30 km/h ineinanderkrachen, genug Kräfte generieren, um eine Masse von 30 Tonnen ein paar Zentimeter vorwärtszubewegen. Und Tests mit einem Linienspieler aus Detroit ergaben ähnlich, dass ihn häufig Schläge von 5780 *g* (Maßeinheit für die *g*-Kraft, die die Belastung des Beschleunigung ausgesetzten menschlichen Körpers misst) getroffen haben (zum Vergleich: Astronauten müssen beim Start eine Belastung von ungefähr 10 *g* aushalten). Als Langzeiteffekte eines solchen Missbrauchs tragen drei Viertel der ehemaligen NHL-Spieler dauerhafte Schäden davon. Einige von ihnen werden sogar nicht alt: In den 21 Jahren zwischen 1977 und 1998 starben 118 Mitglieder der amerikanischen Football-Hochschulmannschaften im Spieleinsatz. Der Grund für diese schweren Zusammenstöße und die daraus resultierenden Verletzungen ist leicht zu finden: die zunehmende Größe der Spieler. Ein Anthropologe hat errechnet, dass von 1899 bis 1970 die durchschnittliche Größe und das Gewicht von Hochschul-Footballspielern um 7 Zentimeter und knapp 16 Kilogramm Gewicht zugenommen haben. Und seitdem hat sich der Trend sogar noch verstärkt: Der durchschnittliche Spieler hat zwischen 1985 und 2008 noch weitere 10,9 Kilo zugelegt, und in der Liga spielen mehr als 500 Linienspieler, die mehr als 137 Kilogramm haben.

Es sind diese gladiatorischen Wettkämpfe wie Hockey und Football, die dem modernen Sport den Ruf verschaffen, zunehmend von Gewalt geprägt zu sein. Oberflächlich betrachtet scheint das zu bestätigen, dass brutale sportliche Wettkämpfe zweierlei sind: ein Zufluchtsort, an dem moderne männliche Aggression ausgetragen werden kann, und zugleich der Grund, warum Aggression aus anderen männlichen Lebensbereichen verschwindet. Aber ist es wirklich wahr, dass Sport in unserer antiken Vergangenheit nicht aggressiv war? Da es sich beim Football und beim Hockey um zwei der ältesten Sportarten handelt, die auf der Erde gespielt werden, ist ein direkter Vergleich möglich. Seit tausenden von Jahren wird immer irgendwo eines der beiden Spiele (und manchmal sogar beide) gespielt (John Davis, der erste englische Eroberer, der die Nordwest-Passage durch das arktische Eis durchquert hat, berichtete erstaunt, dass er auf seiner Expedition im Jahre 1586 von Angehörigen der Inuit, auf die er zufällig getroffen war, zu einem Football-Match aufgefordert wurde). Wenn der moderne Sport tatsächlich dazu dient, uns zu zivilisieren, indem er überschüssige männliche Aggression absorbiert, dann müsste daraus zu folgern sein, dass Football und Hockey in antiken Zeiten weniger (!) gewaltsam und anstrengend war als ihre modernen Varianten.

Die schlechten Neuigkeiten (für all diejenigen, die sich dieser Theorie zugeneigt fühlen) lauten: Antike und prähistorische Footballer und Hockeyspieler spielten ihre Spiele lange, unbarmherzig und unglaublich brutal.

In Europa beispielsweise war Hockey von Anfang an ein ziemlich gewalttätiges Spiel. Eine der frühesten Formen des Hockeys war zum Beispiel das irische „Hurling", ein Schlagballspiel, das heute noch gespielt wird. Die ersten Aufzeichnungen eines Hurling-Matches aus dem Jahr 1272 v. Chr. zwischen Fir Bolg und Tuatha Dé Dannan lassen verlauten, dass auf die verlierenden Tuatha Dé Dannan Stockschläge niederprasselten, bis „ihre Knochen gebrochen waren und sie mit blauen Flecken übersät auf dem Rasen zusammenbrachen". Und um ihren Sieg zu vollenden, ermordeten die Spieler des Fir Bolg Teams das Team der Tuatha Dé Dannan. Beobachtungen, die der englische Jon Dunton – genannt der „Mann der Briefe" – im 17. Jh. in Dublin aufgezeichnet hat, zeigen, dass das „Hurling" in 300 Jahren nicht friedfertiger geworden ist: Er berichtet, dass die Spieler das Feld nur äußerst selten verlassen haben, ohne „die gebrochenen Schädel oder Schienbeinknochen, in denen sich ihr Ruhm so sehr widerspiegelte". Andere Formen von Schlagballspielen, wie zum Beispiel das isländische „knattleikr", scheinen noch mörderischer gewesen zu sein. Eine Wikingersage berichtet von einem „knattleikr"-Spiel, dass „vor Einbruch der Dunkelheit sechs der Spieler tot am Strand lagen, keiner davon aber gehörte der Botn-Seite an". Und die Egil-Sage beschreibt, wie der junge Egil seinen Gegner auf dem „knattleikr"-Spielfeld mit der Axt tötet – als Rache für sein raues Verhalten während des Spiels; sieben weitere Spieler starben, als daraufhin das Feld gestürmt wurde. Wenn man dieses Niveau an Aggression bedenkt, so ist es kaum zu glauben, dass so manches „knattleikr"- Spiel sich über 14 Tage hingezogen haben soll.

Grasnarben und Erdklumpen

Selbst abgesehen von dem tödlichen isländischen „knattleikr"-Spiel scheint der Sport zu Zeiten der Wikinger nichts für schwache Nerven gewesen zu sein. So boten beispielsweise Pferde dem antiken skandinavischen Sportler ein exzellentes Betätigungsfeld – aber nicht bei Rennen, sondern für den *Kampf*. Beim populären Pferdekampf stachelten die Wikinger ihre Hengste auf, das Ross des Gegners anzugreifen, normalerweise als Vorspiel vor dem direkten Schlagabtausch unter Männern. In einem berühmten Pferdekampf wurden einem Wikinger namens Odd die Rippen gebrochen, und zwar durch absichtliches Stoßen mit einem Stock durch seinen Feind Grettir. Schlägereien scheinen dabei zusätzlich von dem nur bei den Wikingern bekannten, einzigartigen Sport des „Rasenwerfens" begleitet worden zu sein: Dabei handelte es sich um etwas Ähnliches wie einen Schneeball-Kampf, nur mit Erdklumpen, die so fest geworfen wurden, dass sie ihren Gegner buchstäblich umhauten und ihn bewusstlos zurückließen.

In einem Fall, so wird in der Eyrbyggja-Sage berichtet, führte das Zu-Fall-Bringen eines Mannes namens OrrBligr durch einen gut platzierten Erdklumpen zu einer Schlacht zwischen seinen Teamgefährten und den Männern von Eyrr, die diesem zur Seite gesprungen waren. Dem „Rasenwerfen" gebührt wohl der Titel des brutalsten Sports in der Geschichte, zumindest bis zur Erfindung des High-School-„Dodgeball".

Antike Hockeyspiele waren auch in der Neuen Welt nicht weniger brutal. Ein zwischen den Choctaw- und den Creek-Indianern ausgetragenes „Lacrosse"-Spiel, das amerikanische Siedler in den frühen 1790er Jahren mitansahen, hatte mehr als 500 Tote zur Folge, wobei die meisten von ihnen bei Kämpfen nach dem Match starben. Diese Zahlen mögen sehr hoch erscheinen, doch muss man dazu wissen, das die Lacrosse-Spiele der Ureinwohner Nordamerikas zumeist mehr als 500 Mitspieler auf einer Seite hatten und über ein Feld von fast 2 Meilen Länge gespielt wurde (so jedenfalls berichtet das George Catlin, ein amerikanischer Maler aus der Kolonialzeit).

Baron de Lahontan, im 17 Jh. französischer Kommandant des Fort St. Joseph im Land der Huronen, konstatierte ebenfalls, das Lacrosse war „so brutal, dass sie (die Huronen) oft ihre Haut aufrissen und ihre Beine brachen". Andere Quellen berichten, dass Schläge mit den beim Lacrosse verwendeten Stöcken sowie Treffer durch harte Steine oder Holzbälle so große Blutklumpen und Hämatome verursachten, dass sie von einem Medizinmann mit der Lanzette geöffnet und mit einem aus Rotwild-Horn hergestellten Sauggefäß ausgesaugt werden mussten. Solche Verletzungen erscheinen glaubwürdig, wenn man weiß, dass nahezu jedes Foul im modernen Hockey und Lacrosse – das Tackling, das Wrestling, das Tripping, das Charging (eine Form des Angriffs mit dem ganzen Körper) und das Schlagen – beim Lacrosse der Ureinwohner Nordamerikas erlaubt war. Manche Stämme hatten sich zum Beispiel auf das Haare-Ausreißen spezialisiert. Die Cayuga dagegen hoben ihre Gegner mit Stöcken vom Boden und ließen sie dann wieder fallen (was wenigstens zum Teil die Häufigkeit gebrochener Schlüsselbeine, die die Europäer als Auffälligkeiten notierten, erklärt). Die Cherokee zogen es vor, ihre Gegner zu würgen, wobei diese brutale Strategie zugegebenermaßen oft dazu diente, dass die Gegner die Geschosse, die sie in ihrem Mund versteckt hatten, ausspeien mussten (übrigens ein legitimer Spielzug im Lacrosse der Ureinwohner). Kämpfe, wie im modernen Eishockey, wurden durch Regeln wie die, mit dem Stock zuschlagen zu dürfen, solange man ihn mit beiden Händen hielt, geradezu befördert. Das Lacrosse der Ureinwohner Amerikas war auch noch 1845 eine brutale Sportart, als nämlich bei einem Spiel der Choctaw-Tallulah-Indianer drei Tote (verursacht durch absichtlich über das Spielfeld wütende Pferde) und zahlreiche Verletzte zu beklagen waren, von denen einige erst neun Tage später (!), nachdem ihre Wunden ein bisschen verheilt waren, das Spielfeld wieder verlassen konnten.

Um auf Europa zurückzukommen: Hier wurde der Football im mittelalterlichen Westen von wesentlich kleineren

Spielern gespielt, doch die Gewalt, die damals herrschte, würde unsere Kolosse von Linienspielern dazu veranlassen, die Sicherheit der Verletztenliste anzustreben. In Europa ähnelte das Spiel – das die unterschiedlichsten Namen trug: das in Frankreich *la soule* genannt wurde, in Mittelengland als *Shrovetide Football* bekannt war, in Norfolk und East Anglia unter dem Namen *camping* und in Wales als *cnappan* gespielt wurde – dem modernen Football und wurde gemeinhin mit einem aufblasbaren Ball gespielt. (Meist handelte es sich dabei um eine aufgeblasene Schweineblase, die man in das Scrotum eines Bullen eingenäht hatte; und manchmal hatte man den Ball auch in eine dosenähnliche Hülle gesteckt, um zu verhindern, dass ein Team verlor, weil man den Ball mit einem Messer aufschlitzte.) Das aber ist der Punkt, an dem alle Ähnlichkeiten auch enden. Mittelalterlicher Football bestand aus mehreren hundert Mann starken Mannschaften, zumal man beim Football dazu aufrief, dass alle Männer eines Dorfes den Ball durch die Straßen und über den Marktplatz des gegnerischen Dorfes zur Kirche trieben, die als Ziel diente. Das Spiel war eine aufrührerische Angelegenheit, mit Fäusten, Knüppeln und sogar Pferden, die wild um sich schlugen. Chroniken aus dieser Zeit belegen die Grausamkeit des Sports. Im 16. Jh. beschrieb ein Gelehrter, Sir Thomas Elyot, „foote balle" als ein Spiel, „das aus nichts weiter als biestiger Wut und extremer Gewalt besteht; eine schmerzhafte Prozedur, die konsequenterweise Hass und Bösartigkeit bei denen zurückließ, die verwundet wurden". Ein aus dem 16. Jh. stammendes Traktat auf Alt-Schottisch belegt, dass blaue Flecken, Knochenbrüche, Schläge und Verkrüppelungen in alten Zeiten zu den „Zugaben beim fute balle" gehörten. Solche Verletzungen erscheinen einmal mehr nur verständlich in Anbetracht der einzigen Regel, die das mittelalterliche Football kannte: dass nur Mord und der Gebrauch von Waffen verboten waren.

Und doch gelang es ihnen nicht, sich gegenseitig auszulöschen.

1280 n. Chr., und erneut 1312 n. Chr. starben zwei Spieler bei einer Kollision mit Gegnern, die in einer Hülle steckende Messer trugen (wobei einer der Mörder ein Football-spielender Priester war). Aber im Mittelalter konnte Football auch ohne Waffen ein tödliches Unterfangen sein. Ein Gerichtsverfahren von 1581 in Middlesex hatte die Kollision des Nicholas Martyn und des Richard Turvey zum Gegenstand, die beide gleichzeitig mit Roger Ludford zusammenstießen und ihn unterhalb der Brust derart getroffen hatten, dass dies zu einer Gehirnerschütterung führte und ihm den Todesstoß versetzte; er verstarb binnen 15 Minuten. Und im Jahr 1303 fand ein Student der Universität Oxford seinen Bruder tot, nachdem der mit ein paar irischen Studenten in der High Street Football gespielt hatte; die genaue Todesursache ist leider nicht überliefert. Und diese tödliche Gewalt beschränkt sich nicht auf eine weit zurückliegende Vergangenheit: Der Autor William Dutt berichtet, dass ein Match, das zwischen Norfolk und Suffolk in der Mitte des 18. Jh. ausgetragen wurde, neun Todesfälle nach sich zog. Und der vielleicht ultimativste Beweis für die lärmende und trotzdem beliebte Form der Gewalt beim mittelalterlichen Football, ist die Tatsache, wie oft englische Monarchen und Regierungsmitglieder – erfolglos – versuchten, das Spiel mit einem Bann zu versehen: zwischen 1314 und 1667 n. Chr. dreißig Mal.

Offensichtlich würden also modernes Hockey und moderner Football den antiken Spielern so gefahrvoll erscheinen wie ein Himmel-und-Hölle-Hüpfspiel. Das macht die Sache für all diejenigen, die Sport als ein Ventil zivilisierter Aggression betrachten, schwierig genug – aber, und das tut mir leid, an dieser Stelle fangen die Schwierigkeiten der Theorien erst an. Ein etwas gründlicherer Blick auf den antiken Sport, und zwar den historischen und den prähistorischen, offenbart uns, dass diese so brutal waren, dass selbst die Organisatoren eines illegalen Kampfhunde-Wettbewerbs vor Scham erröten würden.

Mann beißt Hund

Moderne Sportarten wie Pferde- und Windhundrennen werden oft als „Freak Shows" ausbeuterischer Gewalt gegen Tiere bezeichnet – und doch halten auch sie dem Vergleich mit mittelalterlichem oder im Viktorianischen Zeitalter durchgeführtem englischem „Grubensport" nicht stand. Dabei kam jede nur denkbare Form von Gewalt, die man einem Lebewesen zufügen konnte, das man in einer Grube im Keller einer Taverne oder auf öffentlichem Gemeindegrundstück eingegraben hatte, zum Einsatz. Manchmal, wie zum Beispiel im Jahr 1836, schlug die Dorfbevölkerung von Stamford einen Bullen zu Tode, dem man auf einem Sportfeld eine Grube gegraben hatte. Normalerweise aber warf man einen Dachs in die Grube, um ihn von kämpfenden Hunden zerreißen zu lassen; Bären, denen man die Pfoten abgeschnitten hatte, erlitten die gleiche Prozedur. Kämpfende Hähne, die man mit Metallsporen ausgestattet hatte, nahmen sich zum Vergnügen der Zuschauer gegenseitig aus, während Hunde, die man speziell auf Boshaftigkeit und Zähigkeit hin gezüchtet hatte (jene original Pitbulls eben), sich gleichzeitig gegenseitig zu Tode bissen.

Diese blutigen Hundevergnügungen wurden fröhlich durchgeführt bis ins Jahr 1866, als ein Kampf zwischen einer Bulldogge namens Physic und einem menschlichen Zwerg namens Brummy, der in der Stadt Hanley ausgetragen wurde, zu einem Aufschrei führte. Obwohl Brummy gewann, diente die Grausamkeit der Begegnung der öffentlichen Meinung als letzter Strohhalm. Ein Bericht aus dem *Daily Telegraph* jener Tage:

„Als die Runde 10 vorüber war, war der Kopf der Bulldogge auf das Doppelte seiner ursprünglichen Größe angeschwollen; sie hatte zwei Zähne verloren, ein Auge war vollständig zu; was den Zwerg anging, so waren seine Fäuste und seine Arme blutüberströmt ... In Runde 11 schien die Bulldogge neue Kraft und noch mehr Wut gesammelt zu haben, aber der Zwerg hielt sie mit einem mächtigen Schlag gegen das Kinn in Schach, mit dem Effekt, dass die Bulldogge gegen die Wand schleuderte, wo sie, obwohl sich ihr Meister sehr bemühte, sie wiederzubeleben, einfach liegen blieb."

Die Bergleute der Stadt Hanley aber waren so wütend darüber, dass man ihren Lieblingssport verboten hatte, dass sie noch dreißig

Jahre später den Reporter der Zeitung, James Greenwood, mit Gewalt bedrohten.

Zahlreiche antike Sportveranstaltungen standen in einem unmittelbaren Zusammenhang mit Krieg. Manche waren sogar Krieg – zum Beispiel die Turniere im späten europäischen Mittelalter. Der Name beschwört Bilder galanter Ritter herauf, die sich ihre hölzernen Lanzen harmlos gegen die Rüstung schlagen, stets ihre Ritterlichkeit bewahrend (obwohl der Tod von Heinrich II., König von Frankreich, im Jahr 1559 n. Chr., der von einer *im Auge* gesplitterten Lanze herrührte, beweist, dass das Turnierkämpfen tödlich sein konnte). Und doch handelte es sich bei diesen Turnierkämpfen lediglich um eine späte, blasse Imitation jener wirklichen Turniere des 12. und 13. Jahrhunderts, bei denen es sich um brutale, verletzungsintensive Angelegenheiten von einer Vielzahl bewaffneter Männer handelte, die manchmal bis zum Tod aufeinander einschlugen. In diesem Gedränge bildeten Turnierneulinge neue gegnerische Teams, erhoben die Kriegslanzen gegeneinander, tobten sich mit ihren Dolchen an den Rittern aus, die ohne Pferd in den Kampf zogen, und schlugen mit Breitschwertern, Äxten und Knüppeln aufeinander ein. Bedenkt man die Anzahl der Beteiligten, dann waren solche Gemenge oft nur schwer von einer kriegerischen Auseinandersetzung zu unterscheiden. Baldwin von Hainault zum Beispiel zog mit 3000 Fußsoldaten in ein Turnier, um sich vor seinem Gegner, dem Duke von Brabant, zu schützen. Auch Todesfälle trugen gleichermaßen zur Verwirrung in diesen Situationen bei: Als in einem Gemenge im Jahr 1240 n. Chr. in der deutschen Stadt Neuss sechzig Ritter zu Tode kamen, konnte man es den Zuschauern nicht übel nehmen, dass sie glaubten, Zeuge einer echten Schlacht zu sein.

Selbst jene antiken Sportarten, die nicht wirklich kriegerisch waren, dienten dennoch als Training für den Krieg. Viele Griechen beispielsweise glaubten, dass ihre Sportlichkeit der Grund war, dass sie über die riesige Armee der persischen Könige Darius und Xerxes gesiegt hatten. Wie immer stammen auch die extremsten Beispiele von Griechen Spartas. Die beiden wichtigsten Sportveranstaltungen im Gemeinwesen von Sparta waren seltsame, brutale Rituale, die dazu dienen sollten, die Jungen für ein Leben als Soldat in der Bürgerwehr zu qualifizieren. Eines dieser Rituale war *agon karterias* („Ausdauer-Wettbewerb"): ein öffentlicher Wettkampf im Auspeitschen, bei dem die teilnehmenden Jungen darum kämpften, ein brutales und manchmal tödlich endendes Auspeitschen am Altar der Göttin Artemis Orthia zu überstehen – der Gewinner erwarb sich den Titel eines *„bomonikes"* („Altargewinner"). Und bei einem anderen Ritual, dem sog. *plantanistas*-Wettbewerb, handelte es sich um einen bösartigen Kampf, bei dem zwei feindliche Gruppen von Jungs in einem Platanen-Wäldchen auf einer künstlichen Insel isoliert wurden und so lange aufeinander einschlugen, bis sich ein Team ergab. Der griechische Schriftsteller und Geograph Pausanias schrieb: „Die Teilnehmer kämpfen mit ihren Fäusten und springen hoch, um zu treten; sie beißen und reißen Augen aus. So kämpfen sie Mann gegen Mann, aber sie greifen gewaltsam auch als Gruppe an und stoßen sich gegenseitig ins Wasser." Da Spartaner solche Brutalitäten sogar unter ihresgleichen anwandten, überrascht es kaum, dass andere sie als gefährliche Verrückte betrachteten, denen man besser aus dem Weg ging.

Einige antike Sportarten, wie das Duellieren, hatten ihren Ursprung in der Gewalt Mann gegen Mann. In diesem Fall sind es die mittelalterlichen Wikinger, die uns als ungeheuerlichstes Beispiel dienen. So etwa mit dem schwedischen Sport des *bältesspänning* („Messer-Ketschen"). Diese Tradition, die im ländlichen Schweden erst im 18. Jh. ausstarb, zeichnete sich aus durch zwei Wettbewerber, die mit einem langen Gürtel aneinander festgebunden waren und die dann sich windend und zustoßend mit Dolchen aufeinander losgingen. Die

Frauen der Wettbewerber schauten zu und hielten große Tücher umklammert, um die blutenden Wunden ihrer Ehemänner zu verbinden. Die einzige Sicherheitsmaßnahme der Wettbewerber scheint eine gelegentliche Übereinkunft gewesen zu sein, dass sie die Klingen ihrer Dolche mit Stoffstreifen umwickelten, um die Stichlänge zu verkleinern. Die Ursprünge des Bältesspänning sind offensichtlich, handelt es sich dabei doch um eine Variante des „glima" („Gürtel-Ringen"), das im modernen Island Nationalsport ist. Im Glima werden Gürtel verwendet, wobei in diesem Fall jeder Gegner einen Gürtel um den Bauch und zwei um die Hüfte trägt, die der Gegner nutzt, danach zu greifen und ihn zu Boden zu werfen. Während beim modernen Glima ohne Messer gekämpft wird, kam in der antiken Version ein ganz anderes, aber gleichermaßen tödliches Instrument zum Einsatz: ein hüfthoher, spitz zulaufender Fels, auf den der Gegner geschleudert wurde, um ihm den Rücken zu brechen. Ganz offensichtlich dienten solche Kämpfe dazu, private Zwistigkeiten (zu denen es offenbar ständig kam) zu lösen.

Im Gegensatz dazu verdankt ein anderer antiker Sport seine Brutalität einem religiösen Ritual. Ein deutliches Beispiel hierfür ist das Gummiball-Spiel antiker Kulturen Zentralamerikas, z. B. der Olmeken, Azteken und der Maya. Dieses Spiel, das einige Parallelen zum modernen Basketball aufweist, ist es wert, detailliert beschrieben zu werden: nicht nur, weil es klar offenbart, wie prähistorischer Sport und prähistorische Religion miteinander verwoben waren; es zeigt auch, wenn man es mit seiner modernen Entsprechung vergleicht, wie schwächlich unsere gegenwärtigen Sportkämpfe tatsächlich geworden sind.

Das Gummiball-Spiel, das Cortés und seine Konquistadoren im 16. Jh. in Zentralamerika beobachteten, wurde von Honduras im Süden bis hin nach Arizona im Norden gespielt. Die Spiele wurden auf einem Steinfeld ausgetragen, die ungefähr so groß wie moderne Basketballfelder waren, und man

kannte sogar steinerne Reifen, durch die die Spieler gewinn-
bringende Tore schießen konnten. Da diese Reifen nur wenig
größer waren als der Ball, resultierte allerdings nur aus ungefähr 200 Versuchen oder so ein Treffer. Das mesoamerika-
nische Ballspiel war nicht nur schwieriger als Basketball, es
war auch gefährlicher: Die Ureinwohner spielten das Spiel
mit massiven Gummibällen, die bis zu fünf Kilo schwer (und
somit 15 Mal schwerer als beim modernen Basketball) waren.
Auf dem steinernen Spielfeld generierten sie eine enorme Geschwindigkeit und eine große Kraft. Diese Bälle waren so hart,
dass sie nur mit dem Oberschenkel, der Hüfte oder dem Hintern sicher abgefangen werden konnten. Ein Treffer anderswo
tötete den Spieler häufig, wie der spanische Mönch und Historiker Diego Durán aufnotierte:

„Einige von diesen Männern wurden tot vom Spielfeld getragen, (weil) der Ball beim Abprallen sie auf den Mund oder
in den Magen oder die Eingeweide getroffen hatte, sodass sie
augenblicklich zu Boden fielen. Einige starben unmittelbar
von diesem Schlag.“

Selbst wenn die Spieler den Ball richtig stoppten (was ihnen mit einer Präzision und Geschicklichkeit gelang, die die
Spanier verblüffte), waren die resultierenden Verletzungen
häufig entsetzlich:

„Durch einen solchen Aufprall erlitten sie schreckliche Verletzungen an ihren Knien und Oberschenkeln, sodass die Hüften derjenigen, die diese Tricks anwandten, meist von Blut-
beulen so lädiert waren, dass diese mit einer schmalen Klinge
geöffnet werden mussten, um das Blut herauszulassen, das
sich an der Stelle, an der der Ball aufgetroffen war, verklumpt
hatte.“

Die Ballspieler der Azteken, Olmeken und Maya trugen zwar
manchmal Schutzkleidung, aber diese Tatsache beweist nur, wie
phänomenal sportlich sie im Vergleich zu modernen Basket-
ballspielern waren. Die ledernen Hüftgurte und auch die schweren Handschuhe, die sie trugen, sind unbestritten, aber die an-

tiken, ungefähr 27 Kilo schweren steinernen Hüftgurte, die man gelegentlich seitlich von antiken Ballsportplätzen ausgräbt, wurden für zu schwer befunden, je von Menschen getragen worden zu sein. Und doch ist diese Vermutung vermutlich nicht richtig. Cortés selbst war so sehr beeindruckt von der muskulären Erscheinung der zentralamerikanischen Ballspieler, dass er im Jahr 1528 ein Team mit nach Spanien nahm und es am Hofe von Charles V. vorführte. Ein Gemälde, das Christoph Weiditz von diesem Ereignis angefertigt hat, bestätigt Cortés' Eindruck: Der Maler zeigt die kräftigen Körper der eingeborenen Ballspieler strotzend vor Muskeln. Ich persönlich glaube, dass für sie das Gewicht jener steinernen Gürtel nicht spürbarer war als das eines Schweißbandes.

Die aber vermutlich erschreckendste Aussicht, mit der sich die Spieler konfrontiert sahen, war die, geopfert zu werden. Alle zentralamerikanischen Hochkulturen betrachteten ihre Ballspiele als mehr als nur einen Sport. Jeder Wettkampf war eine Neuinszenierung der mythischen Schlacht zwischen Gott und der Unterwelt. Ein Wandgemälde, das die steinerne Wand eines Spielfeldes in El Tajin schmückt, zeigt einen Spieler, dem Priester bei lebendigem Leib das Herz herausreißen. Und eine steinerne Säule in Aparicio zeigt einen anderen, der gerade enthauptet wird. Und das berühmte Spielfeld in Chichen Itza, mit 166 mal 68 Metern das weltgrößte, hat nicht nur Malereien, auf denen Bälle abgebildet sind, die menschliche Schädel enthalten; es zeigt auch ein massives Gestell voller Schädel – eine gruselige „Hall of Fame". Leider wissen wir nicht, ob es sich bei den Opfern um die Gewinner oder die Verlierer handelt.

Die Zivilisationstheorie zum Sport muss uns somit als ebenso leblos erscheinen wie jedem unglücklichen Lacrosse-Spieler der Huronen, einem walisischen cnappan-Footballer oder einem aztekischen Opfer-Spieler. Der moderne Sport ist viel weniger brutal, viel weniger anstrengend und viel weniger aggressiv als in jenen längst vergangenen Tagen – mehr nicht.

Aber warum? Es scheint verlockend – tatsächlich sogar unausweichlich –, diese Tatsache auf die zunehmende Schwächlichkeit moderner Sportler zurückzuführen, allen Beteuerungen von ihrer Seite und sämtlicher Bereitschaft, diesen Glauben zu schenken, unsererseits, zum Trotz. Aber irgendetwas ist hier noch los. Auffallend ist die Tatsache, dass der antike Sport stets einem weiteren Zweck diente – sei es dem Militär, der Religion oder der Konfliktlösung. Der berühmte Soziologe Norbert Elias behauptet, dass eben diese Entfernung von Zielen den modernen, „echten" Sport als solchen definiert. Zeitgenössische Sportler erheben den Teil des Sports, der einst nebensächlich war – den Wettkampf –, zum *raison d'être*, zur Daseinsberechtigung. Die Jagd beispielsweise war einst dazu da, Freude über das selbständige Töten (und normalerweise auch den Verzehr) eines Tieres zu empfinden, wohingegen moderne Fuchsjagden (an den Orten der Welt, an denen sie noch zulässig sind) lediglich der Jagd dienen und das Töten an die Jagdhunde delegiert wird. Die Ballspiele der Azteken dienten dazu, sich mit dem Erzielen von Punkten das Wohlwollen der Götter zu erspielen; im modernen Basketball geht es nur noch um Punkte. Und weil dem so ist, müssen wir an dieser Stelle nachfragen, welches Bild wir verglichen mit den antiken Sportskameraden abgeben.

Oder anders ausgedrückt: Wie gut schneiden wir in diesem Wettbewerb ab?

Anthropologen im frühen 20. Jh. fanden allein schon die Frage lächerlich. Sie hielten sie längst für beantwortet: nämlich durch die Olympischen Spiele 1904 in St. Louis, Missouri. Ein glücklicher Zufall hatte bewirkt, dass die Spiele mit dem St. Louis World Fair zusammenfiel, einer riesigen, anthropologischen Ausstellung echter, „lebender Wilder" aus der ganzen Welt – japanische Ainu, philippinische Igorots, Eskimos, Stammesangehörige aus Patagonien, afrikanische Pygmäen und viele, viele andere –, die man eigens für diese Ausstellung in die Stadt gebracht hatte. Verantwortlich für

diese atemberaubende Narretei zeichnete der in Ungnade ge-
fallene, frühere Anthropologe am Smithsonian Institute Dr.
W. J. McGee, und er hielt an seiner unglaublichen Idee fest:
Warum sollte man diese beiden Ereignisse nicht kombinieren
und ein für alle Mal klarstellen, über welche wirklichen sportlichen Fähigkeiten diese „primitiven" Athleten verfügten? Die
„Tage der Anthropologie" („Anthropology Days") waren geboren, zwei Tage, während derer die Stammesangehörigen
sportlichen Heldenmut in olympischen Disziplinen wie dem
Hochsprung, dem Kurzstreckenlauf, dem Kugelstoßen und
dem Speerwurf versuchen sollten. Die Ergebnisse, die die offizielle Geschichte der World Fair festschreibt, waren entwür-
digend:

„Die Welt hatte so viel von den herausragenden Qualitäten
der Indianer als Läufer, dem bemerkenswerten Heldenmut der
Filipinos und der großen Beweglichkeit und der unglaublichen Muskelstärke der riesigen Patagonier gehört. Doch all
diese Legenden wurden zerstört ... Die Repräsentanten der
wilden und unzivilisierten Stämme haben sich als minderwer-
tige Athleten erwiesen, die man erheblich überschätzt hatte ...
Ein afrikanischer Pygmäe stellte (auf der Kurzstrecke) einen
Rekord auf, den jeder zwölfjährige amerikanische Schuljunge
unterbieten kann. Und die riesigen Patagonier zeigten sich im
Kugelstoßen so schwächlich, dass sämtliche Augenzeugen das
erstaunt zur Kenntnis nahmen."

Diese schlechten Ergebnisse hatten allerdings viel mehr damit zu tun, dass es sich dabei um unbekannte, nicht eintrai-
nierte Wettkämpfe handelte, und auch damit, dass sich die
Stammesangehörigen weigerten, die Ereignisse ernst zu nehmen (jene Pygmäen zum Beispiel machten sich einen Spaß daraus, über den Mann mit der Startpistole hinwegzuklettern).
Unvoreingenommene Beobachter behaupteten, man habe die
nicht-westlichen Athleten unfair beurteilt. Einer, der diese
Meinung vertrat, war Baron Pierre de Coubertin, jener Fran-
zose, der die modernen olympischen Spiele begründete. Zu

seinem ewigen Ruhm sei gesagt, dass de Coubertin das Spektakel von St. Louis als eine „abscheuliche Farce" verachtete. Er hielt die Sportlichkeit der unzivilisierten Menschen derjenigen der zivilisierten für ebenbürtig und sagte voraus, dass „die schwarzen, roten und gelben Männer (eines Tages) lernen würden zu rennen, zu springen und zu werfen und dann die weißen Männer hinter sich zurücklassen würden".

Diese Feststellung, obwohl sie sowohl tapfer als auch sehr aufschlussreich war, drang nicht sehr weit. Wie uns die Archäologie und die kolonialen Geschichtsschreiber wieder einmal beweisen, überragten die sportlichen Fähigkeiten der prähistorischen und stammeszugehörigen Männer diejenigen ihrer modernen, zivilisierten Brüder weit.

Jene versteinerten Fußabdrücke, die beweisen, dass der prähistorische australische Aborigine jeden modernen olympischen Sprinter hinter sich lassen würde, wurden bereits im Kapitel „Muskeln" erwähnt. Solch unmissverständliche Beweise aber sind sehr selten. In diesem Mangel ist unsere einzige echte Alternative ein Blick auf historische Rekorde – ein Blick, der problematisch sein kann. Die antiken Griechen, deren olympische Besessenheit uns Aufzeichnungen von 794 Gewinnern aus 1221 Jahren, in denen olympische Wettbewerbe stattgefunden haben (786 v. bis 435 n. Chr.), hinterlassen haben, könnten uns eine Hilfe sein. Allerdings verfügten sie weder über Technologien zur Zeitmessung noch hatten sie ein Interesse daran, ihre Sprintgeschwindigkeiten festzustellen (die griechischen Sprinter interessierten sich einzig und allein dafür, wen sie an diesem Tag hinter sich ließen, nicht aber für ihre Geschwindigkeit oder für Rekorde). Solche Aufzeichnungen begannen eigentlich erst im Zeitalter der Kolonisation, als gebildete Europäer in Kontakt mit Stammesmenschen kamen. Eine berühmte Aufzeichnung aus dem 19. Jh. stammt von der australischen Siedlungsgrenze und beschreibt, dass ein australischer Aborigine das ihn verfolgende Polizeipferd am „Forty Mile Beach" abhängte. Da ein Pferd durchschnittlich mit 40 bis 48 km/h galoppiert, erscheint der Bericht gleichermaßen beeindruckend wie plausibel, wenn man die am Willandra-See gefundenen Fußabdrücke mit bedenkt. Darüber hinaus beschreiben auch andere Berichte ähnliche Heldentaten antiker und stammeszugehöriger Männer. Die spanischen Eroberer im 17. Jh. beschwerten sich beispielsweise über flüchtende Ureinwohner, die ihre berittenen Verfolger locker abhängten. Später engagierten mexikanische Rancher ortsansässige Indianer, damit sie ihnen entlaufene Pferde einfingen.

Der Einbeinige ist König

Die Fähigkeit prähistorischer australischer Aborigines, moderne olympische Sprinter bloßzustellen, habe ich bereits erwähnt. Und die gleichen fossilen Fußabdrücke beweisen auch, dass behinderte Sportler unter den Aborigines moderne Teilnehmer der Paralympics ebenfalls beschämt hätten.

Der Archäologe Stephen Webb berichtet, dass sein Team, als es auf die fossilen Fußabdrücke stieß, ziemlich verwirrt auf die einzelnen, „T4" genannten Fußabdrücke blickte – es handelte sich dabei um 22 rechte Fußabdrücke, zu denen es keinen linken Fußabdruck gab. Dafür aber fand man einige kreisförmige Abdrücke, die wie die Abdrücke eines stumpfen Stocks aussahen. Die Fußabdrücke waren so weit auseinander, dass man nicht annahm, dass sie einem „hoppelnden" Mann zuzurechnen wären, hätte dieser doch mit einer Geschwindigkeit von mehr als 21 km/h unterwegs sein müssen. Das Team verständigte sich auf die Erklärung, dass der zweite Fuß von „T4" in einem Kanu gesteckt habe, das er mit dem Stock über den flachen See getrieben hat. Dann aber sprachen sie mit einigen Pintubi, die im australischen Hinterland leben. Nicht nur, dass die Pintubi begnadete Spurenleser sind – sie waren selbst mit einem berühmten einbeinigen Jäger aufgewachsen. Deshalb konnten sie Webb und seinem Team demonstrieren, wie T4 seine phänomenale Geschwindigkeit erzielen konnte: indem sie mithilfe des Stocks einen Impuls erzeugten, den sie aufnahmen, und dann ohne Stock weitersprangen. Zugegebenermaßen erreichen die modernen Paralympioniken größere Geschwindigkeiten – aber unter Zuhilfenahme von High-Tech-Springfedern und anderen technischen Hilfsmitteln. Auch hüpfen sie nicht. Einen besseren Maßstab, die gewaltige Leistung von „T4" einzuschätzen, bietet der Vergleich seines Tempos – 21,7 km/h – mit Einträgen im modernen Guinnessbuch der Rekorde; der Rekordhalter im 1-Meilen-Hüpfen bringt es auf eine Geschwindigkeit von 2 km/h.

Ein möglicher Einwand gegen die Überlegenheit prähistorischer Athleten über moderne Wettkämpfer ist der, dass Jesse Owens, in den 1930er Jahren ein Leichtathletik-Star, genau das Gleiche schaffte: Er trat gegen Pferde an und schlug sie mehrmals auf die Distanz von hundert Meter. Allerdings gestand Owens später selbst, dass er scheue, nervöse Pferde ausgewählt hatte, die sich von dem Schuss aus der Startpistole hatten erschrecken lassen, sodass er einen gewaltigen Vorsprung hatte. Ein weiterer, ernster zu nehmender Einwand ist die Vorstellung, die der Marathonläufer Huw Lobb gab, als er 2004 in der Tat ein Pferd besiegte – und zwar beim Rennen „Mann gegen Pferd", das in Llanwrtyd Wells, Wales, stattfand; ein Sieg, der als erster Sieg „Mann gegen Pferd" überhaupt in die 25-jährige Geschichte des Rennens einging. Das Rennen ging über 35,4 km – und genau da hat die Sache auch ihren Haken. Es ist nämlich ganz erstaunlich, dass der Mensch, so schwach er auch in jeder anderen Hinsicht im Vergleich mit unseren tierischen Cousins erscheint, ein unglaublicher Ausdauer-Athlet ist. Nicht nur, dass antike Athleten Pferde über längere Distanzen oft abgehängt haben (so zum Beispiel Lasthenes, ein Olympiasieger, für den diese Heldentat in einem 35-km-Rennen von Coroneia nach Theben im 5. Jh. v. Chr. belegt ist), auch für prähistorische Jäger waren derartige Heldentaten Teil ihres täglichen Lebens.

Biomechanische Tests haben bestätigt, dass die bemerkenswerte Ausdauer menschlicher Läufer von zwei Dingen herrührt: der Zweibeinigkeit und unserem überlegenen Wärme-Regulationsmechanismus, dem Schwitzen. Das aufrechte

Rennen ermöglicht es uns, den Atemrhythmus zu verändern, wohingegen Vierfüßer wie zum Beispiel Pferde sich mit ihrem Atemrhythmus dem Diktat der Kompression ihrer Lungen durch die Vorderbeine unterwerfen müssen. Und starkes Schwitzen ermöglicht es uns, die Beschränkungen hinter uns zu lassen, die schnelle Tiere wie zum Beispiel den Geparden daran hindern, mehr als einen Kilometer am Stück zu rennen: tödliches Überhitzen. Zufälligerweise erhielt ich für diesen Sachverhalt eine Bestätigung aus erster Hand, und zwar durch einen befreundeten australischen Aborigine aus der abgelegenen Pilbara-Region. Brendan Bobby, ein erwachsener Mann aus dem Stamme der Kurrama, erzählte mir eines Tages lachend, wie er und seine Kumpel in der sengend heißen Wüste Kängurus jagen – indem sie sie mit einem Sechs-Zylinder-Pick-up-Truck verfolgen: „Dieses Känguru, wenn du es an einem heißen Tag, wenn es im Schatten liegt, aufschreckst, dann wird es ein paar hundert Meter rennen, um wieder aufzuhören und zurück in den Schatten zu hüpfen: zu heiß für es! Wenn es zu heiß wird, muss es sterben." Nur schade für das Känguru, dass seine Tage sowieso gezählt sind, da Brendan und seine Kumpels den Straßentod austeilen.

Aufzeichnungen aus dem Kolonialzeitalter bestätigen, dass Brendans Vorfahren über Jahrtausende hinweg ihren Vorteil aus diesem Verhalten zogen, wobei sie allerdings mehr auf die Kraft ihrer Beine vertrauten als auf die eines Nutzfahrzeuges. Aborigines in West-Australien praktizierten eine Form der Ausdauerjagd: Sie rannten ihrer Beute so lange hinterher, bis diese vor Erschöpfung zusammenbrach und oft starb, ohne dass ein Blasrohr oder ein Pfeil zum Einsatz kam. Die Buschmänner in Südafrika taten (und tun) das noch immer mit Antilopen: Sie jagen sie bis zu 40 Kilometer, so lange, bis sie zugrunde gehen. Ganz klar, dass es sich dabei um ein fantastisches Training im Rennen handelt, und so ist es auch kein Wunder, dass eine andere Gruppe von Antilopenjägern, die Tarahumara-Indianer Mexikos, zu den Rekordhaltern unter den modernen Athleten gehören. Die phänomenale Ausdauer der Tarahumara, die auch die Eroberer und frühen Anthropologen registrierten, wurde in der modernen Welt erst 1963 bemerkt. In jenem Jahr musste ein Team von amerikanischen Ausdauer-Athleten von ortsansässigen Tarahumara-Männern gerettet werden, nachdem sie vor Erschöpfung zusammengebrochen waren und ihren „River Run" durch den verbotenen Canyon Barranca del Cobre nicht vollenden konnten. Ein dankbarer Überlebender beschreibt seine Tarahumara-Retter wie folgt:

„Jeder von uns (Amerikanern) trug Wasser, aber sonst nichts. Fünf Meilen folgten wir dem Weg, der aussah, als könnte er nur von Ziegen erklommen werden. An einem Punkt, als wir uns aufwärts mühten, wurden wir von den Indianern überholt, die jedes 60 pounds von unserem Gepäck trugen. Und plötzlich wurde mir klar, dass es deren dritter Trip an jenem Tag war."

Wie entwickelten die Tarahumara bloß diese phänomenalen athletischen Fähigkeiten? Eine Studie vermutet, dass sie in 24 Stunden mehr als 17 000 Kalorien an Arbeitsenergie freisetzen können, wohingegen der durchschnittliche Teilnehmer einer Tour de France zwischen 8000 und 10 000 Kalorien produziert. (Eine Kalorie ist nicht nur eine Energieeinheit, die wir mit der Nahrung aufnehmen, sondern auch eine Energieeinheit, die wir durch Arbeit verbrauchen. Radfahren zum Beispiel verbraucht 1000 Kalorien pro Stunde – wie das Laufen der Tarahumara auch. Der Unterschied aber besteht darin, dass die Tarahumara oft den ganzen Tag und die ganze Nacht lang laufen.) Nun, zum Teil ist das Ganze geographisch bedingt. Die Tarahumara leben in Dörfchen, die so weit voneinander entfernt liegen, dass sie für eine Kommunikation untereinander riesige Distanzen laufend zurücklegen müssen. Das Laufen aber scheint ihnen auch Spaß zu machen. Einige frühe Anthropologen beschreiben einen Sport der Tarahumara, ein „Kick-Ball-Rennen", bei dem Männer in Teams in 24 bis 48 Stunden bis zu 300 Kilometer durch wildes, unwegsames Gelände laufen (nachts beim Schein einer Fackel), wobei sie einen hölzernen Ball vor sich herkicken. Das klingt zwar eindrucksvoll, aber noch nicht überlegen im Vergleich zu modernen Ultra-Marathonläufern. Gegenwärtig beträgt der Rekord im 24-Stunden-Lauf 303,5 Kilometer, aufgestellt von Yiannis Kouros, dem „rennenden Gott", im Jahr 1997. Allerdings wurde dieser Rekord aufgestellt auf flachem Gelände, die Tarahumara hingegen bewältigen raue Strecken. Und es gibt weitere Berichte von Indianern, die die Tarahumara hinsichtlich Geschwindigkeit und Distanz übertreffen. John Bourke, im 19. Jh. amerikanischer Soldat und Ethnologe, hörte von einem Läufer der Mojave, der vom Fort Mojave ins Reservat der Mojave und zurück – eine Entfernung von 322 Kilometer – in weniger als 24 Stunden bewältigte, und zwar ebenfalls durch unwegsames Gelände. Der amerikanische Historiker William H. Prescott schrieb zur gleichen Zeit von den titlantil („Botenläufern") der Azteken, die ebenfalls mehr als 320 Kilometer am Tag zurücklegten, in gebirgigem Terrain, um ihrem Kaiser in der aztekischen Hauptstadt Tenochtitlan Nachrichten zu überbringen. Noch weiter zurück in der Geschichte sagt man dem mächtigen König der Sumerer, Sulgi, nach, dass er 350 Kilometer von Nippur nach Ur und zurück in 24 Stunden zurückgelegt hat (allerdings in zwei 12-Stunden-Abschnitten), und das bereits ungefähr im Jahr 2075 v. Chr.

Was die Ausdauer angeht, sieht es also ganz danach aus, dass die antiken und stammeszugehörigen Läufer unsere modernen Athleten keuchend hinter sich zurücklassen würden.

Auch das Springen war eine historische Disziplin, bei der die prähistorischen und stammeszugehörigen Männer uns modernen Männern die Messlatte so hoch auflegen würden, dass wir sie nicht erreichen. Wie wir bereits im Kapitel „Muskeln" erfahren mussten, schaffen unser nahen Verwandten, die Bonobo-Schimpansen, dreimal so hoch zu springen wie ein durchschnittlicher Mann. Aber archäologische Beweise für die Sprungfähigkeit früher menschlicher Lebewesen sind so gut wie nicht existent. Es gibt zwar, zugegebenermaßen, einige griechische Aufzeichnungen über phänomenale Weitsprünge (wie desjenigen von Phallyos, der über die Sprunggrube hinwegsprang und sich bei seinem 16,8-m-Sprung im 5. Jh. v. Chr. das Bein brach; der heutige Rekord liegt bei 8,95 m), aber aufgrund der Verwirrung um das Maßnehmen – sprich: ob es sich dabei um Ein- oder Mehrfachsprünge handelte – lassen sich diese Angabe nicht bestätigen. Und einige mittelalterliche Ritter schafften es, sich in eine Höhe von 1,40 bis 1,60 m zu katapultieren, um ihre Rösser zu besteigen, wobei sie eine knapp 40 kg schwere Rüstung trugen – eine Tatsache, die sich aber nur schwer in vergleichbare Größen umrechnen lässt. Tatsächlich stammen die frühesten unwiderlegbaren Beweise von den unglaublichen Sprungkräften stammeszugehöriger Männer aus dem Kolonialzeitalter. Es handelt sich um Fotografien der Tutsi in Ruanda. Der deutsche Anthropologe Adolf Friedrich, Herzog von Mecklenburg, war erstaunt, als er während einer im Jahr 1907 durchgeführten Studie feststellte, dass die Mehrheit der stammeszugehörigen Männer Höhen von 1,90 m überspringen konnten und dies auch immer wieder taten. Eine Tatsache, die sich auf einen Initiationsritus der Tutsi gründete, das gusimbuka-urukiramende, bei dem die jungen Männer ihre eigene Größe überspringen mussten, um als Mann zu gelten. Viele aber schafften noch größere Höhen, manche bis zu 2,50 m. Als Beweis sandte Friedrich eine Serie von Fotografien nach Deutschland, die Tutsi-Männer dabei zeigten, wie sie über ihn und einen Gefährten sprangen. Mit diesen Fotos riefen sie allgemeines Erstaunen hervor und verzweifelte Fragen, wie zum Beispiel die eines bekannten deutschen Arztes: „Und was bleibt nun von unseren Rekorden?"

Seine Bedenken, so stellt sich heraus, waren durchaus begründet. Noch heute nimmt sich der Weltrekord im Hochsprung, der von dem kubanischen Hochspringer Javier Sotomayor im Jahr 1993 aufgestellt wurde, dagegen relativ schwach aus. Schlimmer noch deshalb, weil Sotomayor seinen Rekord im Fobury-Flop aufstellte – einer Technik, die der Leichtathlet Dick Fosbury erfunden hatte und bei der der Hochspringer mit dem Rücken zuerst die Latte überquert und die der Leistung des Hochspringers ungefähr zehn Prozent an Steigerung ermöglicht. Hätten die Tutsi-Springer diese Technik gekannt, wären sie wohl auf 2,70 m gekommen – eine Höhe, die nach modernen Standards als unerreichbar gilt.

Auch im Speerwerfen scheinen stammeszugehörige Männer herausragend zu sein, aber auch hier fehlen verlässliche Messungen. Gegenwärtig beträgt der Weltrekord im Speerwerfen 98,48 Meter, aufgestellt 1996 und gehalten von Jan Železný aus der Tschechischen Republik. Der Anthropologe J. Edge-Partington dagegen berichtet, dass australische Aborigines vom Stamm der Dalleburra im frühen 19. Jh. ihre aus Hartholz gefertigten Speere auch ohne die Hilfe eines „Speerwerfers" (der die Weite durch Hebelwirkung verstärkt) 110 Meter und weiter werfen konnten. Der britische Autor Oberstleutnant F. A. M. Webster – selbst Sieger in nationalen Speerwurf-Wettbewerben – berichtet zur gleichen Zeit ebenfalls davon, dass in den frühen Jahren des 20. Jahrhunderts Männer vom Stamm der Turkana (Ostafrika) ihn regelmäßig in Wettkämpfen übertrafen, während sie ihre traditionellen Speere verwendeten (wobei er selbst immer mit einem den Regularien entsprechenden Speer siegreich war). Leider sind die Beweismittel aus den antiken Olympischen Spielen ziemlich unsicher. Je nach Übersetzung schwanken die Berichte über die Weiten griechischer Speerwerfer zwischen 100 und 150 Meter. Und während sogar der untere Wert alle gegenwärtigen Rekorde bricht, gibt es auch hier wieder zweierlei Komplikationen: Zum einen waren die griechischen Speere vermutlich leichter als die modernen Speere, die bei Olympia verwendet werden, und somit leichter zu handhaben. Und zum zweiten verwendeten die griechischen Athleten einen speziellen Lederriemen, genannt amentum, der ihren Radius um zehn bis 25 Prozent vergrößerte, indem er das Drehmoment und die Hebelwirkung vergrößerte. Traurigerweise können wir somit nicht mit Sicherheit sagen, wie gut die antiken olympischen griechischen Speerwerfer waren. Und dieselbe Situation ergibt sich auch für die antiken olympischen Diskuswerfer, denn die unterschiedlichen Gewichte der steinernen und aus Messing bestehenden diskoi (von denen manche viermal so schwer waren wie moderne Diskusscheiben) machen es unmöglich, die Ergebnisse zu vergleichen.

Ein Projektil-Wettbewerb, bei dem wir dagegen sicher sein können, ist das Bogenschießen. Moderne Olympioniken nutzen High-Tech-Bogen, die aus Karbon gefertigt sind, Sichtvorrichtungen und stabilisierende Gewichte aufweisen, und doch sind ihre Schüsse kürzer, langsamer und weniger zielgenau als die antiker Bogenschützen. Um bei den Olympischen Spielen 2008 die Goldmedaille zu erlangen, schoss der aus der Ukraine stammende Viktor Ruban mit dem Bogen zwölf Mal einen Pfeil im Abstand von vierzig Sekunden auf ein Ziel in 70 Meter Entfernung, wobei er nur zweimal ins Innerste traf. Sieben seiner Schüsse landeten in den äußeren Ringen. Antike mongolische Bogenschützen dagegen, obwohl sie nur über „primitive" hölzerne Bogen verfügten, übertrafen diese Leistungen häufig sogar aus größeren Entfernungen, mit höheren Geschwindigkeiten oder auf dem Pferderücken sitzend. Selbst wenn man mal die Fähigkeiten, über die Dschingis Khans Neffe Yesüngge verfügte, der sein Ziel aus 536 Meter Entfernung traf, beiseitelässt, so listet ein historischer mongolischer Text, „Die blaue Sutra", auf, dass einige der Krieger des Dschingis Khan eine winzige rote Flagge aus 150 Meter Entfernung trafen, um in einem Wettbewerb einen befeindeten Khan zu übertreffen. Einer der Kämpfer forderte sich gar selbst heraus und erledigte eine fliegende Ente mit einem einzigen Bogenschuss durch den Nacken. Mongolische Bogenschützen konnten zwölf Pfeile in der Minute absetzen (also einen alle fünf Sekunden), und normalerweise feuerten sie auf einem

Pferderücken sitzend ihren Schuss jeweils genau in dem Moment ab, in dem sich die Pferdehufe in der Luft befanden. Und die offizielle Geschichte eines anderen asiatischen Nomandenvolkes, der Khitan, notiert, dass ihre Soldaten Wettbewerbe austrugen, bei denen sie einen gerade mal 2–3 Zentimeter dicken Weidenzweig aus vollem Galopp abschossen. Andere historische Bogenschützen übertrafen die Leistungen moderner Bogenschützen ebenfalls. In einem Wettstreit gegen den französischen König beim „Field of Cloth of Gold"-Turnier im Jahr 1520 n. Chr. beförderte Heinrich VIII. zum Beispiel einige Pfeile in den innersten Ring der Zielscheibe, und das aus einer Entfernung von 220 Meter. Und ein spanischer Chronist bezeugt im Jahr 1606, dass karibische Ureinwohner von den Antillen eine englische Halbe-Kronen-Münze aus hundert Schritt Entfernung trafen.

Andere sportliche Wettkämpfe, bei denen antike Streiter ihre modernen Widersacher beschämen, sind die, die mit Tieren ausgetragen werden. Die US-amerikanische Tour im Bullenreiten etwa, bei der die besten Reiter sich acht Sekunden auf dem Pferderücken halten, bezeichnet sich selbst als „die härteste Sportart der Welt". Und doch bestätigt eine vom kanadischen Verband des Profi-Rodeos durchgeführte Studie, dass ernsthafte Verletzungen, zumindest im kanadischen Profi-Rodeo, ziemlich rar sind – nur in 1,5 Prozent der Ritte kommt es dazu. Ziehen wir im Vergleich den antiken Sport heran: das „Bullenhüpfen" der minoischen Zivilisation auf der Insel Kreta in den Jahren zwischen 2700 und 1450 v. Chr. Freigelegte Fresken zeigen aristokratische Jugendliche, die Bullen bei den Hörnern packen und diese rückwärts über ihren Rücken werfen (und andere Bilder zeigen, wie sie zwischen den Hörnern der Bullen hinwegtauchen, um auf dem Rücken der Tiere einen Handstand zu vollführen). Und wir müssen uns noch nicht einmal auf unsere Vorstellungskraft verlassen, um uns auszumalen, wie gefährlich das war: Es gibt eine Fresken, worauf zu sehen ist, wie erfolglose Springer auf den Hörnern der Biester landeten und sich dort – wahrscheinlich tödlich – verhedderten. Wir haben zwar keine genauen Zahlen, aber es scheint angebracht, von einer Verletztenrate über 1,5 Prozent auszugehen.

Gemeinhin gilt auch das Polospiel als ein vergleichsweise harter moderner Sport. Wenn man ihn allerdings mit seinem afghanischen Gegenstück vergleicht, dem Buzkashi („Ziegenfangen"), wirkt Polo ziemlich verweichlicht. Beim Buzkashi – das heute noch gespielt wird –, nehmen hunderte von bewaffneten Wettkämpfern teil (jeder eine Peitsche schwingend, um den Gegner anzugreifen), die darum kämpfen, in den Besitz des Kadavers eines Kalbs zu gelangen, das sich während des Spiels normalerweise auflöst. Es handelt sich dabei stets um ein brutales Spiel, bei dem die Spieler sich die Schultern gegeneinander schlagen, mit Peitschen aufeinander losgehen und sich ständig umwerfen bei dem Versuch, den Kadaver in Sicherheit zu bringen. Diese Spiele ziehen sich über mehrere Tage und kilometerweit hin. Häufig auftauchende Verletzungen sind Schädelbrüche, Gehirnerschütterungen, gebrochene Gliedmaßen, durchbohrte Lungen und schwere Prellungen – und gelegentlich kommt es zu Todesfällen. Es ist eine sichere Wette zu behaupten, dass das Spiel moderne Polospieler in ihr Clubhaus zurücktreiben würde, um sich dort bei ein, zwei Gin zu erholen.

Mittelalterliche Cheerleader?

Mittelalterlichen Jahrmärkten fehlten einige der Begleitumstände moderner Sportwettkämpfe: Maskottchen, Sitzplätze im Stadion und Riesenleinwände. Aber es gab bereits – Cheerleader. Sozusagen. Marktveranstalter brachten oft etwas Sex-Appeal ins Spiel, indem sie zur Halbzeit ein Prostituierten-Rennen veranstalteten. Zwischen Bogenschießen, Lanzenkämpfen und „Gänserich-Ziehen" (einem grausamen Sport, bei dem es darum ging, der Gans den eingefetteten Kopf bei lebendigem Leib auszureißen) organisierten die Verantwortlichen häufig ein Wettrennen zwischen den „gefalle-

nen Frauen", die entweder gegeneinander oder aber gegen die tu-
gendhaften Frauen der Stadt antraten. Die Geschichte überliefert
nicht, was diese sportlichen, aber schamlosen Frauen dazu bewog,
sich dem Wettkampf zu stellen, aber die Motivation der meist
männlichen Zuschauer war eindeutig.

Bedenkt man all diese offensichtlichen Schwächen im Wettkampf, wenn man die Leistungen mit denen unserer antiken
Vorfahren vergleicht, so scheint es kaum gerechtfertigt, irgendeinen modernen Wettkämpfer mit dem Attribut „super"
zu belegen. Und doch geht der Trend, wenn es sich um Athleten wie zum Beispiel Michael Phelps handelt, der bei den
Olympischen Spielen 2008 acht Goldmedaillen gewann, dahin, dass einige Kommentatoren unser Zeitalter als das „Zeitalter der Superathleten" titulieren. Gemeint sind damit Athleten, die in mehreren Disziplinen Goldmedaillen gewinnen,
wie Jesse Owens 1936, Mark Spitz 1972 und Carl Lewis 1984.
Und doch stehen all diese modernen Sieger im Vergleich zu
ihren sportlichen Vorfahren ziemlich schwach da. Nicht ein
einziger moderner Superathlet hat seine Heldentaten über
mehrere Olympische Spiele hinweg vollbracht (obwohl, um
fair zu sein, zumindest Carl Lewis es schaffte, in den Jahren
1988 und 1992 einige – wenn auch weniger – Siege zu errin-
gen). Die Teilnehmer der antiken Olympischen Spiele hingegen schafften das: Es gibt offizielle Listen, in denen die
„Triasten" – jene Wettkämpfer, die sich an einem einzigen
Tag drei Disziplinen stellten – geführt wurden. Leonidas von
Rhodos hat den Titel des Triasten gleich in vier aufeinanderfolgenden Olympischen Spielen errungen, und zwar in den
zwölf Jahren von 164 bis 152 v. Chr.; dabei trat er beim *sta-*
dion an, einem 200-Meter-Sprint, beim *diaulos,* einem
400-Meter-Sprint, und beim *hoplitodromos,* einem 400-Me-
ter-Rennen in schwerer Rüstung mit Helm und Schild. Carl
Lewis im Vergleich schaffte nur, eine einzige Disziplin – nämlich den Weitsprung – bei jeder seiner vier Olympiateilnah-

men zu gewinnen. Und Hermogenes von Xanthos tat es Leonidas' Heldentat beinahe gleich: Er errang acht Siege im stadion, diaulos und hoplitodromos bei drei aufeinanderfolgenden olympischen Wettkämpfen, Astylos von Syrakus schaffte sieben Siege. Die Stärke und Ausdauer, diese drei schweren Rennen an einem einzigen Tag nicht nur zu bewältigen, sondern zu gewinnen, muss geradezu sagenhaft gewesen sein. Und die Fähigkeit, an die Wettkampfstätte zurückzukehren und dieselbe Heldentat Olympiade auf Olympiade wieder zu vollbringen, machte diese Athleten ganz sicher zu Superhelden.

Einige griechische Olympioniken können sogar noch länger andauernde Karrieren vorweisen als Leonidas – sehr viel längere Karrieren als die ihrer modernen Widersacher. Ein Spartaner, der Ringer Hipposthenes, gewann zum Beispiel in sechs aufeinander folgenden Olympischen Spielen in den 24 Jahren zwischen 632 und 608 v. Chr. Und der riesige Milo von Kroton – dem man nachsagt, er habe zu jeder Mahlzeit mehr als zehn Kilo Fleisch und zehn Kilo Brot zu sich genommen – hat hundert Jahre später die gleiche Leistung vollbracht. (Nur ein einziger moderner Ringer, nämlich Adolf Lindfors im Jahre 1920, hat jemals mit über vierzig Jahren noch olympisches Gold gewonnen – und selbst Lindfors errang nur einen einzigen Sieg.) Was diese Langlebigkeit umso erstaunlicher macht, ist die Tatsache, dass es sich beim griechischen Ringen um einen Sport handelte, der nicht viel weniger tödlich war als Boxen und Pankration. Auch maßen sich die griechischen Athleten manchmal mit einer wesentlich größeren Intensität – sie rannten, warfen oder kämpften zwei- bis dreimal pro Woche gegeneinander. Ihre modernen Konkurrenten dagegen stellen sich meist nur einer Handvoll Wettkämpfen im Jahr. Theogenes von Thasos, ein Champion-Boxer, kämpfte in 22 Jahren in mehr als 1400 Kämpfen. Muhammad Ali, im Vergleich dazu, absolvierte in den 21 Jahren seiner Karriere 61 Kämpfe. (Und Theogenes hat wohl nie einen Kampf verloren; „Der Größte" dagegen musste fünf Niederlagen einstecken.) Die Siegerkränze für Ausdauer und Zähigkeit aber gehören ins 5. Jh. n. Chr. und sie gehen an den Wagenrennfahrer Porphyrius. Nicht nur, dass er dafür bekannt war, gelegentlich bis zu fünfzig Rennen pro Tag zu absolvieren – seine Karriere währte über vierzig Jahre, bis er sich mit etwa 60 zur Ruhe setzte. Auch Porphyrius gewann nahezu jedes Rennen, das er bestritt – und schaffte sogar immer wieder ein sog. *diversium*: Nachdem er ein Rennen gewonnen hatte, tauschte er mit seinem unterlegenen Rivalen den Wagen und gewann sogleich erneut. Und was auch Porphyrius' Karriere so bemerkenswert macht, ist die Gefahr, der er stets ausgesetzt war: Wagenrennen waren bekannt für ihre ganz besonderen Zusammenstöße. Der griechische Schriftsteller Pindar beispielsweise berichtet von einem Rennen, bei dem 41 Wagen antraten, es aber nur ein Einziger über die Ziellinie schaffte.

Was also ihre Leistungen angeht, so scheinen unsere Superathleten weder den Titel noch die darauffolgenden millionenschweren Nachschläge wirklich zu verdienen. Und doch gibt es andere, die darauf insistieren, dass es gerade diese Belohnungen sind, die einen männlichen Super-Athleten erst zu dem machen, was er ist – Geld, Lebensstil, die fanatische Huldigung durch Millionen von Fans. Kein antiker Athlet hätte in diesem Kult um den Super-Sportsmann wohl mithalten können, oder? Nennen wir es Schadenfreude, aber die gute Nachricht für alle Couch-Potatoes lautet: Im direkten Vergleich schneiden moderne Superathleten keineswegs vorteilhaft ab. Ganz egal, ob es um den finanziellen oder den sexuellen Erfolg oder auch die öffentliche Bewunderung geht, antike Sportler lassen ihren moderne Entsprechung ziemlich klein aussehen – kleine Möchtegerns, die in der unteren Liga auf ihre große Chance warten.

Dem Golfspieler Tiger Woods, um ganz oben zu beginnen, sagt man nach, dass er neue Standards gesetzt habe, wenn es um die Verdienste eines Superathleten geht, brachte er es doch auf ein Einkommen von 112 Millionen US-Dollar im

Jahr 2007. Er schaffte das, weil er allein fürs Antreten ein Startgeld von 2,5 Millionen Dollar kassierte. Ganz sicherlich viel Geld, und doch wären moderne Veranstalter überrascht zu erfahren, dass sie noch vergleichsweise billig davonkommen. Im antiken Griechenland betrugen die Antrittssummen für Wettkämpfe (und es gab außer den Olympischen Spielen noch viele andere Wettkämpfe, da jede wichtige größere griechische Stadt ihre eigenen Spiele austrug) manchmal das Doppelte davon, berücksichtigt man den Wert der jeweiligen Währung. Eine Niederschrift dokumentiert beispielsweise, dass ein Top-Athlet der Spiele einer Stadt 30 000 Drachmen als Antrittsgeld erhielt – eine Summe, die dem Gehalt eines Soldaten für 100 Jahre Dienst entsprach. Nimmt man eine Summe von 45 000 Dollar als durchschnittliches Gehalt eines US-amerikanischen Soldaten zum Vergleich, wären das in 100 Jahren 4,5 Millionen Dollar. Dazu kamen die Preisgelder, die ebenfalls beeindruckend waren (und klammern wir mal aus, dass es sich bei den Olympischen Spielen angeblich um Amateurwettkämpfe handelt): Selbst die Gewinner der untersten Wettkampfklassen der panathenischen Spiele erhielten hundert 34 Liter fassende Amphoren mit Olivenöl – ein Wert, der der Arbeitsleistung eines ausgebildeten Arbeiters von drei Jahren entsprach (und somit ungefähr 225 000 Dollar in moderner Währung). Sieger bekamen außerdem eine lebenslange Versorgung auf Kosten ihrer Heimatstadt, ein Gewinn, der ungefähr einem modernen Gegenwert von 245 000 Dollar entspricht. Belohnungen wie diese sorgten dafür, dass griechische und römische Athleten zu den reichsten Männern der antiken Welt gehörten. Diokles, der im 2. Jh. erfolgreiche Wagenlenker beispielsweise, kämpfte um Siegprämien bis zu 60 000 Sesterzen je Sieg – eine Summe, die dem Sechzigfachen eines Jahresverdienstes eines Soldaten entsprach oder einem Gegenwert von 2,7 Millionen Dollar. Aufgrund der Tatsache, dass Diokles bei 4257 Rennen antrat – von denen er 1462 auch gewann – ist es nicht verwunderlich, dass er ein

Vermögen von 35 823 120 Sesterzen anhäufte, also etwas 1,62 Milliarden US-Dollar im Laufe seiner zwanzigjährigen Karriere. Zugeben, Tiger Woods könnte es noch schaffen, damit gleichzuziehen – wir dürfen aber nicht vergessen, dass Diokles nicht der berühmteste und erfolgreichste Wagenlenker seiner Zeit war, sondern nur derjenige, von dem Zahlen überliefert sind. Wie hoch mögen da wohl die Einkünfte des Porphyrius – dessen Karriere doppelt so lange dauerte und der wesentliche öfter gewann – wohl gewesen sein?

Eine andere Prahlerei, zu der sich moderne Superathleten gerne herablassen (zumindest diejenigen unter ihnen, die sich nicht immer wie ein Gentleman verhalten), ist die Anzahl der Frauen, mit denen sie geschlafen haben. Wilt Chamberlain, NBA-Basketballspieler im Mittelfeld (Los Angeles Lakers, Harlem Globetrotters) – um den empörendsten unter ihnen zu zitieren – prahlt mit 20 000 Eroberungen. Und selbst wenn Chamberlain vermutlich übertreibt, so bleibt es doch eine unbestreitbare Wahrheit, dass sportlicher Erfolg Männer für Frauen sehr sexy macht. Ein Anthropologe, der in den 1960er und 1970er Jahren mit den Mehinaku-Indianern Brasiliens – einem Stamm, der sehr häufig öffentliche Wettkämpfe im Wrestling austrägt – gelebt hat, dokumentiert, dass die Frauen aus dem Dorf sich für die Sieger aus dem Ring bereithielten. Haben deshalb moderne Superathleten nun vielleicht doch die Hochwassermarken hinsichtlich sexueller Eroberungen erreicht? Ein exakter Vergleich ist schwierig, aber es gibt Hinweise darauf, dass auch die antiken Athleten keine Luschen waren, wenn es um romantische Beziehungen ging. Es scheint, dass zum Beispiel Gladiatoren über einen gewaltigen Sex-Appeal verfügten, und zwar gleichermaßen auf junge Mädchen wie auf Matronen, wie sich zum Beispiel aus den Inschriften auf den Wänden von Pompeji herauslesen lässt:

„Crescens, der Netzkämpfer, ist Meister der Frauen und Herr der Jungfrauen, ihnen seine nächtliche Medizin verabreichend.

Celadus, der Thracianer, ist der Held, der alle Mädchen zum Seufzen bringt."

Auch der Poet Martial beschrieb einen enorm erfolgreichen Gladiator, genannt Hermes, der Gegenstand der „Sorge und des Leids der Frauen" war. Zumal es sich bei den Eroberungen der Helden aus dem Ring keinesfalls um Groupies aus den unteren Schichten handelte. Literarische und archäologische Beweise zeigen, dass die Gladiatoren meist die Zuneigung von höheren römischen Frauen erwarteten. Der Satiriker Juvenal erzählt von Hippia, der Frau eines römischen Senators, die ihre Familie verließ und ihrer sozialen Stellung den Rücken kehrte, um sich Sergius zuzuwenden, einem Gladiatoren, dessen „Gesicht ziemlich entstellt war durch eine riesige Beule mitten auf seiner Nase und ein ständig tränendes Auge". Es war die Härte, so klagte Juvenal, in die sie alle verliebt waren. Gerüchte, denen zufolge mächtige römische Männer – darunter auch Kaiser Commodus – die unehelichen Söhne von Gladiatoren sein sollten, gab es zuhauf. Ein archäologischer Fund aus Pompeji, der wohl bestätigt, dass es sich bei solcherlei Gerüchten um mehr als nur dummes Gerede handelte, zeigt das Skelett einer hochgestellten Frau (deren Stellung sich an ihrem vielen Gold- und Juwelenschmuck ablesen lässt) in die Arme eines Gladiators geschlungen. Ein Herumschäkern mit den Frauen der Senatoren und den Müttern der Kaiser wäre, um es perspektivisch zu deuten, gleichzusetzen damit, wenn sich die amerikanischen First Ladys Michelle Obama und Laura Bush mit den Ringern der WWF einlassen würden. Und auch wenn wir nicht mit Sicherheit feststellen können, mit wie vielen Frauen antike Athleten ein heimliches Stelldichein hatten, so ist doch ganz offensichtlich, dass sie sich schnurgerade an die Spitze setzten, wenn sie es denn taten.

Auch die Lobhudelei durch Millionen von Fans erachten moderne Superathleten als bemerkenswert. Dagegen aber wurde so mancher antike Athlet nicht einfach nur als Held betrachtet, sondern regelrecht vergöttert. Für Theogenes, um nur ein Beispiel zu nennen, wurde eigens eine Statue errichtet, und in seiner Geburtstadt Thasos wurde er als Gott verehrt. Die Bürger beteten zu ihm, um eine gute Ernte zu erflehen, um Seuchen abzuwenden und die Stadt von Plagen zu befreien. Eine spätere Inschrift auf einem Schrein belegt, dass der Personenkult um ihn weitere 500 Jahre andauerte und sich sein Ruf weit über die Grenzen seiner Heimatstadt hinaus verbreitet hatte. Und Porphyrius der Wagenlenker wäre vermutlich auch zum Gott gemacht worden, wäre das Reich in der Zwischenzeit nicht christianisiert worden. Immerhin aber wurde ihm jede andere erdenkliche Ehre erwiesen, wurden ihm nicht weniger als sieben goldene, silberne und bronzene Statuen errichtet, die erste davon bereits, als ihm noch kein Bart gewachsen war. Das war ziemlich unerhört, da solche Statuen vom Kaiser gutgeheißen werden mussten und normalerweise erst errichtet wurden, wenn ein Wagenlenker sich zur Ruhe gesetzt hatte. Im Vergleich dazu musste Michael Jordan bis zum Jahr 2009 – also bis sechs Jahre nach seinem Rückzug aus dem aktiven Sport – warten, bevor er Aufnahme in die „Basketball Hall of Fame" fand.

Diese beiden antiken Athleten zeigen außerdem, dass auch eine andere Auffälligkeit, die moderne Superathleten für sich beanspruchen – nämlich schlechtes Benehmen –, keine neuzeitliche Erfindung ist. Dennis Rodman mag mit seinem Benehmen im ganz frühen 21. Jh. Initialzündungen gegeben haben, wenn es um Transvestismus, Selbstmordversuche und häusliche Gewalt geht, aber Theogenes und Porphyrius waren durch und durch schlechte Kerle. Der griechische Historiker Plutarch etwa konstatiert, dass Theogenes dazu neigt, bei seinen Banketten jeden Gast zu einem Faustkampf aufzufordern. Außerdem wurde er einmal dazu verurteilt, zwei Talente (250 000 Dollar) Strafe dafür zu zahlen, dass er sich während der Olympischen Spiele von einem Wettkampf zurückzog – ein schweres Vergehen. Diese massive Strafe – ebenso wie die

Tatsache, dass Theogenes in der Lage war, sie zu bezahlen – verdeutlichen einmal mehr, wie reich griechische Athleten waren. Und selbst Theogenes' schlechtes Benehmen verblasst neben den Ausfälligkeiten eines Porphyrius. Der berühmte Wagenlenker führte einmal einen aufständischen Mob auf einen Brandschatz- und Beutezug durch die jüdischen Viertel der Stadt Antiochia, der in einem Mini-Massaker endete, und spielte später, im Jahr 532 n. Chr., eine Rolle im unrühmlichen Sieg der *Nika*-Aufstände in Konstantinopel, bei dem 30 000 Menschen starben. Daneben wirkt der im Jahr 2007 ausgesprochene Schuldspruch wegen eines Hundekampfes gegen den NFL-Footballer Michael Vick geradezu mild.

Fans

Das neue Jahrtausend wird oft als eine Ära der unvorhersehbaren Zuschauer-Gewalt bezeichnet, ganz besonders durch Hooligans im Fußball. So starben beispielsweise im Jahr 2008 185 argentinische Fußballfans durch Gewalt und Hooliganismus in Fußballstadien, wobei sogar noch mehr Tote bei entsprechenden Angriffen außerhalb des Stadions zu beklagen waren. Und auch wenn das tragische Vorfälle sind, so handelt es sich bei diesem Gemetzel doch lediglich um einen Abklatsch der Gewalt, die antike Zuschauer bezeugten. Nicht nur, dass die römischen Massen so blutrünstig waren, dass sie selbst moderne englische Fußball Hooligans erschrecken würden; so legten sie auch einen wesentlich größeren Fanatismus an den Tag als noch der größte Dickschädel unter den modernen Fans. Teilweise liegt das daran, dass die Massen in der Antike um ein Vielfaches größer waren als der moderne Mob. Das Hippodrom von Konstantinopel beispielsweise fasste 250 000 Zuschauer bei Wagenrennen. Die größte Sportveranstaltung des 20. Jahrhunderts dagegen, der 1950 von der FIFA in Brasilien ausgetragene Weltcup, sah 199 500 Fans, die sich in das „Estadio do Maracana" drängten, um zu sehen, wie Uruguay Brasilien besiegte.

Und römische Fans waren so fanatisch, dass sie manchmal ihren sportlichen Idolen in den Tod folgten, wie zum Beispiel im Falle jenes verwirrten Anhängers des Wagenlenker-Teams „Die Roten", der Selbstmord beging, indem er bei der Beerdigung seines Lieblingsfahrers auf dessen Scheiterhaufen sprang. Antike Fans könnten zudem den modernen Hooligans das eine oder andere über Ausschreitungen beibringen. Europäische Fußballfans mögen zu jedem UEFA-Cup-Finale Autos umwerfen und Fensterscheiben zerschlagen – die wütenden Fans von Konstantinopel brannten zwischen 491 und 532 n. Chr. bei vier Gelegenheiten gar das gesamte Hippodrom komplett nieder. Und auch den römischen Fans mangelte es nicht an organisierten Banden, die gleich den berüchtigten englischen Fußballfans wüteten. Die Anhänger der „Blauen"- und der „Grünen"-Fraktionen in Konstantinopel etwa trugen farbenprächtige, wogende Roben, die jede englische Gangsteruniform in den Schatten stellt, und sie stylten ihr Gesicht- und Haupthaar dermaßen bizarr, dass moderne Skinheads dagegen ziemlich konservativ dastehen. Es waren solche Banden, die Kaiser Justitian beinahe vom Thron stürzen ließen – in den wochenlangen Nika-Aufständen 532 n. Chr. wurden mehr als 30 000 Menschen abgeschlachtet, bevor es der Regierung gelang, die Rowdys dingfest zu machen.

In so ziemlich jeder Hinsicht also würden unsere athletischen Leistungen uns moderne Männer auf die prähistorische Bank verbannen. Aber ist es nicht nichtsdestoweniger wahr, dass wir die besten Sportler der Geschichte sind? Haben nicht moderne Athleten hinsichtlich „Fair play" und „Sportgeist" neue Maßstäbe gesetzt – wie sie von einem Sport-Ethiker definiert werden als die Fähigkeit, „Fall und Niederlage ohne Klagen und den Sieg ohne Schadenfreude hinzunehmen und den Gegner mit Fairness, Großzügigkeit und Achtung zu behandeln"? Hat je ein Kapitän eines modernen Sportteams zugesehen, wie einer seiner Spieler getötet wurde, und dann trotzdem zugestimmt, dass es sich bei dem Mörder um *den* „Mann des Spiels" handelte? Dabei ist es genau dieses Verhalten, das eine Truppe von schottischen Rittern während eines Lanzenturniers im Jahr 1341 n. Chr. an den Tag legte: Als man ihnen die Ehre zusprach, den Sieger des Turniers zu benennen, wählten sie jenen Ritter, der ihren Landsmann William Ramsey mit einem Lanzenhieb durch den Kopf getötet hatte. Man könnte nun argumentieren, dass europäische Ritter ein jämmerlicher Vergleich sind, da ihr ritterlicher Ehrenkodex dem modernen Ethos des Fair Play zugrunde liegt. Und doch sind es andere, nicht-westliche Athleten, die eine Fairness an den Tag legten, die die Europäer zu Kolonialzeiten in Verwunderung versetzte. Der Schweizer Anthropologe Curt Nimuendajú war erstaunt, 1940 im Anschluss an ein „Baumstamm-Rennen" der Timbira-Indianer, einem grausamen Staffelrennen, bei dem sich die Teams beladen mit einem 90 Kilo schweren Baumstamm über eine Distanz von 60 Kilometern maßen, Folgendes zu beobachten:

„Und nun kommen wir zu der Besonderheit, die unverständlich bleibt: Der Sieger und die anderen, die sich verzweifelt bis zum bitteren Ende gequält haben, erhalten kein Wort des Lobes, und die Verlierer und all jene, die im Laufe des Rennens zurückgeblieben sind, sind nicht Gegenstand eines Tadels. Keine Spur von Neid oder Feindschaft zeigt sich zwischen den Teams, und wer Sieger ist, erhält nicht mehr Bedeutung als derjenige, der beim Bankett am meisten gegessen hat."

Ein anderer europäischer Beobachter notiert ungefähr zur selben Zeit, dass, obwohl die jungen Ringer und Stockkämpfer des afrikanischen Nuba-Stammes monatelang hart trainieren, die Champions am Tag des Kampfes so wenig Aufmerksamkeit erhalten, dass „es eigentlich keine Sieger und Besiegten gibt". Und der Anthropologe Raymond Firth kommentiert das bemerkenswert sportliche Verhalten der siegreichen Teams beim polynesischen *Tikopian*-Wettbewerb des Stockwerfens wie folgt: „Es ist Brauch, dass die Gewinner eine große Anzahl von grünen Kokosnüssen sammeln, die sie unter den Verlierern verteilen. Beide Seiten sitzen dann zusammen und trinken, essen und erfrischen sich gemeinsam."

Manchmal aber sagt man auch, dass es eben das *Fehlen* dieses sog. Sportgeist ist, was den modernen Sport auszeichnet. Dieser Theorie zufolge hat der kommerzielle Druck, ein

Spektakel vorzuführen, gepaart mit unserer zunehmenden Besessenheit, Siege und Rekorde zu zählen, dazu geführt, dass wir jene glorreiche Sportlichkeit i.S.v. Fair Play, die wir von den antiken griechischen Olympioniken geerbt hatten, zunehmend vergessen haben. Und wieder einmal sind wir nur die Möchtegern-schlechten-Jungs in der Welt des Sports. Die antiken Griechen, um damit zu beginnen, hätten über die Bemerkung, wie sie die „National Sportsmanship Brotherhood of America" 1926 erstmals verlauten ließ, nämlich dass „ob du gewinnst oder verlierst – entscheidend ist, wie du spielst", nur gelacht. Die griechischen Olympioniken waren so vom Kampfgeist beseelt, dass sie zweite oder dritte Plätze überhaupt nicht notierten. Was zählte, war einzig und allein der Sieg. Der Dichter Pindar zum Beispiel verhöhnte die Zweitplatzierten der Spiele mit den Worten, ihr Nachhausekommen wäre „eines in Unwürde und Heimlichkeiten", sie würden „sich durch die Gassen schleichen, dem Blick der Feinde ausweichend und mit dem beißenden Schmerz der Niederlage im Nacken". Die griechischen Athleten waren so versessen aufs Gewinnen, dass sie bereit waren, im Kampf um den Sieg zu sterben, wie uns eine Inschrift zu Ehren des Boxers Agathos Daimon, die man in Olympia entdeckt hat, übermittelt: „Agathos Daimon starb boxend im Stadion, nachdem er Zeus um den Sieg oder den Tod angerufen hatte." Andere antike Athleten handelten noch extremer, indem sie andere töteten, um selbst zu gewinnen, wie zum Beispiel im Falle des aztekischen Priesters Axayacatl, der seinen Männern befahl, Xochimilco, einen anderen Regenten der Stadt, zu ermorden, als es jenem gelang, in einem Kampf Mann gegen Mann beim Gummiball-Spiel, das unserem heutigen Basketball ähnelt, einen Vorteil zu erspielen. Und wenn man dem großen Anthropologen Bronislaw Malinowski glauben darf, so waren die Männer der Insel Trobriand noch wesentlich weniger ritterlich: Nicht nur, dass sie ihre Frauen dazu zwangen, einen hoffnungslos ungleichen Kampf im Tauziehen gegen sie aufzunehmen, um dann, wenn diese unvermeidlich verloren hatten, ihren Sieg mit großem Geheul zu feiern – sie warfen sich auch auf das Frauenvolk und hatten öffentlich und wiederkehrend Sex mit ihm.

Die Krönung von schlechtem „Sportgeist" aber war der Betrug. Das Aufeinanderfolgen von olympischen Doping-Skandalen in den 1990ern und später hat so manchen dazu veranlasst zu behaupten, der moderne Sport habe eine Ära des Betrugs eingeläutet. Doch selbst eine nur oberflächliche Untersuchung des antiken Sports zeigt uns, dass dem schon immer so war. Sicher, die griechischen Olympioniken hatten kein so fantastisches Medizinkästchen wie wir; aber sie hätten es sich sicherlich gewünscht! Nicht nur, dass griechische Athleten sich nach jeder Nahrung, die ihnen einen Vorteil versprach, die Finger leckten – Feigen, weicher Käse, Mohnsamen, Pilze, Schweine, die man zuvor mit Beeren gefüttert hatte –, sie schluckten auch alles, was sie mit ihren Methoden herstellen konnten (so auch gloios, „Gummi": eine Mixtur aus dem Schweiß siegreicher Athleten, aus Olivenöl und Sand). Auch andere historische Athleten gönnten sich etwas. Die Lacrosse-Spieler der Ureinwohner Nordamerikas bestrichen sich mit einer Flüssigkeit, die sie aus Wolfsspuren und Langustenhöhlen zusammengemixt hatten. Und sie versuchten, die Beine ihrer Gegner in den Saft einer Hasenkeule zu tauchen, um ihn zu lähmen (eine Idee, die daher rührte, dass Hasen stets nur drei Spuren im Schnee zurücklassen).

Wenn ein solcher Sud seine Unterstützung versagte, dann waren die antiken Sportler bereit, vorbehaltlos zu betrügen. Ein europäischer Beobachter stellte trocken fest, dass es sich beim Stockwerfen auf Samoa nur deswegen um einen ehrlichen Wettkampf handelte, weil jeder Teilnehmer betrog und so die zweifelhaften Anstrengungen seines Nachbarn kompensierte. Auch die griechischen olympischen Athleten zeigten sich äußerst willig zu betrügen, wobei ihre bevorzugte Methode die der Bestechung war. Ein Fünfkämpfer aus

Athen, Kalippos, bestach im Jahr 332 n. Chr. jeden Einzelnen seiner Konkurrenten, um dann, wie es sich gehört, den Fünfkampf zu gewinnen. Und Demonikos von Elis bestach etwa zur gleichen Zeit den Vater eines Wettstreiters im Nachwuchs-Ringen, damit sein eigener Sohn gewann. Wir wissen davon, weil beide Täter von den *hellanodikas* („Richtern der Griechen") ertappt und dazu verurteilt wurden, zur Strafe einige Zeus-Statuen, sog. *zanes,* zu bezahlen, die die Inschrift tragen: „Ein olympischer Sieg wird nicht durch Geld errungen, sonder durch die Schnelligkeit der Beine oder die Stärke des Körpers." So viele Athleten wurden von den *hellanodikas* beim Bestechen erwischt, dass es möglich war, den gesamten Aufgang zum olympischen Stadion mit solchen Zeus-Statuen auszustaffieren, als ein Versuch, andere Möchtegern-Betrüger zu beschämen. Nun waren aber nicht alle so beschämt. Ein Kerl, der zugestimmt hatte, sein Wrestling-Match während der Isthmia-Spiele für 3000 Drachmen zu verlieren, war so erbost darüber, dass der Sieger sich weigerte, die Summe zu bezahlen, dass er ihn vor die Richter des örtlichen Tempels zerrte und einen Eid auf Poseidon schwor, dass ihn sein Gegner bestochen hatte. Etwas forscher – und wohl auch böswilliger – waren all jene Athleten, die auf schwarze Magie setzten, um zu siegen. Ungefähr 1500 *tabula defixio* („Fluch-Täfelchen") mit Beschwörungen an Teufel und Dämonen, in den Wettkampf einzugreifen, wurden in den antiken griechischen und römischen Arenen gefunden. Im Hippodrom von Karthago beispielsweise fand man eine versiegelte Bleitafel, die man sorgfältig geglättet und auf den Boden der Arena genagelt hatte und die die Inschrift trug: „Ich flehe dich an, o Dämon, und verlange von dir, dass du die Pferde der Grünen und der Weißen folterst und tötest und dass du veranlasst, dass die Fahrer Clarus, Felix und Primulus tödlich verunglücken."

Doch warum sind moderne Wettkämpfe eine solch blasse Imitation der sportlichen Wettstreitereien unserer Vorfahren?

Warum nur rennen wir ganz offensichtlich langsamer, springen längst nicht so weit, sind im Werfen und im Schießen schwächer als unsere prähistorischen und stammeszugehörigen Vorfahren? Ist es deshalb, weil wir, auf irgendeine Art, physisch weniger sind als jene? Zahlreiche Sporthistoriker vertraten zum Beispiel ursprünglich die Auffassung, dass die Tutsi aus Ruanda nur deshalb so hoch springen konnten, weil sie im Vergleich zu uns Europäern hoch gewachsen waren. Aber die Männer der Tutsi sind längst nicht mehr größer als der moderne europäische Mann, im Gegenteil: Die meisten von ihnen sind kleiner. Zwar sind sie, zugegebenermaßen, mit einer Größe von 170 cm tatsächlich größer gewesen als die Europäer zu Beginn des 20. Jahrhunderts, als die Sporthistoriker ihre Arbeiten verfassten – aber seitdem haben die Europäer und Amerikaner an Größe zugelegt und bringen es nun durchschnittlich auf 173 cm, und trotzdem hinken wir noch immer den Hochsprung-Rekorden der Tutsi hinterher; soll heißen: An der Körpergröße allein kann es also nicht liegen.

Wieder einmal, so wage ich zu behaupten, ist die Erklärung ontogenetisch. Die Jungs der Tutsi praktizieren das *gusimbuka-urukiramende* ständig, war es doch ihre einzige Chance, den Initiationsritus zu überstehen und als Mann anerkannt zu werden. Moderne Hochspringer dagegen, selbst wenn auch sie zweifelsohne hoch motiviert sind, müssen nicht befürchten, nicht Auto fahren, nicht wählen oder nicht trinken zu dürfen, wenn sie die Latte reißen. Und gleich jenen griechischen Ruderern verbringen die Tutsi eine raue Kindheit als Schäfer, müssen also immer wieder rennen, springen, jagen und von Zeit zu Zeit sogar gegen Löwen kämpfen. Ich bin sogar bereit, mich so weit aus dem Fenster zu lehnen um zu behaupten, dass sich auch die Überlegenheit der antiken Bogenschützen ontogenetisch erklären lässt. Heutzutage trainiert ein durchschnittlicher olympischer Bogenschütze 40 Stunden pro Woche – und auch wenn er damit ganz sicher eine riesige Hingabe an diesen Sport aufweist, so ist das dennoch kein Vergleich zu den Mongolen des Dschingis Khan. Nicht nur, dass die mongolischen Bogenschützen durchschnittlich 80 Stunden pro Woche trainierten, sie taten dies seit ihrer frühesten Kindheit, wie der Franziskaner John Carpini, der dem Hof des Khan im Jahr 1247 n. Chr. einen Besuch abstattete, notierte:

„Diese Männer tun gar nichts, außer sich dem Bogenschießen zu widmen ... Sie jagen und üben sich im Bogenschießen, ob sie nun groß sind oder klein, und ihre Kinder beginnen mit dem Reiten, sobald sie zwei oder drei Jahre alt sind. Sie bekommen Bögen, die ihrer Größe angepasst sind, dann lehrt man sie das Schießen."

Spätere Quellen belegen auch, dass antike türkische Bogenschützen sich im Greifen und Herumschleppen schwerer Bögen übten, lange bevor es ihnen erlaubt war, damit zu schießen. Wenn man ihnen dann das Recht zugesteht, feuern sie zu Trainingszwecken tausend Pfeile täglich ab. Dieses anstrengende Training ist ganz bestimmt der Grund dafür, dass türkische Bogenschützen wesentlich schwerere Bögen handhaben als moderne Bogenschützen – einige türkische Bögen, die man in Museen aufbewahrt, müssen mit mehr als knapp hundert Kilo bewegt werden (und somit viermal schwerer als die Bögen, die gegenwärtig bei Olympia zum Einsatz kommen).

Training

Man könnte meinen, die hervorragenden Leistungen unserer Athletenvorfahren erforderten auch eine hervorragende Vorbereitung. Jedoch erscheint ihre Vorbereitung auf den Wettkampf oft bestenfalls nutzlos und schlimmstenfalls geradezu gesundheitsschädlich. Genau genommen waren die meisten Athleten wahrscheinlich trotz und nicht wegen ihrer Vorbereitung erfolgreich. So handelten beispielsweise die Kampfkunstmeister der alten Chinesen zweifellos logisch, wenn sie mit ihren Schienbeinen immer wieder Holzklötze zerschmetterten, um sie zu stählen, jedoch muss die

Zahl der Knochenbrüche und Blutergüsse ebenso beachtlich gewesen sein. Die griechischen Olympiateilnehmer haben sich bei ihrem Tetraden-Training wohl ebenfalls etwas gedacht, bei dem im Viertagesrhythmus zwischen Ausdauerlauf, Gewichtheben, Balltraining und Sandrennen, zwischen leichten und schweren Übungen abgewechselt wurde. Die Empfehlung einiger griechischer Autoren an hoffnungsvolle Athleten, mit Tieren zu kämpfen, unter anderem auch mit Stieren und Löwen, erscheint hingegen doch sehr fraglich. Ballspieler vom Stamme der Cherokees hingegen richteten sich als Vorbereitung auf jeden Wettkampf selbst übel zu. Nachdem sie ihr Vorbereitungsritual abgeschlossen hatten, bei dem der Körper jedes Spielers nach 300 Hieben mit einer klauenähnlichen Klinge mit klaffenden Wunden übersät war, mussten sie ausgesehen haben, also ob sie gerade einen Kampf mit einer Horde riesiger Raubtiere überstanden hätten. Die amerikanischen Ureinwohner kannten das sog. Carbloading, die verstärkte Aufnahme von Kohlehydraten, wohl nicht. Die gründliche Vorbereitung auf ein Lacrosse-Match der Irokesen beinhaltete das Schlucken eines abscheulichen Brechmittels, nach dem sich jeder Spieler übergeben musste. Jedoch gab es auch Lichtblicke in diesen barbarischen Zeiten des stümperhaften Herumdokterns. Der berühmte griechische Arzt Hippokrates hatte beispielsweise ein ganz einfaches Rezept gegen schmerzende Muskeln: Der Athlet solle sich ein- bis zweimal mit Wein betrinken.

Meiner Meinung nach kann man die verschiedenen Ursachen für die Überlegenheit der frühen Athleten in einem Wort zusammenfassen: Engagement. Die frühen Athleten waren uns im Sport so weit überlegen, weil sie sich viel intensiver damit befassten. Oft haben sie ihn sogar *gelebt*. Das ist meiner Meinung nach auch der Grund dafür, dass der Sport im Altertum oft viel gefährlicher und brutaler war – meist stand viel mehr auf dem Spiel als heute. Ein griechischer Pankratiast konnte sich nicht mit dem zweiten Platz zufrieden geben, es gab keinen. Er musste weiterkämpfen, falls nötig bis zum Tod. Ein aztekischer Ballspieler konnte nur mit voller Härte spielen, sonst hätte er die Götter beleidigt. Die Wahrheit über die

Theorie des „Sports als zivilisatorischer Einfluss" ist: Es verhält sich genau andersherum. Der moderne Sport ist nicht der Ort, an dem Aggressionen abgeladen werden und der alle anderen Aspekte des Lebens zivilisierter ablaufen lässt. Der Sport selbst wurde im Laufe des Zivilisierungsprozesses gezähmt und befriedet. Dies ist laut Norbert Elias hauptsächlich auf die Trennung des Sports von seinen ursprünglichen Zielen bei Ritualen, Krieg, Jagd und Duellen zurückzuführen. Die Kehrseite der Medaille ist jedoch darin zu sehen, dass der moderne Sport mit weniger Leidenschaft, geringerer Intensität und wesentlich weniger Schau betrieben wird. Ein Grund für die hohe Todesrate bei den römischen Wagenrennen war beispielsweise die Angewohnheit der Wagenlenker, sich die Zügel um die Hüften zu wickeln. Da es zu den häufigsten Todesursachen gehörte, sich dadurch in den Wagentrümmern zu verfangen und von den verängstigten Pferden zu Tode geschleift zu werden, konnte man dies als Absichtserklärung werten, „mit dem sinkenden Schiff unterzugehen". Das ist der Grund, weshalb Wagenrennen Unmengen begeisterter Zuschauer anzogen, von denen LeBron James nur träumen kann, warum sie Preisgelder erzielten, die die kühnsten Fantasien der heutigen Supergolfer übersteigen, und warum sie von Königen und Edelmännern bewundert wurden, denn sie setzten bei jedem Rennen im wahrsten Sinne des Wortes ihr Leben aufs Spiel.

Welcher moderne Sportler würde es heute, im Zeitalter der „Blood rule" und angesichts der Gefahr, wegen Nichtigkeiten verklagt zu werden, wagen, es ihnen gleichzutun?

Jedenfalls wird die Lage für den *Homo masculinus modernus* ziemlich ernst. Wenn Sport nicht mehr nach unseren Regeln funktioniert, was können wir dann als moderner Mann noch *tun*, um zu glänzen? Welche Siege können wir vorweisen, um unser Selbstwertgefühl zu stärken, unsere Frauen zu beeindrucken und den Fortbestand unserer Hälfte der Spezies zu sichern? Könnten wir, angesichts unserer körperlichen Schwächen, wie Cyrano de Bergerac, diese Mängel durch die Kraft unserer honigsüßen Worte wettmachen? Der redegewandte Poet aus Rostands Theaterstück hat letztendlich Roxanes Herz erobert, trotz seines überdimensionalen Rüssels. Dieses Phänomen wurde sogar wissenschaftlich belegt: Anhand einiger Studien fand man heraus, dass Frauen bei den Eckpfeilern der sexuellen Anziehungskraft sprachliche Gewandtheit höher bewerten als Aussehen oder sogar Reichtum.

Nachdem wir das wissen, können wir vielleicht wieder aufatmen. Wir sind schließlich belesener, gebildeter und kreativer als jeder unserer Vorfahren – oder etwa nicht?

Barden

Lassen Sie mich Ihnen zunächst die Kontrahenten vorstellen. In der roten Ecke haben wir Curtis James Jackson den Dritten alias 50 Cent, einen vielfach preisgekrönten Rapper aus New York, dessen Alben über 22 Millionen Mal verkauft wurden. Mit acht Jahren Waise, mit zwölf Crack-Dealer in den Straßen von Queens, ist er ein Paradebeispiel für die gewalttätige Welt des „Gangsta"-Hip-Hop. 2000 wurde er neun Mal von einem rivalisierenden Gangster angeschossen, an seiner Stimme hat die Kugel, die seinen Kiefer traf, ihre Spuren hinterlassen. Jackson hatte seinen musikalischen Durchbruch, als er die Single „How to Rob" veröffentlichte, die eine witzige und zugleich brutale Zusammenfassung davon gibt, wie er eine Reihe berühmter Künstler und Entertainer ausrauben würde. Auf seinen enorm erfolgreichen Alben „Get Rich or Die Trying" und „The Massacre" begann er, seine aggressive, aber unbestreitbare „Street cred(ibility)" („Glaubwürdigkeit der Straße"; auch: In-Sein) mit melodiösen Rap-Beats und Riffs zu unterlegen. 50 Cent steckte den Gewinn aus seinen musikalischen Erfolgen in ein millionenschweres Imperium aus Kleidermarken, Getränken, Filmen und sogar Bergbauaktien.

So viel zur Person, aber wie steht es um seine Kunst? Was *ist* Rap und warum wird er manchmal als der Gipfel der Kreativität in der Männerdichtung bezeichnet? Einige Kritiker bestreiten dies natürlich und führen als Beweis die unbestreitbare Obszönität, Grausamkeit, Prahlsucht und Gewalt vieler Raptexte an. Kratzt man jedoch an der Oberfläche, taucht ein anderes Bild auf. Diese Rohheiten werden oft schlau und gekonnt eingesetzt, z. B. als der New Yorker Rapper Supernatural in einem „Freestyle-Battle" live vor seinem Rivalen, dem Rapper MC

Juice (der zuvor Eminem besiegt hatte), die Gunst des Publikums mit folgenden Zeilen gewann: „Know it for a fact, nigger, you're totally wack, you never could ever start to f#$! with Supernat. I could switch ya, one time, brother feel the mixture, I'm gonna come over, rip down this nigger's picture."

Bedenkt man dabei, dass diese Zeilen improvisiert wurden, so sind diese vielsilbigen, gereimten Beleidigungen und Drohungen beeindruckend. Die Wörter passen nicht nur in einen festen Rhythmus (oder ein Metrum, wie es in der Dichtung genannt wird), jedes Reimpaar wird noch um einen Endreim gruppiert, mit einer zweiten Ebene von Binnenreimen: „never could ever" und „switch ya … mixture … picture". In diesen komplexen Binnenreimen erkennen wir die Handschrift des Rap, und ein geübter Rapper kann davon viele Beispiele in eine Strophe packen, wie wir es z. B. bei Public Enemy sehen können: „Their pens and pads I snatch 'cause I've *had it*/I'm not an *addict*, fiending for *static*/I see their tape recorder and I *grab it*/No, you can't have it back, silly *rabbit*."

„Rap Battles" sind erstaunlicherweise eine zutiefst traditionelle Kunstform. Wettbewerbe im Beleidigen wie der Rap Battle Supernatural gegen MC Juice lassen sich bis zu den Zweikämpfen aus der Sklavenzeit zurückverfolgen, die als „Playin' the Dozens", bekannt waren, in denen rivalisierende afrikanische Männer darum kämpften, die zuschauende Menge für sich zu gewinnen, indem sie auf verschiedenste Weise die Mutter des Gegners beleidigten, mit Sprüchen wie „Deine Mutter ist so fett, dass sie ein Zelt als Kleid trägt". Das hohe Ansehen, das wortgewandte Männer in afroamerikanischen Gesellschaften genießen, müsste eigentlich seinen Ursprung vor 1000 Jahren bei den *griots* (Wanderdichtern) aus Westafrika haben.

Wenn uns dies eine Momentaufnahme von 50 Cent zeigt, wie steht es dann um die blaue Ecke – den Dichter aus dem antiken Griechenland, Homer? Warum wählen wir dieses Fossil unter den Literaten aus, dessen Poesie in einer längst toten

Sprache geschrieben ist und den die meisten nur durch seinen fetten, dämlichen Zeichentrickdoppelgänger, den Vater von Bart Simpson, kennen? Ist es wegen Homers (und hier meinen wir den Dichter) zentraler Rolle, die er in der westlichen Literatur einnimmt? Durch seine beiden epischen Gedichte, die *Ilias* und die *Odyssee*, von denen beide die Geschichte des Krieges zwischen dem antiken Griechenland und Troja erzählen, wird Homer als der Begründer der europäischen Literatur erachtet. Moment mal! Bedeutet das Ausgraben der geschriebenen Werke von diesem Urvater der westlichen Literatur im Vergleich zu den gesprochenen Kompositionen von Rappern nicht Äpfel mit literarischen Birnen zu vergleichen? Eigentlich nicht. Auch wenn wir die Tatsache, dass die meisten Raptexte, auch scheinbar improvisierte, in *schriftlicher* Form existieren (siehe unten), stellte es sich heraus, dass Homers Dichtung ursprünglich auch eher mündlich zum Ausdruck kam, denn auf Papier festgehalten wurde (oder genau genommen auf Papyrus).

Literaturwissenschaftler waren lange Zeit verwirrt von bestimmten wiederkehrenden Floskeln in Homers Poesie, wie die „rosenfingrige Morgenröte" und das „weindunkle Meer".

In den 1930ern bewiesen die Sprachwissenschaftler Milman Parry und Alert Lord, dass es sich dabei um eine Gedächtnisstütze handelt, die in der traditionellen *gesprochenen* Epik weltweit benutzt wurde. – Homer, so hat es den Anschein, schrieb seine Epen nicht, er rappte sie! Es ist höchstwahrscheinlich, dass Homer, der größte Dichter der westlichen Literatur, *gar nicht schreiben konnte*, da das griechische Alphabet nicht vor ca. 800 v. Chr. erfunden wurde, etwa um die Zeit, als Homer dichtete. Dass wir heute über schriftliche Versionen der *Ilias* und der *Odyssee* verfügen, führte zu der „Transkriptionshypothese": der Theorie, dass beide Dichtungen direkt bei der mündlichen Darbietung durch Homer oder einem seiner Schüler von einem Schreiber niedergeschrieben wurden.

Und wieder fragen wir: So viel zur Person, doch wie steht es um seine Kunst? Welcher Kunstform gehören Homers mündlich überlieferte Epen an? Wie moderne Rapper hat Homer seine Zeilen zu musikalischer Begleitung vorgetragen, jedoch wohl eher zur Leier als zu Plattenteller, Beat Box und Schlagzeug. Seine Poesie basierte, wie der Rap, auf Rhythmus, wobei es sich im Falle von Homer um ein strenges Metrum, auch bekannt als daktylischer Hexameter, handelte – eine Anordnung von sechs Daktylen oder langen Silben, gefolgt von zwei kurzen. Im Gegensatz zum Rap reimte sich die Poesie der griechischen Antike nicht. Sie beruhte auch weit mehr auf Erzählungen als der Rap. Bei vielen dieser Erzählungen handelte sich um wahre historische Begebenheiten, wie die Ausgrabungen des Archäologen Heinrich Schliemann, der 1879 die Ruinen von Troja fand, zeigten. Die Poesie Homers unterschied sich in ihrer Motivation und ihrem Stil ebenfalls erheblich vom modernen Rap.

Während moderne Rapper mit überheblichen Beleidigungen um ihre soziale Stellung konkurrieren, berichtete die griechische Dichtung von den Taten ihrer glorreichen griechischen Vorfahren und selbst ihrer Feinde, um sie zu ehren. Der entscheidende Unterschied zeigt sich gewiss in Homers noblem Umgang mit den Gegnern der Griechen – nicht ein einziges Mal nennt er die Trojaner „fools" (Idioten), „wacks" (Versager), „bitches" (Nutten) oder verwendet sonstige bei den Rappern beliebte Schimpfwörter.

Ein Vergleich der beiden Kunstformen ist selbstverständlich problematisch.

Werturteile über Poesie sind bekanntlich subjektiv. Angesichts der Prahlereien über ihr Können auf dem Gebiet der Erinnerung und Improvisation müssen wir jedoch objektive Maßstäbe finden, mit denen wir Vergleiche anstellen können. Lassen Sie uns deshalb direkt in die erste Runde gehen: Gedächtnis.

Zugegeben, modernen Rappern wird ein hervorragendes Gedächtnis nachgesagt, es heißt, sie seien darin wahre Künstler. Das müssen sie auch sein: Ihre Songs, die sich auf Wort-spiele konzentrieren, sind vom Text her viel schwieriger als normale Popsongs. Das ist wohl auch der Grund, warum Rapper interessanterweise viel leichter in Filmkarieren ein-steigen als andere Sänger. Rapper Busta Rhymes zum Beispiel erklärt, seine Art, Sprechtexte für seine Rolle im Film zu ler-nen, bestehe darin, sie zu rappen. Die Frage ist jedoch, wie viele Zeilen muss der durchschnittliche Rapper, in unserem Fall 50 Cent, eigentlich auswendig lernen? Damit man sich das einmal verdeutlichen kann, habe ich fünf Songs von Jack-son ausgewählt: „In da Hood", „Thug Love", „Back Down", „What's up Gangsta?" und „Candy Shop".

Jeder von ihnen umfasst im Schnitt etwa sechzig Zeilen. Bis heute hat Jackson etwa hundert Songs geschrieben; seien wir großzügig und nehmen an, dass er jeden einzelnen perfekt auswendig kann. (Ein Vorfall, beim Black Entertainment Tele-vision Award in 2007, bei dem 50 Cent erwischt wurde, als er nur die Lippen bewegte, zeigt, dass er dass vielleicht auch nicht immer können muss.) Betrachten wir nun unseren grie-chischen Dichter der Antike, Homer. Ein einziges seiner Epen, die Ilias, umfasst erstaunliche 15 693 Textzeilen. Fügt man die Odyssee hinzu, kommt man zusammmen schon auf 27 803 Zei-len an auswendig gelernten Versen. Das klingt schon schlimm genug, doch sollten wir uns vergegenwärtigen, dass diese nur die Werke sind, die überliefert wurden. Homer hatte wahr-scheinlich mehr im Repertoire. Die zusammengetragenen Zi-tate der Sprachwissenschaftler Lord und Parry lassen darauf schließen, dass er *viel* mehr hatte. Ein Teil ihrer Studie über mündliche Epik bestand für Lord und Parry in der Erfor-schung der Guslari-Tradition in Serbien und Montenegro. Mittelalterliche Guslare waren Dichter, die epische Geschich-ten im slawischen Freiheitskampf gegen das türkisch-osma-nische Reich vortrugen. Erstaunlicherweise setzte sich diese Tradition bis ins frühe 20. Jh. Fort, und die beiden Forscher konnten zwei der letzten Guslari persönlich interviewen. Einer von ihnen, ein des Lesens und Schreibens nicht mächtiger Metzger namens Avdo Mededović, konnte tatsächlich 58 epische Geschichten auswendig vortragen. Dreizehn davon, die Lord und Parry in der Kürze der Zeit aufnehmen konnten, umfassten insgesamt 78 555 Verszeilen, und somit umfasst Mededovićs gesamtes Repertoire in etwa 350 476 Gedichtzeilen. Sollte Homer ein ähnlich gutes Gedächtnis gehabt haben, wäre sein lyrischer Gedächtnisschatz fünfzig Mal so groß gewesen wie der von 50 Cent.

Mededovićs Leistungen sagen übrigens auch etwas über die Ausdauer moderner Rapper im Vergleich zu den traditionellen epischen Dichtern aus. Der britische Rapper Ruffstylz beansprucht den Weltrekord für den längsten Freestyle-Rap, gut zehneinhalb Stunden, für sich. Er wurde 2003 gemäß den offiziellen Regeln des Guinness-Weltrekords errungen, die alle vier Stunden eine Pause von 15 Minuten vorsehen, zusätzlich zu so vielen kurzen Pausen (unter dreißig Sekunden), wie der Rapper braucht. Im Vergleich dazu schätzt Lord die Zeit für eine komplette Rezitation der Ilias auf etwa 24 Stunden ohne Unterbrechung. Moderne Wissenschaftler gehen überwiegend davon aus, dass diese Darbietungen nicht in einer Vorstellung gebracht wurden, allerdings bin ich der Meinung, dass wir hier wieder einmal von unseren eigenen laxen Standards ausgehen. In einem Zeitalter des Analphabetentums, in dem die Freizeitmöglichkeiten sehr eingeschränkt waren, waren Besuche von Wanderbarden sicherlich eine seltene und aufregende Abwechslung, und es würde mich nicht überraschen, wenn die Zuschauer der Antike die ganze Lesung am Stück gehört hätten. Wie dem auch sei, Mededovićs phänomenale Leistung zeigt, dass die ursprünglichen Barden durchaus in der Lage waren, Ruffstylz vom Platz zu fegen – ein Lied von Mededović, das Lord aufgenommen hatte, füllte z. B. hundert LPs oder anders ausgedrückt: Die reine Vortragszeit betrug 16 Stunden.

Rein von der Gedächtnisleistung her sieht es so aus, als ob moderne Rapper schon Probleme damit gehabt hätten, eine lange Aufzählung von Homer wiederzugeben. Jetzt würde 50 Cent wahrscheinlich Zeter und Mordio schreien – denn sein *eigentliches* Können, und da konnte ein altes Fossil wie Homer ihm nicht das Wasser reichen, würde er argumentieren, bestehe in der Improvisation. Jackson und seine Rapperkollegen sind Künstler des „Ausspuckens" von Stegreif-Texten, wie ihre Freestyle-Shows beweisen ... Oder bezweifelt das jemand?

Lassen wir einmal außer Acht, dass viele Rapper schummeln, indem sie ihre Texte zuvor aufschreiben, so fand man in einer philologischen Studie über Rap heraus, dass Freestyle-Rapper sich zahlreicher Tricks bedienen wie z. B. vorgefertigte Reimpassagen und Standardphrasen, um den Textfluss zu unterstützen. Auf „Brooklyn" wird z. B. oft „took" oder „token" gereimt; „illin'" wird oft zusammen mit „chillin'" verwendet. Dann gibt es noch die Standardphrasen. Selbst beim zuvor genannten Supernatural, der oft als bester Freestyle-Rapper der Welt bezeichnet wird, stellte man fest, dass er in einem Freestyle über 254 Zeilen wiederholt Sätze wie „I'll tell you what" (elf Mal), „far as I can see" (drei Mal) und „it don't make a dif" (fünf Mal) verwendete. Ohne die beeindruckende verbale Ausdrucksfähigkeit der Rapper „dissen" zu wollen, lassen diese Tricks das Stegreifreimen doch weit weniger schwierig erscheinen.

Umso bemerkenswerter ist es, dass es sich herausstellte, dass auch Homers Dichtung nicht Wort für Wort aus dem Gedächtnis wiedergegeben wurde: Auch sie wurde zum Großteil improvisiert. Wir wissen dies, weil eine dieser Gedächtnisstützen, die Parry und Lord entdeckt hatten, sich quer durch Homers Werke zieht. Die Linguisten fanden dabei zwei Arten: Schemata und Motive. (Bei Schemata handelt es sich um die vorgefertigten Phrasen wie das „weindunkle Meer", wegen ihrer Silbenstruktur passten sie ans Ende eines Reimpaares und hielten das strenge Metrum der griechischen Poesie aufrecht. Motive sind längere Textpassagen, die eine Schlüsselszene beschreiben – einen Kampf, eine Heldentat, das Sammeln der

Truppen – die an Schlüsselstellen wiederholt wurden, oft mit denselben Worten.) Dies beweist laut Parry und Lord, dass Homer sich nicht nur an die *Ilias* und die *Odyssee* erinnerte, er improvisierte sie in jeder Darbietung aufs Neue. Das ist unbestritten eine beachtliche Leistung. Es gibt uns ein Gefühl der Demut, wenn wir erkennen, dass die überlieferten Exemplare der *Ilias* und der *Odyssee*, die uns heute vorliegen, einfach nur die Momentaufnahmen einer einmaligen Vorstellung sind, die zufällig niedergeschrieben wurde.

Auch hier stehen die slawischen *Guslari* beispielhaft für diese bemerkenswerte Live-Vorstellung. Um herauszufinden, wie schnell ihr „moderner" montenegrinischer *Guslar* Mededović ein neues Lied lernen konnte, spielten ihm Parry und Lord ein unbekanntes Epos namens *Bećiragić Meho* vor, vorgetragen von einem anderen *Guslar*. Alleine die Tatsache, dass Mededović sich umdrehte und das 2294 Zeilen lange Lied nach einmaligem Hören nachsingen konnte, ist schon unglaublich; noch erstaunlicher ist es, dass seine Version, die sich genau an die Erzählung hielt, dann 6313 Zeilen umfasste.

Mededović hatte den Zeilenumfang verdreifacht, einfach so, mit einem improvisierten Rap, indem er Informationen über die Charaktere, ihre Taten und Beweggründe hinzufügte. Welcher moderne Rapper könnte ihm das wohl nachmachen? Auch andere historische Traditionen in der Dichtkunst stellen ein phänomenales Improvisationstalent unter Beweis. Auf der Insel Malta beispielsweise haben sich die Männer lange dichterische Duelle geliefert, die sogenannten *spirtu pront*, in denen sich zwei Sänger mit improvisierten Texten, die zu Musik gesungen wurden, verunglimpfen. Da die Sänger beim Spirtu Pront meist durchschnittlich fünfzig Jahre lang fünf Stunden am Tag singen, möglichst ohne sich zu wiederholen, stand und steht es außer Frage, dass sie über ein Improvisationstalent verfügen, das selbst das von Homer und den Guslari übertrifft.

Dichtkunst zur besten Sendezeit

In den 1990ern veröffentlichte der Autor Martin Amis eine geistreiche und pointierte Kurzgeschichte, „Career Move", in der ein Rollentausch beschrieben wird, bei dem Poeten Ruhm und Geld ernteten, während die Drehbuchautoren in Hollywood sich abmühten, mit ihren actiongeladenen Blockbuster-Drehbüchern ein paar lumpige Dollar einzufahren. Vielleicht sind die sich abstrampelnden Dichter, die über diesen Einfall gequält lächelten, erstaunt zu erfahren, dass es in dieser Welt tatsächlich einen Ort gibt, an dem eine alte Dichtkunst nicht nur lebendig, sondern auch richtig populär ist: das Baskenland im Norden Spaniens.

2005 drängten sich über 13 000 Besucher beim Bertsolari Txapelketa, der baskischen Nationalmeisterschaft der Dichtkunst, in der Stadt Barkaldo. Weitere 100 000 Besucher verfolgten das siebenstündige Spektakel live am Fernseher. Die Meisterschaft war der Höhepunkt von zermürbenden, vier Jahre langen Ausscheidungskämpfen, von denen viele fast genauso gut besucht waren. In der baskischen Kunst der *Bertsolaritza* bekommen die sich duellierenden Dichter eine Thema und zwanzig Sekunden Zeit, in denen sie sich ein acht- bis zwölfzeiliges, sich reimendes Gedicht ausdenken, das sowohl ein bestimmtes Reimschema erfüllt als auch auf eine aus 3000 traditionellen Liedern ausgewählte Melodie passt. Es ist eine Spitzenleistung in punkto Improvisation und Gewieftheit – denn die Teilnehmer müssen sich danach auch noch gegenseitig ausstechen, indem sie die Worte ihrer Kontrahenten umdrehen und sie damit lächerlich machen und so die Sympathie von Publikum und Preisrichtern gewinnen. Es ist die tiefe traditionelle Verwurzelung der *Bertsolaritza*, deren Ursprung mindestens bis ins 15. Jh. zurückverfolgt werden kann, und ihre Rolle als Symbol des baskischen Nationalismus, womit das Festival Hunderttausende begeistert.

Ich glaube, wir sind uns alle einig, dass unsere Attacke vorzeitig mit einem K.O. in der zweiten Runde geendet hat. 50 Cent, der Angeber, liegt platt am Boden, der Trainer betupft sein Gesicht und schreit nach dem Doktor. Homer, der Herausforderer, fährt indessen mit der Limousine des Boxpromoters zur

Party mit den Supermodels und nimmt am Handy die Glück-
wünsche des Präsidenten entgegen. Aber auch wenn die Rapper unter den Virtuosen extrem schlecht abgeschnitten haben – können sie nicht dadurch berühmt werden, dass sie
um den *gemeinsten* Rap konkurrieren? Schließlich wird doch
Rap – und besonders Gangsta-Rap – gemeinhin als besonders
brutale, obszöne und respektlose Kunstform angesehen, eine
nie dagewesene Zierde (oder Schande) des Äthers, nicht wahr?

Tut mir leid, selbst auf dem Gebiet der Gewalt hätten moderne Rapper das Publikum der Antike nur zum Gähnen gebracht.

Das ist schwer zu glauben, zumal die Texte aus dem Gangsta-Rap so offensichtlich gewaltverherrlichend sind, dass sie
eine Reihe öffentlicher Kampagnen auf den Plan gerufen haben, um sie zu zensieren, nicht zuletzt durch das Parents Mu-
sic Resource Center, das von der Ehefrau des früheren Vize-
präsidenten der USA, Tipper Gore, geleitet wird (obwohl
Gore über Heavy Metal wesentlich mehr erbost war). Ihre Bedenken waren jedenfalls nicht unbegründet – in einer Studie
wurde am Beispiel von 490 Raps nachgewiesen, dass 41 von
einem Mord handeln und 66 einen Überfall oder eine Vergewaltigung beschreiben. Die Sprache, mit der diese Verbrechen beschrieben werden, ist meist außerordentlich brutal, so
z. B. als die Rapper von „Too much Trouble" von einem imaginären Opfer sangen, dem sie „das Telefon so lange auf den
Kopf schlagen, bis ihr Schädel bricht". Starker Tobak (wenn
auch feige), keine Frage, aber er verblasst, wenn man die Leichen in Homers *Ilias* zählt, In diesem Epos verlieren 105 Opfer
ihr Leben. Im Verhältnis zur Anzahl der Textzeilen *viermal* so
viele wie die auf der Todesliste der Rapper. Auch bei Homer
spritzte das Blut in seinen Texten:

„Dann schlug Idomeneos Erymas mit der ganzen Wucht
des mitleidlosen Metalls auf den Mund, schob ihm den bron-
zenen Speer sogleich ins Gehirn und zerschmetterte die weißen Knochen; und es schüttelte Erymas' Zähne heraus, und

beide Augen füllten sich mit Blut; und wie er vor Entsetzen starrte, schoss ihm das Blut in Mund und Nase empor. Und eine schwarze Todeswolke umfing ihn … Sein Bronzehelm hielt den Speer nicht auf: Die Spitze stieß vielmehr geradewegs durch den Knochen, und es verteilte sein ganzes Gehirn darin."

Diese Verletzungen wurden derart plastisch geschildert, dass die modernen Neurochirurgen daraus genaue Diagnosen zu den spezifischen Hirntraumata ableiten konnten, unter denen die griechischen und römischen Soldaten gelitten hatten.

Raps können in ihren Texten jedoch ein wesentlich höheres Maß an Obszönitäten für sich beanspruchen. Der Anstand verbietet es, allzu viele Beispiele dafür zu nennen, deshalb soll es an dieser Stelle reichen, zu erwähnen, dass in vielen Gangsta-Rap-Songs das Wort „motherfucker" mindestens einmal auftaucht, „Bitch" (Nutte) und „ho" (Hure) kommen ständig vor. Eine wissenschaftliche Studie über sechzehn Songs der Gruppe Snoop Dogg ergab, dass die Hälfte davon genaue Beschreibungen von Vergewaltigungen lieferten. Zugegeben, Homer hat dem nichts entgegenzusetzen, obwohl die *Ilias* mit der Entführung und versuchten Vergewaltigung der schönen Helena beginnt. Die erotischen Anspielungen in dieser Epik sind von der beschönigenden Sorte: „schmelzende Herzen" und „verborgenes Verlangen". Allerdings zögerten andere griechische Autoren nicht, detaillierte Schilderungen von Obszönitäten in ihre Werke einzubinden. In einem seiner Stücke ergötzt sich der berühmte komische Dramatiker Aristophanes z. B. daran, Kleon, den General und Politiker aus Athen, „in Staatsangelegenheiten einen Schuft und A*ficker" zu nennen. Er stellt sich ebenfalls schadenfroh vor, wie ein Konkurrent unter den Poeten von einem Hundehaufen im Gesicht getroffen wird. Den Höhepunkt von Aristophanes Obszönitäten findet man jedoch in seiner Beschreibung des Athener Staatsbürgers Ariphrades, den er beschuldigt den Cunnilingus erfunden zu haben:

„(Ariphrades) schändet seine Zunge mit schandhaften Freuden, indem er in den Bordellen faulige Sekrete aufleckt und seinen Bart beschmutzt, während er die ‚niederen Lippen‘ in Aufruhr versetzt. Darüber hinaus dichtet er wie Polymnestos und treibt sich mit Oinichos herum!"

Wobei es sich bei den letzten beiden wohl um die schlimmsten Sünden handelt.

Lassen Sie mich kurz abschweifen. Aristophanes' Komödie liefert ebenfalls eine passende Studie für eine weitere moderne Täuschung: Unsere Komiker seien obszöner und bauten stärker auf die Schockwirkung als jemals zuvor. Auf den ersten Blick sieht das überraschend logisch aus. Hat nicht Eddie Murphy einmal einer legendären Vorstellung die Krone aufgesetzt, indem der seine Zuschauer wie auch einen imaginären Bill Cosby zur Fellatio aufforderte, und das mit wesentlich plumperen Worten? Und hat sich die britische Komikerin Jo Brand nicht dazu bekannt, in einer Show 93 Mal das F-Wort benutzt zu haben? Dazu kommt, dass in den 1990ern auch das „Genital-Origami" mit dem männlichen Genital als eine Form der Comedy erfunden wurde, und man könnte meinen, moderne Comedians täten alles für einen Lacher. Trotzdem können sie auch hier bei aller Bemühung ihren Kollegen aus der Antike einfach nicht das Wasser reichen. Zum Vergleich: Die männlichen Darsteller in den griechischen Komödien trugen zur Belustigung der Zuschauer riesige, baumelnde Phallusse aus rotem Leder. Ein griechischer Dramatiker der Antike schrieb sogar ein Stück über die angeblichen Bemühungen des persischen Königs, Stuhlgang zu haben, und einige Schauspieler ahmten die Darmentleerung auf der Bühne nach, um das Publikum zu erregen. Selbst diese Exzesse waren nur schwache Imitationen der Possen einiger Stammeskomiker. Beispielsweise stellten viele der in der Prärie Nordamerikas beheimateten Indianerstämme des 18. und 19. Jahrhunderts komische Gesellschaften dar, die immer alles rückwärts taten. Sie sprachen rückwärts, gingen rückwärts, zeigten haarsträubende Tricks, indem sie z. B. ihre Hände in kochendes Wasser tauchten und sich beschwerten, es sei kalt. Die Koyernci-Clowns der Zuni-Indianer ließen sich noch bizarrere Dinge einfallen – sie bissen Mäusen die Köpfe ab, rissen Hunde auseinander und aßen ihre Eingeweide und schütteten sich zum begeisterten Gelächter ihrer Stammesgenossen Eimer mit Urin über die Köpfe.

Doch nun zurück zum Rap. Kann denn die Kunstform des Hip-Hop nicht wenigstens ein letztes Element, nämlich den Wettbewerb, für sich beanspruchen? Wenn Homer, die slawischen *Guslari* und andere frühe Poeten bezüglich ihrer Texte auch schneller, klüger, witziger, mit besserem Gedächtnis ausgestattet, kreativer und brutaler waren – trifft es nicht zu, dass die modernen Rapper die einzigen Dichter sind, die ihren Ruf und manchmal sogar ihr Leben aufs Spiel setzen in direkter Konfrontation mit ihren Rivalen? Freestyle-Rap-Battles wie der zwischen Supernatural und MC Juice sind doch schließlich unbestritten zermürbende lyrische Mutproben, bei denen gleichzeitig Geist und Humor zu beweisen sind. Rapper sind möglicherweise verheerenden Demütigungen ausgesetzt, wenn ihre dichterischen Versuche, das Publikum für sich zu gewinnen, scheitern. Ihnen drohen vielleicht sogar Gewalt und Tod im Hinblick auf die Hip-Hop-Einrichtung des „beef" – Fehden, bei denen sich Rapper untereinander mit Songs und manchmal auch mich Klingen und Kugeln attackieren. Es hat sich doch sicher keiner der Poeten der Antike oder der Stammespoeten duelliert und dabei seinen Ruf oder sogar sein Leben riskiert?

Die schlechte Nachricht ist: Einige haben das tatsächlich getan. Die noch schlechtere Nachricht lautet, dass es, wenn sie es getan haben, noch komplizierter, brutaler und gefährlicher war, als es sich jeder moderne Hip-Hop-MC (MC: master of ceremonies – Zeremonienmeister, Conférencier) auch nur im Entferntesten vorstellen kann.

Der *Nith*-Liederstreit der arktischen Inuit noch vor der Kolonialzeit war, um dies einmal zu verdeutlichen, ein intensiver Kampf mit Worten, Geist und Willenskraft, in dem Männer versuchten, sich gegenseitig in Grund und Boden zu singen, um somit Streitigkeiten um das Stehlen von Ehefrauen oder sonstige Beleidigungen beizulegen. Da ihr Ziel darin bestand, die öffentliche Meinung für sich zu gewinnen, fand die Vorstellung vor dem versammelten Dorf statt, der Gewinner wurde durch Applaus ermittelt. Die Gegner bemühten sich, ihre Rivalen mit wüsten Beschimpfungen (Kannibalismus und Inzest gehörten zu den beliebtesten Anschuldigungen) und geistreichen Prahlereien zu demütigen. Sie mussten wechselweise das Fratzenschneiden derselben Gegner ertragen, die ihnen Fischtran oder Holzblöcke in den Mund stopften, um sie zum Schweigen zu bringen. Der Nith-Liederstreit konnte auch verheerende Folgen haben. Wie einer der Inuit-Duellanten bemerkte, waren die Liedtexte des *Nith* „kleine scharfe Worte wie Holzsplitter, die ich mit meiner Axt abschlage". In der engmaschigen Gemeinschaft der Inuit führte die Schande, Verlierer zu sein, häufig zu Selbstmord, während der Gewinner oft zum Mörder wurde. Die Liedgefechte der Inuit dauerten zudem extrem lange im Vergleich zu den heutigen Rap-Battles (die selten länger als ein bis zwei Stunden dauern). Eine Runde im Nith-Duell konnte einen Tag dauern, ein „Wie-du-mir-so-ich-dir"-Duellzyklus erstreckte sich oft über den ganzen Winter und wurde oft über Jahre hinweg ausgetragen.

Ein weiterer langwieriger, bösartiger und oft zerstörerischer Dichterwettstreit war das *Haló*-Liederduell der ghanaischen Anlo-Ewe in der Kolonialzeit. Auch hier suchte man die Gunst der Öffentlichkeit, doch in diesem Fall nicht, um Streitigkeiten beizulegen, sondern um Kampfkraft bereitzustellen, um die Gegner besser verfolgen zu können. Bei den Haló-Duellen handelte es sich im Gegensatz zu den Nith-Wettbewerben um Kämpfe zwischen Dörfern. Ganze Gemeinden übten monatelang, um sich auf die poetischen Attacken auf ihre Nachbarn vorzubereiten. Diese Übungen wurden gewöhnlich unter strengster Geheimhaltung abgehalten, denn die Texte der Haló-Lieder waren so beleidigend, dass es zwangsläufig sofort zu Kämpfen gekommen wäre, wenn ihr Inhalt bekannt geworden wäre.

Man könnte meinen, dass zumindest solche lyrischen Schlammschlachten unter dem Niveau der westlichen Poeten aus der Antike waren, jedoch verdient es die mittelalterliche literarische Tradition des anglo-keltischen *Flyting*, hier genannt zu werden. Flyting-Wettbewerbe waren Beleidigungswettbewerbe, die mit Versen ausgetragen wurden; die Texte waren jedoch alles andere als Poesie. Die berühmtesten überlieferten Verbalattacken zwischen den Dichtern William Dunbar und Walter Kennedy am Hofe von James IV. von Schottland im späten 15. Jh. wurden als „500 Zeilen Schmutz" bezeichnet. Ein kurzer Blick auf die Verse in „The Flyting of Dunbar and Kennedy" zeigt uns, warum. Skatalogische Anspielungen zuhauf – an einer Stelle erklärt Kennedy, Dunbars „Arsch triefe von Exkrementen, deinen Hintern zu schrubben würde zehn alte Frauen ermüden". Er beschuldigte Dunbar, durch seine Inkontinenz ein Schiff beinahe zum Sinken gebracht zu haben. Seine geschickt aufgebauten, verschachtelten Reime, Dreifachreime und Alliterationen überdecken seine wüsten Beleidigungen nicht – geisteskranker Werwolf, deformierter Zwerg, Ausgeburt des Satans, Hurenbock und so weiter.

Bei diesen poetischen Duellen wurden auch erschreckend brutale Drohungen ausgestoßen. Sie beschuldigten sich freiweg der Häresie und des Verrats, Verbrechen, für die sie der anwesende König hängen lassen konnte. Jeder der Dichter ergötzte sich auch daran, mit äußerster Plastizität die brutalen Folterungen zu schildern, die sein Rivale zu erleiden hätte, wenn seine Missetaten bekannt würden.

Im Vergleich zur inhärenten Gewalt dieser Gedichte erscheinen die Drohungen der Rapper, sich gegenseitig mit ihren Revolvern den Kopf wegzuschießen, geradezu langweilig.

So viel zur brutalen Sprache in Dichterwettbewerben –
aber stimmt es nicht, dass Rapper einen neuen Rekord in *realer* Gewalt unter den Kontrahenten aufgestellt haben? Ihre
„Beefs" – Meckereien – sind schließlich dafür bekannt, dass
sie oft in tätlichen Angriffen und sogar Mord enden. Vielleicht
ist das bekannteste Beispiel dafür der Rapper Tupac Shakur,
der im September 1996 erschossen wurde. Einige gehen davon
aus, dies sei auf Anweisung von Notorious B.I.G. geschehen,
einem Rivalen, mit dem Shakur einen lange schwelenden
„Beef" hatte (und der später ebenfalls erschossen wurde).
Selbst 50 Cent wurde von Rapper Black Child mit dem Messer
verletzt, einem Kumpel von Ja Rule und Murder Inc., während
eines Vorfalls im Rahmen des Beefs zwischen ihnen und 50
Cent.

Auch den Wettbewerbsteilnehmern des Altertums war Gewalt zwischen den Kontrahenten nicht fremd. Einige forderten
sie geradezu heraus. Die Duellanten beim Nith-Liederstreit
unterstrichen ihre Entgegnungen manchmal mit einem grausamen Kopfstoß oder einem Schlag mit ausgestrecktem Arm
gegen die Schläfe, den der Gegner stoisch ertragen musste,
bis er an der Reihe war, sich zu revanchieren. Auch Gewalt
mit Todesfolge war nicht gänzlich unbekannt. Zwar war das
Duell ursprünglich so gedacht, dass der Gewinner den Verlierer auslacht und gutgelaunt den Schauplatz verlässt, jedoch
herrschte in der Inuit-Gesellschaft der Rachegedanke vor: Ein
Anthropologe des frühen 20. Jahrhunderts berichtete, dass jeder der Männern, die er in einem Kupfercamp der Eskimos
getroffen hatte, mindestens einen Vergeltungsmord auf dem
Gewissen hatte. Deshalb ist es eher unwahrscheinlich, dass
ein besiegter Nith-Sänger nicht versucht haben soll, sich durch
einen späteren Harpunenstoß (der üblichen Mordwaffe der
Inuit) Genugtuung zu verschaffen – da jeder ein Mörder war,
war das auch keine große Sache mehr.

Körperliche Gewalt war bei den Haló-Duellen der Anlo-
Ewe genauso verbreitet. Anthropologen berichteten, oft gese-

hen zu haben, dass die Opfer der Beleidigungen durch die Sänger oft über das Seil stiegen, das sie von den Darstellern trennte, und diese mit Waffen angriffen. Diese Angriffe animierten meist weitere Zuschauer, es ihnen gleichzutun, was unausweichlich zu Massenfestnahmen führte, mit denen Haló-Duelle normalerweise endeten. Die Gewalt bei Haló-Duellen setzte sich auch ins Reich des Übernatürlichen fort: Die Kontrahenten versuchten eifrig, sich durch Flüche und Verwünschungen gegenseitig zu verletzen oder umzubringen. Auch in der westlichen Literatentradition kam man nicht ohne Brutalität aus. Der Grund für die brutale Sprache bei den schottischen Flyting-Wettbewerben war die Tatsache, dass der Wettbewerb ursprünglich ein einfacher Auftakt zum Kampf war, bei dem die kämpfenden Helden mit ihrer Grausamkeit voreinander prahlten. Auch später gab es bei zivilisierteren literarischen Disputen immer noch grausame Elemente. Alexander Pope, ein englischer Dichter aus dem 18. Jh., um ein berühmtes Beispiel zu nennen, war gezwungen, eine geladene Pistole zu tragen und einen wilden Wachhund zu halten, um mögliche Angreifer abzuschrecken, die von seiner bekannten Satire „The Dunciad" aufgebracht waren. Dabei handelt es sich im Wesentlichen um ein vierbändiges Schmähwerk, in dem Pope jeden seiner Dichterrivalen demütigte, indem er sie Diener der großen Göttin „Dumpfheit" nannte, was uns ihre Mordgelüste durchaus verständlich macht.

Leider sieht es so aus, als ob unsere Vorväter uns moderne Männer wieder einmal geschlagen hätten. Die Redegewandtheit moderner Rapper steht der von Homer Simpson wirklich näher als der des Griechen Homer. Da drängt sich doch die Frage auf: Warum kümmert uns das eigentlich? Warum strengen sich die Rapper so sehr an zu beweisen, wie wertvoll ihre Wortspiele sind, wenn ihre literarischen Fähigkeiten im Vergleich zu den Standards der präzivilisierten Welt so eklatant unzureichend sind? Das lässt sich ganz leicht beantworten: Sie wissen gar nicht, dass es so ist. Nur unser glückselig machendes Ignorieren von Homers poetischen Leistungen – und denen der slawischen *Guslari*, der maltesischen *Spritu-Pront*-Sänger, der Nith-Duellisten bei den Inuit und anderen – ermöglicht uns, derart lächerliche Ansprüche auf überlegene Wortschöpfungen für uns geltend zu machen. Selbst wenn wir es wüssten, würde es, wie die Erfahrung zeigt, keinen Unterschied machen. Selbst für die ernsthaften jungen Kämpfer, die sich scharenweise für die neuesten Kampfkunstkurse anmelden, obwohl nicht ein Einziger für einen griechischen Pankratiasten der Antike mehr als ein Appetithappen wäre, gilt: Unsere Unfähigkeit, Großes zu leisten, hält uns nicht davon ab, es immer wieder zu versuchen. Rapper würden weiterkämpfen, denn das Bestreben, ihre Wortgewandtheit zu demonstrieren, ist ein wesentlicher Bestandteil der Kunst, ein Mann zu sein. Der Grund sind, wie immer, die omnipotenten Gebieter über das genetische Schicksal der Männer – die Frauen.

Eine Muse aus Mist

Ein Grundsatz, der in diesem Buch immer wieder wiederholt wird, lautet, dass der instinktive Antrieb, bestimmte Handlungen durchzuführen, nicht notwendigerweise mit der tatsächlichen Befähigung dazu zusammenfallen muss. Bei den Poeten verkörpert diesen Grundsatz niemand besser als William Topaz McGonagall, der lorbeerbekränzte schottische Antipoet des Viktorianischen Zeitalters. McGonagall war sicher von einer seiner Musen entflammt, im Laufe seiner langen Schaffensperiode veröffentlichte er über zweihundert lange Gedichte und schrieb einige Autobiographien. Leider war er absolut untalentiert und ist heute als einer der schlimmsten Dichterlinge der Geschichte bekannt, die jemals die englische Sprache verunstaltet haben.

McGonagalls literarische Karriere begann mit, dem wie er es nannte, „erstaunlichsten Ereignis meines Lebens ... der Zeit, als ich den Poeten in mir entdeckte, was im Jahre 1877 geschah". Das Publikum, das McGonagall hörte, war ebenfalls erstaunt. Der Dichterling erwies sich als absolut unfähig, ein Reimschema einzuhalten, wie eine Strophe aus seinem berühmtesten Werk „The Tay Bridge Disaster" beweist:

Beautiful Railway Bridge of the Silv'ry Tay!
Alas! I am very sorry to say,
That ninety lives have been taken away,
On the last Sabbath day of 1879,
Which will be remember'd for a very long time.

Unentwegt trat McGonagall auf der Straße auf und verbrachte die darauffolgenden 25 Jahre damit, mit Eiern, Mehl, verfaultem Gemüse und toten Katzen beworfen zu werden, wenn er seine Poesie dem eindeutig undankbaren Publikum in Kneipen, auf Messen und in Zirkussen vorlas.

Diese Angriffe kratzten jedoch nicht an McGonagalls bemerkenswertem Selbstbewusstsein. Er besaß immer noch die Kühnheit, sechzig Meilen in einem Ochsenwagen durch ein Gewitter zu fahren, um Königin Victoria 1892 um den Posten des offiziellen Hofdichters zu bitten. In typischer McGonagall-Manier stellte es sich jedoch heraus, dass Ihre Majestät gar nicht zu Hause war.

Die größte Demütigung in McGonagalls Leben war wahrscheinlich der Zeitpunkt, als er gezwungen wurde, für das Privileg, bei einer Aufführung des schottischen Stücks Macbeth am Giles-Theater in Dundee als Macbeth aufzutreten, Geld zu bezahlen (denn McGonagall sah sich selbst auch als Schauspieler). McGonagall lachte jedoch zuletzt und damit am besten. Als es an der Zeit war, durch die Hand von MacDuff zu sterben, weigerte er sich und erntete stürmischen Beifall mit einer wahnwitzig in die Länge gezogenen Kampfszene.

Zahlreiche wissenschaftliche Studien belegen, dass Frauen Wortgewandtheit bei Männern sehr hoch bewerten. So nannten Frauen in einer Studie mit 37 verschiedenen Kulturen aus aller Welt Intelligenz und Kreativität als die zweitwichtigsten Attribute eines männlichen Gefährten (die wichtigste war Liebenswürdigkeit). Noch aufschlussreicher ist die Tatsache, dass bei Frauen zur Zeit des Eisprungs Kreativität an die erste Stelle rückt. Das ist deshalb von Bedeutung, weil andere Studien belegten, dass die männlichen Eigenschaften, die eine Frau in der

Mitte ihres Menstruationszyklus für besonders attraktiv erachten, sich sehr stark mit aus genetischer Sicht erstrebenswerten Merkmalen decken. Oder mit anderen Worten, Frauen geben zur Zeit des Eisprungs den ehrlichsten Einblick in die genetischen Merkmale, die sie *wirklich* schätzen, denn zu diesem Zeitpunkt trägt ihr Sprössling die Folgen ihrer Entscheidung, mit wem sie sich fortpflanzen möchten. Es gibt genügend Beweise dafür, dass sich die Männer dieser weiblichen Vorlieben durchaus bewusst sind. Ein verblüffendes Experiment an der staatlichen Universität von Arizona ergab 2006, dass man Männer zu einem außergewöhnlichen Beweis unfreiwilliger Wortgewandtheit bringen konnte, wenn man ihnen Fotos von attraktiven Frauen zeigte und sie bat sich vorzustellen, mit ihnen auszugehen. (Man möchte sich gar nicht vorstellen, wie viel sie reden würden, wenn man ihnen eine echte, lebendige Muse präsentiert.) Jedoch kann man auch hierfür noch eindeutigere Beweise in den Straßen finden: in langen Schlangen junger Tänzerinnen, die anstehen, um bei eindeutig sexbetonten Rap-Videos mitzuwirken. Oder wie es die Hip-Hop-Feministin Joan Morgan ausdrückt: „Die Straße und die Kühlerhauben sind voll von Frauen, die sich sexuell auf alles einlassen würden, um mit einem Rapper eine Stunde oder gar eine Nacht zusammen zu sein."

Das ist erstaunlich: Warum erniedrigen sich Frauen, indem sie ihre sexuelle Verfügbarkeit vermarkten für die Chance, einem Rapper die Füße küssen zu dürfen? Warum schätzen Frauen wortgewandte Männer so sehr und sind doch bereit, ihre langjährigen Beziehungen für die Chance eines kurzen Abenteuers zu gefährden (angesichts der beim Eisprung nachgewiesenen Präferenzen)? Der Grund, warum die männliche Stimme ein so starker Auslöser für das weibliche Sexualverhalten ist, ist in der Information zu suchen, die sie über die genetische Gesundheit eines Mannes preisgibt. Wenn der Magen der Weg zum Herzen eines Mannes ist und die Augen das Fenster zu seiner Seele, dann ist seine Stimme sicherlich der

Weg, seine Eignung als Sexualpartner zu erahnen. Selbst die Tonlage und das Volumen verraten wichtige Informationen: Eine tiefe, kräftige Stimme kann ein Zeichen für einen kräftigen Körper und einen hohen Testosteronwert sein, beides Eigenschaften, die von vielen Frauen bevorzugt werden. Dies wird besonders auffällig in einer wissenschaftlichen Studie belegt, die zeigt, dass die Baritone unter den Opernsängern mehr Geliebte haben als Tenöre. (Die Tenöre müssen sich trotzdem nicht schlecht fühlen. Es war schon immer so, wie bereits Anthropologen berichteten, dass Männer mit tiefer Stimme unter den Jägern und Sammlern mehr Kinder zeugen, als ihre Brüder mit hoher Stimme anerkennen können.)

Krieg der Worte

Sowohl Hitler als auch Churchill betrachteten ihre glühenden Worte als wahrhafte Kriegswaffen, auch wenn sie diese von der Sicherheit der parlamentarischen oder Propagandakanzeln loslösten. Einige Redner der Antike bekräftigten sogar ihre Worte durch ihren Körper. Die tahitianischen *Rautis* (Mahner) wählten das dickste Schlachtgetümmel, um ihre grimmige Dichtung zu deklamieren – um ihre Soldaten besser zu rasender Grausamkeit anstacheln zu können. Nackt bis auf einen Gürtel aus Blättern und unbewaffnet bis auf ein Schwert aus dem Schwanz eines Stachelrochenschwanzes (mit dem sie nicht weniger todbringend waren), führten die *Rautis* die tahitianischen Truppen in den Krieg, während sie ihnen Geschichten über die glorreichen Taten ihrer Vorfahren entgegenschmetterten, vermischt mit Befehlen, den Feind abzuschlachten. So blutrünstig sie auch sein mochten, so reich waren sie an Poesie:

„Hänge an ihnen wie der gegabelte Blitz, der über der schäumenden Brandung spielt ...

Verschlinge sie wie der wilde Hund ...

Lass das Heer wie ein offener Durchgang (im Riff) sein, in der ein wütender Hai schwimmt ...“

Rautis arbeiteten oft tagelang, bewegten sich am Tag durch die Kampflinien und nachts durch das Lager, um ihre Soldaten anzutreiben. Von einigen ist sogar überliefert, dass sie an Erschöpfung starben. Die allgegenwärtige Furcht, unter der sie standen, kann man an dem unter tahitianischen Männern üblichen Protestschrei sehen, der ausgestoßen wurde, wenn sie lästige Befehle von ihren Frauen oder anderen erhielten: *tini rauti teia* – „dies entspricht einem Rauti".

Ein noch zuverlässigeres Zeichen als die Tonhöhe eines Mannes ist jedoch seine Redegewandtheit, denn die Fähigkeit, schnelle, komplexe, intelligente Reden zu halten, ist polygen – sie hängt von einer Vielzahl an Genen ab, jedes ist gleichermaßen wichtig für das fertige Produkt. Das geistreiche Spiel mit Worten beweist, dass ein Mann weitgehend frei von schädlichen Mutationen seines Genoms ist, die an seinen Nachwuchs weitergegeben werden könnten. Es ist wie diese testosteronbetankten Muskeln, die im Kapitel „Muskeln" besprochen werden: ein ehrliches, fälschungssicheres sexuelles Signal eines potenziellen Sexualpartners. Es ist sogar möglich, dass diese sexuelle Selektion nach Wortgewandtheit der ursprüngliche Grund für die Evolution der menschlichen Sprache ist. Einige Anthropologen vertreten die Theorie, dass lange bevor bedeutungsvolle Worte geprägt wurden, weibliche Protomenschen ihre „Männchen" für die Komplexität ihres Repertoires an bedeutungslosen Rufen und Schreien mit Sex belohnten.

Moderne Frauen mögen jedoch der Meinung sein, dass die männliche Sprache in den vergangenen Millionen Jahren nicht an Bedeutung gewonnen hat.

Wenn das kreative Spiel mit Worten ein Zeichen für ein mutationsfreies männliches Genom ist, bedeutet dies, dass die zweitklassigen Bemühungen gemeiner moderner Rapper alle defekten Chromosomen zuzuschreiben sind? Die Antwort darauf lautet eindeutig: Nein. Die polygene Natur mündlicher dichterischer Kreativität bedeutet, dass mutierte Männer wahrscheinlich gar kein Wortspiel zustande brächten, wie mittelmäßig es auch immer wäre. Dies ist meiner Meinung nach wieder einmal ein ontogenetisches Phänomen. Mündliche Poesie hat drastisch an Wirkung, Länge und Qualität verloren, denn wir modernen Männer bekommen so wenig Praxis im Sprechen. Die frühen Jäger-Sammler-Gesellschaften waren viel stärker von der verbalen Kultur durchdrungen. Die Anthropologin Lorna Marshall z. B. beschrieb die !Kung-Buschmänner der afrikanischen Kalahari-Wüste als ...

„... die redseligsten Menschen, die ich kenne. Konversation gehört zu den ständigen Geräuschen in einem !Kung-Camp, wie der Klang eines Baches und genauso tief und rauschend, außer bei kreischendem Gelächter."

Einzelne Gespräche können, so berichtete sie, einige Stunden dauern oder sogar Tage. Sie fand außerdem heraus, dass die Männer dort viel gesprächiger waren als die Frauen. Moderne Männer und Jungen hingegen verbringen oft viele Stunden eingetaucht in die stimmlose Welt von Fernsehen, Computerspielen und Internetpornografie. Auch die fehlgeleiteten Bemühungen besorgter Erziehungsberechtigter, die Nase stattdessen in die Seiten eines Buches zu stecken, sind nicht besser (dieses Buch ist natürlich eine Ausnahme). Schreiben ist, wie sich herausstellt, der Hauptgrund für den Verfall der verbalen dichterischen Fähigkeiten bei modernen Männern. Es ist also beispielsweise kein Zufall, dass die besten epischen Dichter, Homer und die slawischen Guslari, Analphabeten waren. Im Falle der Guslari konnten wir sogar die negativen Auswirkungen des Schreibens live miterleben, als ein paar Guslari, die in den Genuss von Bildung gekommen waren, zu schreiben begannen, statt ihre Gedichte vorzutragen. Die Ergebnisse, so berichtet der Linguist, waren verheerend: Die Gedichte der Guslari verloren auf der Stelle ihre Erhabenheit und wirkten gestelzt und prosaisch. Das Problem war die Genauigkeit, die das Schreiben ermöglichte, sie ließ die Poeten denkwürdige, bewegende Sätze wie „einst in längst vergangenen Tagen, als Suleiman über ein Weltreich herrschte" verwerfen zugunsten von prosaischen Konstruktionen wie „am verdammten 6. August des Jahres 1915 waren Österreich und Deutschland äußerst besorgt". Auch wenn es sich beim Rap zumindest teilweise um eine mündliche Kunstform handelt, wird er doch von Lese- und Schreibkundigen (sehr wenige Rapper sind noch richtige Analphabeten, trotz ihrer Image-Mache) in einem des Lesens und Schreibens mächtigen Umfeld komponiert. Deshalb ist es nicht verwunderlich, dass er so weit hinter den Epen von Homer und der Guslari zurückbleibt.

Jedenfalls sieht es für den *Homo masculinus modernus* langsam düster aus. Wir können, wie es scheint, nicht auf unsere cyranoesken Fähigkeiten bauen, um unsere Frauen zu umwerben, denn wir haben diese Fähigkeiten nicht. Sollten wir stattdessen lieber die Rolle des Christian in Rostands Stück spielen – ein hübscher, aber dummer Kadett, dessen gutes Aussehen Roxane dazu bringt, sich hoffnungslos in ihn zu verlieben? Kommentatoren wie der Autor Mark Simpson, der den Begriff „metrosexuell" prägte, behauptet, das täten wir bereits. Wir modernen metrosexuellen Männer sind, laut dieser Experten, die narzisstischsten, exhibitionistischsten und schönheitsbesessensten Männer, die es je gab. Eine ganze Industrie ist wie Pilze aus dem Boden geschossen, quasi über Nacht, um uns mit Lotionen, Kosmetik, Haarpflegeprodukten und sogar Schönheitschirurgie zu verwöhnen. Das Aushängeschild moderner Metrosexualität ist wahrscheinlich der englische Fußballer David Beckham, der mehr Sarongs, Nagellack, Mascara und Haarpflegeprodukte braucht und mehr halbnackte Glamourporno-Fotos gemacht hat als seine Ehefrau, der Ex-Popstar Victoria „Posh Spice" Beckham. Sicherlich haben er und im weiteren Sinne auch wir das Recht, uns als schönste Männer zu bezeichnen, die es je gegeben hat? Sicherlich haben sich keine Männer vor uns auf der Suche nach Schönheit derart eingeölt, gestylt, parfümiert und chirurgisch verschönt?

Offenbar gibt es nur einen wissenschaftlich korrekten Weg, dies herauszufinden – eine Beauty Parade für all diese Sahnestückchen. Das Bemerkenswerte daran ist, dass wir diese gar nicht erst erfinden müssen. Wie es der Zufall so will, leben im heutigen Afrika Männer, die die alte Tradition der Schönheitswettbewerbe für Männer aufrechterhalten: die Wodaabe-Nomaden aus dem Niger. Seit hunderten von Jahren haben sich diese Männer rasiert, herausgeputzt, bemalt und verziert, um in ihrer alljährlich durchgeführten *Gerewol*-Zeremonie um den Titel des schönsten Mannes zu konkurrieren. Es handelt sich dabei um ein strapaziöses Ritual, bei dem die Männer des Stammes antreten, sieben Nächte durchtanzen und sich zu gesungener Musik wiegen, während sie die ganze Zeit ihre gemalten Gesichter verziehen, um den jungen Preisrichterinnen ihren Charme zu demonstrieren. Wahrscheinlich ist das für die männliche Schönheit der ultimative Test. Da frage ich mich doch, wie sich wohl der perfekte Metrosexuelle, die Ikone der modernen männlichen Schönheit, David Beckham, machen würde, wenn wir ihn anmelden würden.

Ich werde gleich mal seinen Agenten fragen.

Schönheit

Beckhams Agent hat tatsächlich gesagt, er würde ihn fragen.

Um ehrlich zu sein, hat es da wohl ein Missverständnis gegeben – David, so versicherte man mir wiederholt, widmet seine Zeit nur den größten Firmen und Wohltätigkeitsveranstaltungen, der diese „Wissenschaft", als deren Vertreter ich mich bezeichnete, wohl nicht angehört. Ich hatte wahrscheinlich nichts Gutes verheißen, aber fahren wir fort, während wir auf Antwort warten. Lassen Sie mich Ihnen die Kontrahenten dieser Runde vorstellen.

Wer *sind* denn überhaupt diese Metrosexuellen, über die Mark Simpson und alle anderen reden? Simpson behauptet, er sei ihnen zum ersten Mal 1994 bei einer Style-Messe in London namens „It's a Man's World" begegnet. Als er dort an den Ständen mit Pflegeprodukten von Ralph Lauren, Calvin Klein und Giorgio Armani entlangstolzierte, fand Simpson eine besonders maskuline Spezies – den metrosexuellen Mann. Ein junger Metrosexueller vom Typ hohes Einkommen und wenig Verpflichtungen hatte offenbar ein (für diese Zeit) seltsames Faible für weibliche Vorlieben. Er kaufte und benutzte Feuchtigkeitscreme. Er glättete sein Haar mit Gel, benutzte Make-up und gab seinen Brüdern Tipps, wo die besten Geschäfte für Handcremes und Pediküre zu finden seien. Zu dieser Zeit arbeitete der metrosexuelle Mann laut Simpson vorwiegend im Zentrum von London – von daher der „Metro(pole)"-Teil –, jedoch ist er mittlerweile weltweit anzutreffen, dank der Werbeindustrie und der TV-Shows wie z. B. „Queer Eye for the Straight Guy". Wir sind heute, frei nach Milton Friedman, alle metrosexuell.

Aber was bedeutet das eigentlich? David Coad, ein Kulturtheoretiker der Universität von Valencienne in Frankreich,

schreibt, die konventionelle Definition der männlichen Metrosexualität umfasse drei zentrale Merkmale: Narzissmus, Feminisierung und Erotisierung. Dieser Exhibitionismus ist wohl
auch für die von Simpson festgestellte synergetische Verbindung verantwortlich zwischen Metrosexuellen und anderen
Gruppen muskulöser Männer, für die Selbst-Zurschaustellung
zum Leben gehört: Sportler.

Gerade diese Verbindung verhilft David Beckham in den
Annalen der Metrosexualität zu dieser Ikonenstellung. Genau
genommen war Beckham nicht der Erste, der seinen Körper
im Dienste des männlichen Narzissmus entblößte. Diese
Ehre gebührt keinem Sportler, sondern dem durchtrainierten,
athletischen, vom Rapper zum Schauspieler gewandelten
Mark Wahlberg, der in den frühen 1990ern halb nackt in
der Werbung für Calvin-Klein-Unterwäsche auftauchte. Beckham hingegen verwendete das Symbol für den strahlenden,
exhibitionistischen, erotisch knisternden Sportler und machte
es sich zu eigen. Simpson besteht darauf, dass Metrosexualität
nur durch Beckham zum Mainstream wurde – nur dadurch,
dass sich ein echtes männliches Vorbild dieser Bewegung annahm, ein echter Sportler, akzeptierten sie andere Männer als
wahrhaft männlich – und Beckham ist unbestritten ein echter
Sport-Champion. Seit er im Alter von vierzehn Jahren vom
englischen Fußballchampion Manchester United entdeckt
wurde, wurde Beckham zweimal zum weltweit zweitbesten
Fußballer des Jahres gewählt. Er ist bekannt für die phänomenale Präzision seiner Bälle und seine Fähigkeit, den Ball im
Flug extreme Kurven fliegen zu lassen, um die Abwehr zu
täuschen.

Beckham ließ es jedoch nicht zu, dass diese großen Talente
seinem Hang zu allem Oberflächlichen und Seichten im Weg
standen. Genau genommen ist er die Personifizierung aller
drei charakteristischen Merkmale der Metrosexualität, die
Coad herausgearbeitet hat. Sein Narzissmus, beispielsweise,
ist legendär. Eine Website, die Beckhams Frisuren gewidmet

ist, zeigt 89 verschiedene Haarschnitte in zehn Jahren, acht davon Irokesenschnitte. Ähnlich offensiv geht Beckham mit seiner weiblichen Seite um. In einer seiner drei Autobiographien, die der 34-Jährige geschrieben hat, teilt Beckham selbst seinen Lesern mit: „Ich habe keine Angst vor meiner weiblichen Seite, und ich glaube, einiges von dem, was ich tue, kommt daher. Die Leute sagen das, als ob es etwas Schlechtes wäre, aber das ist mir egal." „Golden Balls" (wie ihn seine Frau angeblich nennt) lässt auch in seinem Auftreten die weibliche Seite nicht zu kurz kommen, wie sein Auftritt im paillettenbesetzten Trainingsanzug bei den Commonwealth Games in Jahr 2002 zeigt. Beckham schämt sich genauso wenig, sich dem lasziven Blick der Öffentlichkeit als Erotikfutter anzubieten. Die Häufigkeit, mit der er seinen weichen Kern auf Titelbildern von Zeitschriften demonstriert, verleitete Simpson zu der Bemerkung, Beckham „liebt es offensichtlich, seine Titten für die Jungs und Mädels herauszuholen".

Wahrscheinlich hat Beckham herzlich wenige philosophische Gründe, unseren Versuch, ihn beim *Gerewol* der Wodaabe anzumelden, abzulehnen. Was verbirgt sich jedoch genau hinter dem bizarren Schönheitswettbewerb? Gerewol ist ursprünglich der Name eines Tanzes, der, zusammen mit einem weiteren Tanz namens *Yaake*, über hunderte von Jahren bei den frühen Gerewol-Zeremonien der Wodaabe-Nomaden im Niger aufgeführt wurde – das Festival hat seinen Namen von diesem Tanz. Beide Tänze sind als Schönheitswettbewerb zu verstehen (das Wort „Gerewol" stammt von dem Verb „yera": „antreten"), bei dem junge Preisrichterinnen die Attraktivität junger Wodaabe-Männer bewerten. Die Tänze unterscheiden sich jedoch in ihrer Intention. Der Gerewol ist nicht mehr als ein Wettbewerb körperlicher Schönheit, alle Tänzer tragen dabei das gleiche einfache Make-up aus mit Fett vermischtem rotem Ocker und die gleichen (sehr hübschen) Kostüme aus Perlen, Gürteln, Turbanen, Schmuck und Kopfschmuck aus Straußenfedern. Der Yaake ist dagegen ein

Wettbewerb um Charme, bei dem die Tänzer ihre Körper in elegante Posen biegen und mit ihren Gesichtern fantastische Grimassen schneiden, mit großen, klimpernden, rollenden Augen und einem breiten Grinsen, das ihre Zähne zeigt (ein Mann, der ein Auge rollen und gleichzeitig grinsen kann, wird als der Inbegriff der Schönheit angesehen). Bei diesem Tanz dürfen die Teilnehmer ihre Gesichter mit farbenprächtigen weiblichen Ornamenten verzieren, für die das Gerewol-Festival weltweit bekannt ist.

Durch diese öffentliche Verkehrung männlicher und weiblicher Schönheitsnormen ist das Gerewol-Festival der perfekte Test, ob sich moderne Männer als Metrosexuelle eignen. Metrosexuelle stehen in dem Ruf, traditionell weibliche Schönheitsbegriffe auf den Mann zu übertragen; die Wodaabe hingegen kehren sie einfach um. Für sie verkörpern die Männer, nicht die Frauen, menschliche Schönheit. Folglich verwenden Wodaabe-Männer mehr Zeit auf ihr Aussehen (Narzissmus) als Frauen, schmücken sich mit Frauenkleidern und Kosmetik (Feminisierung) und zeigen sich in sexuell provokativer Weise (Erotisierung). Derart besessen von männlicher Schönheit, erlauben die Stammesangehörigen der Wodaabe ihren Ehefrauen sogar, mit einem hübscheren Mann zu schlafen, um somit die Schönheit ihrer Söhne sicherzustellen. Somit verkörpern die Wodaabe, was die männliche Sexualität anbelangt, den Gipfel der Metrosexualität. Nachdem wir dies festgestellt haben, wollen wir doch einmal sehen, wie sich Beckham bei einem echten Wettbewerb macht.

Betrachten wir die erste Etappe von Coads metrosexueller Dreierwette: Wie narzisstisch ist eigentlich der moderne Mann? Mark Simpson meint „enorm" und führt dies auf die Unsicherheit des Mannes hinsichtlich seiner sich wandelnden Rolle in der Welt zurück. Nachdem ihnen, laut Simpson, die traditionelle Rolle des Ernährers genommen wurde, suchen die Männer nun ihre Bestätigung in etwas weit Oberflächlicherem – ihrem Aussehen. Das klingt vernünftig, aber woran erkennen wir, dass moderne Metrosexuelle im Allgemeinen und Beckham im Besonderen sich so intensiv mit ihrem Aussehen beschäftigen? An vielem, wenn sie es denn tun. Eine kürzlich durchgeführte Studie über die Körperpflegegewohnheiten des modernen Mannes ergab z. B., dass der durchschnittliche Mann 3,1 Stunden pro Woche vor dem Spiegel verbringt, fast eine Stunde länger als die durchschnittliche Frau. Eine weitere Studie belegt, dass über 66 Prozent heterosexueller und über achtzig Prozent schwuler Männer sich mindestens schon ein Mal die Schamhaare entfernt haben, um attraktiver zu erscheinen. Beckhams Befähigung zum Narzissmus ist zu offensichtlich und bedarf keines Kommentars. Seine eigenen Worte reichen vollkommen: Auf die Frage während eines Interviews des *Attitude*-Magazins, warum er so zufrieden sei mit seinem Status als Schwulenikone, antwortete Beckham mit entwaffnender Offenheit, dass es ihm nur darauf ankomme, bewundert zu werden – und das offenbar je mehr, je lieber. Es ist schwer zu sagen, welche Eigenschaft Beckhams das am besten zeigt, ist es ein Sieg seiner Toleranz oder seines Exhibitionismus. Dann gibt es da noch die nicht allzu überraschende Enthüllung, die in einigen britischen Boulevardzeitungen zu lesen war, dass Beckham durchschnittlich 600 Pfund Sterling im Monat für Unterhosen von Calvin Klein ausgibt, die er in Großpackungen kauft und von denen er niemals ein Paar zweimal trägt. Angesichts dieser Extravaganz können wir sicher davon ausgehen, dass er mehr als 3,1 Stunden pro Woche vor seinem Spiegel verbringt.

Das ist sicher schon beeindruckend narzisstisch, jedoch wären Beckham und seine metrosexuellen Nacheiferer vielleicht erstaunt, zu erfahren, dass sie nur auf dem zweiten Platz, mit deutlichem Abstand zu den Wodaabe-Männern gelandet sind, die wohl eher 3,1 Stunden *pro Tag* vor dem Spiegel verbringen. So gehört der Taschenspiegel als unabdingbares Accessoire zur Kleidung eines Wodaabe-Mannes. Die Anthropologin Mette Bovin, die die Wodaabe 32 Jahre lang studiert hat, stellt fest, dass das Erste, was die Wodaabe-Männer nach dem Aufwachen taten, obwohl das Land so dünn besiedelt ist, dass man bei einer Wanderung tagelang niemandem begegnet, war, einige Stunden vor dem Handspiegel zu verbringen, um sich zu schminken und die Haare zu richten. (Die Wodaabe sind Hirten, was ihnen viel Freizeit bietet).

Ein Entwicklungshelfer, der ebenfalls eine Zeitlang bei den Wodaabe lebte, berichtete, dass sie am liebsten, noch vor Blitzlichtern und Sonnenbrillen, Polaroidkameras geschenkt bekommen, mit denen sie sich fotografieren und sofort betrachten können.

Allerdings sind die Wodaabe unter den Stammes- und den antiken Kulturen keine flippige Ausnahme. Die Tuareg-Nomaden aus der Zentralsahara, eine weitere alte Kultur, sind ebenfalls der Auffassung, dass Männer und nicht Frauen die Schönheit verkörpern. Die Männer der Tuareg halten sich selbst für so attraktiv, dass sie sich als einzige Kultur auf der Welt verschleiern und nicht ihre Frauen – um die Tuareg-Frauen vor den verheerenden Auswirkungen dieser Schönheit zu schützen. Die Tuareg-Männer verwenden genau wie die Wodaabe-Männer viel Zeit auf ihr Aussehen, sie flechten beispielsweise ihr Haar zu kunstvollen Frisuren – ungeachtet der Tatsache, dass ihr Gesicht und Haar niemand sieht, denn erwachsene Tuareg-Männer tragen ihren Schleier auch beim Schlafen. Ein solch narzisstisches Versteckspiel erscheint extrem, jedoch verblasst es im wahrsten Sinne des Wortes im Vergleich zu den frühen Tahitianern, bei denen die Männer ab dem Jungenalter ihr gesamtes Leben drinnen verbrachten, um eine so helle Haut zu bekommen, wie sie die tahitianischen Frauen (und manchmal auch die anderen Männer) so liebten.

Wir modernen Metrosexuellen werden selbst von den narzisstischen Anwandlungen unserer eigenen affigen Vorväter übertroffen. Die „Maccaroni"-Männer aus der Mitte des 18. Jahrhunderts bewiesen beispielsweise bei der Art sich zu kleiden eine derartige Extravaganz, die Beckham wie Lieschen Müller aussehen lässt. Maccaronis waren junge britische Gentlemen, die von ihrer großen Tour zu den kulturellen Sehenswürdigkeiten des Kontinents zurückkamen und übertriebene Versionen der Moderichtungen zur Schau stellten, die sie unterwegs gesehen hatten – Rouge und Gesichts-Make-up, Schuhe mit roten Absätzen und bestickte Gewänder. Das eigentliche Kennzeichen eines Maccaroni war jedoch seine Perücke. Diese gepuderten Monstrositäten aus Pferdehaar waren so groß, dass der obligatorische Hut, der *chapeau bras*, nur mithilfe der Spitze ihrer Schwerter aufgesetzt werden konnte. Ironischerweise war die unvermeidliche Reaktion auf diese Extravaganz der Beginn einer Bewegung, die für uns stellvertretend für den männlichen Narzissmus steht: die der Dandys. Dandys waren junge englische Gentlemen, die sich von den Perücken, dem Parfum, den Pumps und den bestickten Gewändern der Maccaronis trennten und sich stattdessen den klaren Farben und der einfach geschnittenen Kleidung der Mittelschicht zuwandten. Obwohl sie weniger prunkvoll aussahen als ihre Maccaroni-Vorfahren, waren die Dandys, falls dies überhaupt möglich war, *noch* narzisstischer. Ihr Vorbild und Begründer, Beau Brummel, ist bekannt dafür, drei Stunden zum Ankleiden benötigt und viermal am Tag sein Hemd gewechselt zu haben. Er bestand zudem darauf, seine Stiefel mit Champagner zu putzen. Selbst die Motive, die den Narzissmus der Dandys vorantrieben, scheinen die der modernen Metrosexuellen widerzuspiegeln, wie dieses Zitat von Thomas Carlyle, dem schottischen Literaten, verdeutlicht:

„Ein Dandy ist … ein Mann, dessen Geschäft, Amt und Existenz sich im Tragen von Kleidern erschöpft. Jede Fähigkeit seiner Seele, seines Geistes, seines Geldbeutels und seiner Person ist heldenhaft diesem einen Zweck geweiht. Wonach verlangt der Dandy als Gegenleistung? Lediglich …, dass man seiner Existenz Anerkennung zolle; ihm zugestehe, dass er ein lebendes Objekt ist; oder wenn nicht das, dann wenigstens ein visuelles – oder ein Ding, das Lichtstrahlen wider-spiegelt."

Beckham hingegen und im weiteren Sinne auch wir modernen Metrosexuellen scheinen die erste Runde der narzisstischen Herausforderung verloren zu haben. Nicht nur die Gerewol-Tänzer, sondern auch die selbstverliebten Tuareg, Tahitianer, Maccaronis und Dandys hätten uns anscheinend hustend in ihrer Wolke aus Puder und Parfüm zurückgelassen. Deshalb ist es eindeutig Zeit, die großen Geschütze aufzufahren – die Airbrush-Kosmetik-Make-Up-Geschütze. Beweist die erstaunliche Erfindung der Kosmetik für den Mann (diese Bezeichnung wurde an sich schon als Oxymoron gesehen) nicht unseren berechtigten Anspruch darauf, die größten Narzissten aller Zeiten zu sein? Schließlich ergab eine britische Verbraucherstudie, dass der durchschnittliche Engländer heute 111 Pfund Sterling im Jahr für Kosmetik ausgibt, nur 27 Pfund weniger als die durchschnittliche Engländerin. Wie immer steht auch hier Beckham ganz oben auf der Liste, dessen Nagellack-Tick auf einem Titelfoto des GQ-Magazins zur Schau gestellt wurde, auf dem er mauvefarbenen Nagellack trug. Beckham hat sich so weit vom metrosexuellen Rudel abgesetzt, dass er sogar die letzte Grenze beim Make-up für Männer überschritten hat: Er benutzt Eyeliner und Mascara.

Das ist sicherlich schockierend weibisches Zeug, aber, leider, noch nicht genug, um auch nur ein einziges gezupftes Härchen aus den Augenbrauen der Wodaabe zu heben. *Sie* tragen bereits seit Jahrtausenden Eyeliner – in Form des berühmten „*Kohl*", den bereits die ganz frühen Vorfahren von den Pharaonen bis hin zu den Philistern trugen. Der Kohl der Wodaabe wird hergestellt aus zerriebenem Antimonit und grauem Kristall, vermischt mit Ruß und Tierfett, und nach Lust und Laune auf Augenbrauen und Wimpern aufgetragen. Kohl ist jedoch nur *ein* Bestandteil der Make-up-Palette der Wodaabe-Männer. Die Wodaabe benutzen auch regelmäßig den grundlegendsten Bestandteil weiblicher Kosmetik: die Grundierung. Moderne Metrosexuelle nutzen diese allerdings ebenfalls, es kostet sie auch nur ein wenig Geld und ein paar angewiderte Blicke von Traditionalisten, um ihre Gesichter damit zu verschönern. Die Wodaabe müssen dagegen für ihren Bedarf an *makkara*, dem safranfarbenen Kalkpuder, das ihre Gesichter strahlen lässt, mattiert und makellos erscheinen lässt, knapp 1500 Kilometer zurücklegen. Auch die ausgefallenen Bestandteile moderner Kosmetik für den Mann wie Gurkenmasken, Cremes mit Hühnerknochenmark etc. sind für die Wodaabe durchaus nichts Neues.

Bei dem als *Doobal* bezeichneten Bleichmittel, das sie verwenden, um ihre aufwendigen Muster aus Punkten, Linien und Kreuzen über Kohl und Makkara zu malen, handelt es sich genau genommen um die getrockneten und pulverisierten Exkremente des Doobal-Vogels. Auch den von anderen Stammeskulturen und den alten Kulturen benutzen kosmetischen Mixturen fehlt es oft nicht an bizarren und manchmal haarsträubenden Inhaltsstoffen. Noch vor der Kolonialzeit haben die polynesischen Männer auf den Marquesas-Inseln beispielsweise die so begehrte blasse Haut erzielt, indem sie eine Mischung aus Kokosnussöl, Kurkuma und den zerriebenen Blättern der Paya-Pflanze auf ihre Haut auftrugen. Danach wurde der Träger vorübergehend von Kopf bis Fuß grün, bevor sich die Haut Tage später schälte und die ersehnte gebleichte Haut zum Vorschein kam.

Auch andere Stämme beschämen Beckham und seine metrosexuellen Nacheiferer mit ihrem Gebrauch von Kosmetik zur Schönheitspflege. Die Papua-Männer des Mount-Hagen-Stammes sind z. B. für ihre bunt bemalten und verzierten Gesichter bekannt – die heutzutage in der jährlich stattfindenden großen Mount-Hagen-Kulturshow zu sehen sind. Zumindest früher bemalten diese Männer ihre Gesichter mit roten, blauen, gelben, schwarzen und weißen Kalkfarben. Die Beweggründe spiegeln auch hier exakt die der modernen Metrosexuellen wider.

An erster Stelle stand natürlich die sexuelle Attraktivität, aber genauso wichtig war ein Ziel, das auch oft von den heutigen Rechtsanwälten und Investmentbankern genannt wird: beruflicher Erfolg. Einige Papua-Männer kombinierten beides miteinander – wenn die Männer von den Trobriand-Inseln auf eine weite Kula (Geschäftsreise) gingen, bemalten sie ihre Gesichter, damit sich ihre (männlichen) Handelspartner in sie verliebten und ihnen einen besseren Handel anboten. Das mag uns als Wunschdenken erscheinen, jedoch ergab eine kürzlich durchgeführte Wirtschaftsstudie tatsächlich, dass die Zeit, die ein Mann mit Körperpflege verbringt, einen wesentlichen Einfluss auf seine Umsatzzahlen hat.

Einige Stammesangehörige gingen noch weiter als die Wodaabe oder Papua. Junge Indianer der Nlaka'pamux aus der kanadischen Provinz British Columbia z. B. änderten die Muster und Farben ihrer bemalten Gesichter drei- bis viermal am Tag. Die afrikanischen Nubier-Männer waren genauso extravagant, sie zeigten sich selten in der Öffentlichkeit ohne eine Ganzkörperbemalung aus Mustern oder Tiermotiven. (Die Nubier benutzten Kosmetik jedoch nicht nur aus ästhetischen Gesichtspunkten. Kosmetik zeigte oft direkte sexuelle Auswirkungen: Wenn ein Mädchen beim Stammestanz vom Make-up eines Nubiers besonders beeindruckt war, konnte es seine Beine über dessen Schulter werfen und mit dieser nicht allzu subtilen Geste signalisieren, dass sie sich gerne mit ihm treffen würde.)

Kosmetik für Raubtiere

Jegliche Körperornamente sind laut Anthropologe Ted Polhemus eine Form der Kommunikation. Welche Botschaft sollten dann diejenigen erhalten, so mögen wir uns fragen, die im 18. Jh. zusammen mit dem Forscher James Bruce Häuptling Guangol von den Oromos in Äthiopien begegneten? Bruce, schrieb Guangol, „hatte lange, mit den Eingeweiden von Ochsen verflochtene Haare, die in langen Schnüren herunterhingen. Genauso hing ein Kranz aus

Eingeweiden um seinen Hals, und ein ebensolcher war mehrmals um seine Hüften gewickelt. Darunter befand sich ein kurzer, in Butter getauchter Baumwolllappen; sein Körper glänzte und triefte ebenfalls davon. Und da es ein heißer Tag war, bemerkte jeder bald (sein) Herannahen am unerträglichen Aasgeruch."

Ich habe nie eine Erklärung für dieses außergewöhnliche Outfit gefunden, aber ich würde gerne einen Versuch wagen. Die wilden Oromo-Krieger, deren Häuptling Guangol war, waren dafür bekannt, dass sie rohes Fleisch aßen. Bruce schrieb, dass Oromo-Krieger ihr Fleisch derart roh liebten, dass sie bei manchem Festmahl ihre Steaks sogar aus lebendigen, schreienden Kühen schnitten. War es vielleicht so, dass Guangols vor sich hingammelnde Klamotten nur zeigen sollten, dass er Zugang zu dem Gut hatte, das ihn zum erfolgreichen Stammeshäuptling machte – blutiges, rohes Fleisch?

Wenn Metrosexuelle alter Kulturen und Stämme Beckham also wie ein Weichei aussehen lassen, der den Kosmetikkoffer seiner Schwester geklaut hat, wie steht es dann um Beckhams sagenhafte Frisuren? Schließlich lässt sich unser Goldjunge seine Mähne mindestens einmal pro Woche stylen. Dann waren da noch die 89 verschiedenen Frisuren – sicher beweisen *diese* Beckhams Überlegenheit als erster Hengst am Platz? Hier schlägt Beckham zugegebenermaßen die Wodaabe-Männer, die *niemals* ihre Haare schneiden. Dies geschieht nicht aus Faulheit, es zeigt den Glauben der Wodaabe an die Schönheit langer Haare. Anstatt ihre Locken abzuschneiden, ziehen die Wodaabe-Männer an ihnen, damit sie länger werden. Als Vorbereitung auf den Gerewol rasieren sie sich die Haare oben an der Kopfmitte ab, um so ihre Gesichter länger (und damit schöner) wirken zu lassen. Das ist aber nichts gegen Beckhams ständig wechselnde Frisuren, deshalb sieht es ganz so aus, als ob Poshs Göttergatte diese Runde von vornherein gewonnen hätte.

Hat er das wirklich?

Während die Wodaabe-Männer bei ihrem Haarschnitt relativ unkreativ sind, haben andere Stammesangehörige ein Repertoire an Frisuren, die Beckhams aussehen lassen, als sei seine mithilfe eines Puddingtopfs entstanden. Die Mount-Hagen-Männer z. B. stylen ihr Haar mit Perücken, die so groß sind, dass man sie auf Stützrahmen aus Zuckerrohr und Ton anfertigen muss. Diese Monstrositäten, die in monatelanger Arbeit angefertigt werden, bestehen aus den Locken von Haar anderer Männer und Frauen, dem Fell von Beuteltieren, zusammengeklebt mit Wachs und Fett, geschmückt mit Blatthornkäfern und in fantastischen Farben gefärbt. (Das mag uns lächerlich und extravagant erscheinen, die Mount-Hagens glauben jedoch, dass freundliche Geister im Haar eines Menschen leben; eine Glatze ist deshalb das Zeichen, dass ihn das Glück verlassen hat.)

Die Beckham-Anhänger protestieren jetzt vielleicht, dass es sich hier nur um eine Frisur handelt, wie zeitintensiv sie auch sein mag, im Vergleich zu Beckhams Palette an Vorhangfrisuren, Cornrows (Reihen von eng an der Kopfhaut geflochtenen Zöpfen), Vokuhilas und Irokesenschnitten. Einige Stammesmänner jedoch stylten ihre Frisuren und ordneten sie wieder neu, und jede war so neu und bizarr wie Beckhams. Ende des 19. Jahrhunderts schrieb der britische Konsul von Samoa, William Churchward, dass er dort so viele verschiedene Frisuren bei Männern gesehen habe, dass er es aufgegeben habe, diese zu katalogisieren. Stattdessen notierte er sich nur die bizarrsten – wie den „Pilz", bei dem die Männer aus Samoa die Haare im Nacken und an den Seiten schnitten, jedoch am Oberkopf zu einer etwa 45 cm langen Krone wachsen ließen, die sie dann blendend weiß färbten. Sie färbten ihr Haar auch in Blau, Rot, Gelb und Grün – manchmal alles auf einmal.

Es ist schon richtig, dass die Männer aus Samoa einen gesetzteren, traditionelleren Stil pflegten, den *fonga*, bei dem das Haar zu einem Knoten gebunden wurde. Die Männer aus Samoa waren so sehr mit ihrem Haar beschäftigt, dass Churchward schrieb, man „kann kaum durchs Dorf gehen, ohne dass man jemanden beim Haareschneiden, -ölen, -kämmen, -kalken oder rasieren sieht". Auch andere polynesischen Männer konnten sich damit verweilen, wie der Anthropologe Ralph Linton von den Marquesas-Inseln berichtet:

„Einige Männer schnitten ihr Haar niemals, andere steckten sie in zwei Hörnern hoch, wieder andere formten ganz fantasievolle Kronen, die eine Seite rasiert, die andere lang, oder der Vorderkopf rasiert und der Hinterkopf lang oder in einer Reihe von rasierten Streifen. (Und) zu Kriegszeiten wurden Fingerknochen oder andere Trophäen von getöteten Feinden eingebunden."

Beckhams extravagante Frisuren, so hat es den Anschein, hätten polynesische Männer einfach nur ein Gähnen entlockt.

Eine weitere Innovation des modernen Metrosexuellen ist Haargel. Beckham zumindest benutzt davon jede Menge, um Frisuren wie den legendären „Fauxhawk", den falschen Irokesen, zu kreieren. Aber das ist, wie immer, nichts Neues – prähistorische Männer benutzten bereits Haarkosmetikprodukte, als die Abendländer ihre syphilitischen Glatzen mit lächerlichen Perücken aus Pferdehaaren verdeckten. Churchwards Männer aus Samoa z. B. rasierten ihre Haare, indem sie eine Paste aus verbrannten Korallen und Fett einmassierten. Die Wodaabe wie auch die Angehörigen nordamerikanischer Stämme haben dagegen ihr Haar seit hunderten und möglicherweise auch tausenden von Jahren mit ranziger Butter gepflegt. Selbst Männer aus Nordeuropa waren begeisterte Nutzer von Produkten auf Kalkbasis, wie das Zitat des Historikers Diodorus Siculus, der das 1. Jh. v. Chr. erforschte, verdeutlicht:

„Die Gallier sind sehr groß mit weißer Haut und blondem Haar, nicht nur von Natur aus blond, eher durch die Mittel, mit denen sie ihr Haar künstlich bleichen. Denn sie waschen ihr Haar immer mit einer Kalklösung und kämmen es dabei nach hinten in Richtung Nacken. Dadurch gleichen sie Satyrn und Panen, denn (es) macht ihr Haar dick wie eine Pferdemähne."

Die stachelartigen Haare der Statue des „sterbenden Galliers" in Rom zeigt, wie ähnlich es doch modernen gegelten Haaren war.

Beckhams Fans mögen darauf bestehen, dass es eigentlich die Unbehaartheit – bezüglich der Körperbehaarung – ist, die „Golden Balls" zum Pionier der männlichen Schönheit macht. Genaue Daten zu Beckhams Wachsgewohnheiten sind nicht verfügbar, aber seine stets unbehaarte Erscheinung in der Unterwäschewerbung lässt den Schluss zu, dass ihm Heißwachs und Spatel nicht fremd sind. Beckham wird in einer Anekdote angedichtet, er habe weltweit eine wahre Lawine bei der männlichen Genitalenthaarung ausgelöst – die berüchtigte „back, sack and crack"-Behandlung. Diese Prozedur, in der das Schamhaar mit heißem Wachs entfernt wird, ist angeblich die schmerzhafteste kosmetische Behandlung, die sich ein Mann aussuchen kann, und viele führen sie als Beispiel an, wenn es darum geht zu beweisen, wie weit moderne Metrosexuelle für ihr narzisstisches Schönheitsideal gehen. Aber sind diese beiden Behauptungen wahr? Ist Beckham wirklich ein Pionier der Kunst, sich alles bis auf die Haut abzustreifen? Und ist die oben genannte Enthaarungsprozedur wirklich die schmerzhafteste, der sich ein Mann je unterzogen hat?

Wir wissen doch alle, worauf ich hinaus will.

Ein kurzer Blick auf die anthropologische Literatur zeigt, dass nicht nur die Männer der alten Kulturen mit dem Stutzen oder Entfernen ihrer Affenbehaarung beschäftigt waren, sie waren es auch, die die angeblich modernen Methoden bereits vor hunderten und manchmal auch tausenden von Jahren vor uns erfunden haben. Die Männer der südaustralischen Aborigines führten Initiationsriten bei ihren jungen Männern durch, indem sie eine Ganzkörperenthaarung mit Bienenwachs vornahmen. Viele Gruppen, unter ihnen auch die Polynesier, rasierten ihre Körper mit scharfen Muscheln und Haizähnen. Die afrikanischen Nubier rasierten ihren ganzen

Körper mit Rasiermessern aus Eisen, um die erforderliche glatte Haut für ihre Körperbemalung zu erhalten. Die Römer ließen sich die Haare an Achselhöhlen, Brust, Rücken, Beinen und den Bart in öffentlichen Badehäusern von Sklaven mit Pinzetten auszupfen. Selbst chemische Enthaarungsmittel wurden gelegentlich von den Metrosexuellen der Antike und verschiedenen Stammesgruppen benutzt.

Der deutsche Anthropologe Martin Gusinde z. B. schrieb, dass die Männer der Ayum-Pygmäen aus Papua, die er in den 1950ern besuchte, „sich ihrer Barthaare entledigen, indem sie den Saft bestimmter Kräuter in die Bartregion einmassieren. Dies lockert die Haarwurzeln, wodurch sie sie mit den Nägeln ihres Daumens und Zeigefingers einfach auszupfen konnten."

Wenn auch Beckham diesen prähistorischen Gockeln auf dem Gebiet der Enthaarung nichts mehr beibringen kann, so verlieren wir doch auch unseren Respekt vor den Qualen der „back, sack and crack"-Prozedur. Berichten der Anthropologen zufolge besteht kein Zweifel, dass die Wachsenthaarung bei den australischen Ureinwohnern entsetzliche Qualen verursacht haben muss. Und genau das war auch beabsichtigt, denn es handelte sich um ein Initiationsritual. Beim Wachsen nach diesem Vorbild wurde der arme junge Mann festgehalten, während ein älterer Mann mithilfe eines Wachsklümpchens am Finger seine Scham-, Achsel- und Körperhaare *einzeln* ausriss – wobei sich die älteren Männer abwechselten, wenn sie ermüdeten. Die jungen Aborigines waren jedoch nur etwas schlimmer dran als die metrosexuellen Männer im alten Griechenland. Diese enthaarten ihren Schambereich, indem sie die Haare mit einer Öllampe abflammten. Die römischen Soldaten rückten genauso grob, wenn auch mit weniger Hitze ihren Bärten zu Leibe – sie zermahlten sie mit Bimsstein. Schließlich gab es noch die erstaunlich gefährlichen chemischen Mixturen der Türken im Mittelalter, um sich beim Baden zu enthaaren – eine Mischung aus Arsen mit stark alkalischem Ätzkalk und Wasser. Angesichts der Tatsache, dass Ätzkalk oft zum Auflösen menschlicher Leichname verwendet wurde, ist die gefürchtete „back, sack and crack"-Prozedur im Vergleich so schrecklich, als trüge man den falschen Eyeliner auf.

Es sieht nicht gut aus für unseren metrosexuellen Champion David Beckham. Sein Narzissmus würde ihn wohl nicht einmal für den Job eines Schamhaarentferners beim Gerewol-Schönheitswettbewerb der Wodaabe qualifizieren. Wie steht es dann um die zweite Etappe bei der metrosexuellen Dreierwette, mit dem Titel „Feminisierung"? Coad beschreibt die konventionelle Definition eines verweiblichten Mannes als jemanden, der sich „mit Frauen und dem weiblichen Wesen wohlfühlt" und der „seine weibliche Seite erkundet". Anhand von Beckhams Zitat zu seiner weiblichen Seite können wir belegen, dass er eine starke weibliche Seite bei sich erkennt. Aber welche Qualitäten kann dieser „Mädchen-Mann", wie ihn Arnold Schwarzenegger, der Gouverneur von Kalifornien, einmal bezeichnet, vorweisen? O.k., er kleistert sich gerne weibliche Kosmetik ins Gesicht, jedoch ist er in diesem Wettbewerb nur Zweiter hinter den Wodaabe und anderen Eingeborenen. Wie steht es jedoch mit seiner Angewohnheit, Frauenkleidung zu tragen – die berühmten Sarongs, paillettenverzierte Trainingsanzüge usw.? Nun, zum einen ist der Sarong kein typisch weibliches Kleidungsstück, selbst dort nicht, wo er herstammt. In Malaysia werden Sarongs von Männern und Frauen getragen. Dasselbe Problem ereilt uns bei Beckhams Trainingsanzügen, die, egal wie sie verziert sind, kein typisch weibliches Kleidungsstück sind. Beim alljährlichen Gerewol tragen die Wodaabe-Männer jedoch richtige Frauenkleider – die farbenfrohen, gemusterten Überwürfe der Wodaabe-Frauen, die um die Hüften mit einem sehr femininen Perlengürtel gehalten werden und um die Knie mit engen Leder- oder Stoffstreifen (um den Träger zu angemessen schüchternen kleinen Schritten zu zwingen).

Die Verteidiger der modernen Metrosexualität mögen einwerfen, dass das alljährliche, einmalige Tragen eines Kleides niemanden qualifiziert – selbst Popsänger Robbie Williams nicht, der neulich zu einer karitativen Veranstaltung im Kleid erschien. Dagegen zeigten viele Männer aus antiken und Stammeskulturen ihre feminine Seite das ganze Jahr über. Einige gingen dabei so weit, dass sie fast zu Frauen *wurden*. Einer solchen Gruppe gehörten die *Mahus* aus Tahiti an – Männer, die sich so sehr verweiblichten, dass sie von den ersten europäischen Forschern für Frauen gehalten wurden, wie es Captain William Bligh beschrieb, nachdem er einen bestimmten *Mahu* untersucht hatte: „Er sah aus wie eine Frau, seine Geschlechtsteile derart unter ihm verborgen … durch die Angewohnheit, sie in dieser Position zu halten, (dass) die (Männer), die mit ihm zu tun hatten, ein teuflisches Vergnügen daran fanden, zwischen seine Beine zu greifen, um seine Geschlechtsteile zu untersuchen."

Die Tatsache, dass die Mahus beim Sex eine empfangende Rolle einnahmen, war ein Merkmal ihrer Feminisierung, es gab jedoch noch weitere. Mahus lebten auch im Alltag ein weibliches Rollenverhalten, wie aus diesem Bericht eines Missionars hervorgeht: „Sie (die Mahus) leben unter den Frauen, beobachten all ihre Angewohnheiten, essen und trinken und schlafen bei ihnen und übernehmen alle weiblichen Aufgaben wie das Herstellen von Kleidung etc."

Ein ähnliches Verhalten, bereitwillig Frauenarbeiten zu verrichten, ist auch von den *Fa'afafine*, den „Frauenmännern" von Samoa bekannt, die im 19. Jh. von Seefahrern entdeckt wurden. Fa'afafine-Jungs erkannte man bereits in der Kindheit daran, dass sie sich zur Frauenarbeit wie Kochen, Putzen und Kindererziehung hingezogen fühlten. Fa'afafine wurden als Erwachsene möglicher-, aber nicht notwendigerweise zum weiblichen Part der Homosexuellen, die Frauenkleidung trugen, aber sie gingen hin und wieder so sehr in ihrer weiblichen Rolle auf, dass sie wie die Mahus manchmal die Zweitfrauen von konventionellen samoanischen Männern wurden. Obwohl Mahus und Fa'afafine als polynesische Skurrilitäten angesehen werden, kannte man auch in der besonders maskulinen Stammesgemeinschaft der nordamerikanischen Sioux eine Gruppe von Männern, die als Frauen lebten und liebten.

Von den frühen Anthropologen wurden sie „Berdache" genannt. Diese Sioux-Männer entsagten dem Leben als Krieger zugunsten eines Lebens, wie es die Frauen führten, mit Weben, Kindererziehung, Kochen, und lebten bisweilen eine rezeptive Homosexualität. Sie füllten ihre weibliche Rolle derart intensiv, dass sie manchmal die Zweit- oder Drittfrau anderer Sioux-Männer wurden.

Man kann sich bei David Beckham, in welchem Umfang auch immer ihm Feminisierung bescheinigt wird, schwerlich vorstellen, dass er *so* weit gehen würde.

Somit wurde er auch in der zweiten Runde geschlagen. Wie sieht es dann mit der dritten Etappe der Dreierwette aus? In dieser Hinsicht steht außer Frage, dass wir modernen Metrosexuellen eher zum sexuellen Exhibitionismus neigen als unsere direkten Vorfahren. Eine Studie des GQ-Magazins ergab z. B., dass vor 1984 in der Werbung keine halb nackten Männer oder solche in sexuell provokativem Kontext gezeigt, jedoch in diesem Jahr 37 solcher Werbungen veröffentlicht wurden. Bis 1994 stieg diese Zahl auf 43. Beckham hat bei der erotischen Zuschaustellung seines männlichen Körpers sicher neue Maßstäbe gesetzt: Ein 2002 gedrehter Film, der von der Londoner National Portrait Gallery in Auftrag gegeben wurde und der ihn schlafend zeigt, wurde von einem Kritiker als erotisches Meisterwerk bezeichnet, in dem der Zuschauer das Gefühl hat, neben Beckham zu schlafen. Wie steht es jedoch um unsere früheren Vorfahren? Wie stark ist unser Exhibitionismus im Vergleich zu den Wodaabe oder anderen Männern antiker Kulturen und Stämme ausgeprägt?

Der Gerewol z. B. ist eindeutig eine offene erotische Zurschaustellung. Abgesehen von den Frauenumhängen, die ihre Schenkel bedeckten, und ihrem prächtigen Schmuck, konkurrierten die Wodaabe-Männer mit völlig nacktem Oberkörper sowohl beim Gerewol als auch beim Yaake. Selbst die folgenden dekorativen Accessoires sind hintergründig erotische Symbole: Die Cowry-Muschelstränge, die die Wodaabe-Männer beim Gerewol als Halsketten trugen, symbolisieren die weibliche Vagina, und bei den Straußenfedern, die von ihrem Kopfschmuck herabbaumelten, handelt es sich um ein Phallussymbol. Die erotischen Bewegungen der Wodaabe-Tänzer unterstreichen diese sexuellen Symbole. Die Tänzer beim Gerewol strecken sich auf die Zehenspitzen, um begehrenswerter zu erscheinen, und drehen ihre Köpfe in übertriebene Positionen, um die Schönheit ihres Nackens und ihr Profil zu zeigen. Sie reißen die Augen auf und rollen sie, eine Art des Flirtens, wie sie auch bei balinesischen Tänzerinnen zu sehen ist. Den eindeutigsten Beweis dafür, dass der Gerewol erotischer Natur ist, liefern die Preisrichter – Frauen.

Die Jury der drei *Suboybe* („die Wählenden") setzt sich aus den schönsten heiratsfähigen jungen Frauen des gastgebenden Stammes zusammen. (Die Mädchen mit dem höchsten Status sind meist die Töchter der Vorjahresgewinner des Gerewol.) Diese drei Schönheiten beobachten die Männer aus der Entfernung, diskutieren über ihren Sexappeal und gehen dann langsam an der Reihe der tanzenden Männer vorbei, um vor dem mit dem meisten Sexappeal mit einer feierlichen Geste stehen zu bleiben. Der Gewinner hat, entgegen anders lautenden Aussagen sensationslüsterner westlicher Berichterstatter, nicht das Recht, mit den drei Preisrichterinnen zu schlafen – obwohl andere Spielarten von Sex beim Gerewol eine große Rolle spielen.

Derart explizite sexuelle Folgen lassen beim modernen Metrosexuellen einen weiteren Mangel erkennen – die aktive Fortführung des erotischen Auftaktes. Trotz seines stets aufpolierten und entblößten Körpers bei seinen Auftritten vor der Kamera ist Beckham eindeutig nur ein Leinwandheld. Ignoriert man dubiose, in den Medien propagierte Skandale wie die Affäre mit Rebecca Loos, ist Beckham seiner Victoria offenbar ein langweilig treuer Ehemann. Der Gerewol dagegen ist für die Wodaabe-Männer darauf ausgelegt, sich mit anderen Frauen als ihren Ehefrauen zu treffen. Dabei gibt es zwei Arten von sexuellen Verbindungen, die sich beim Gerewol ergeben: Verabredungen und *teegal*-Ehen. Um mit unseren Worten zu sprechen, bei Ersterem handelt es sich um einen One-Night-Stand, bei Zweiterem darum, sich eine Mätresse zu nehmen – beides außerhalb der offiziellen *koobal*-Ehe zwischen einem Wodaabe-Mann und seiner Erstfrau. Durch das Augenrollen und Anschauen der zuschauenden Mädchen, um einen Treffpunkt zu vereinbaren, verabreden sich die Männer zu One-Night-Stands mit diesen Frauen, die sie beeindrucken konnten, gleich ob verheiratet oder nicht. Nachdem der Tanz beendet ist, verschwinden sie mit ihren Partnerinnen in den Büschen für eine heiße Nacht auf ihren gewebten Schlafmatten. Wenn ein Mann eine Eroberung durch seine Schönheit beeindruckt hat, kann er die ihm oft geneidete Tat des „Ehefrauenstehlens" begehen, indem er die Frau überredet, ihren Ehemann zu verlasen, falls sie einen hat, und bei ihm als Zweit-, Dritt- oder Viertfrau in einer Teegal-Ehe zu bleiben.

Was halten Sie von dieser aktiven Fortführung des erotischen Auftaktes?

Selbst Beckhams exhibitionistische Erotisierung des Sports ist nichts Neues, wieder gab es andernorts viel direktere und explizitere sexuelle Folgen. Die Athleten der alten Griechen waren so von erotischer Spannung durchdrungen, dass diese sich oft in Sex entlud, meistens homosexueller Art. Die Athleten wurden derart in sexueller Hinsicht gewürdigt, dass einige Sportler Horden von liebestollen schwulen Groupies anzogen. Sokrates beschreibt z. B. das Chaos, als der attraktive, junge Athlet Charmides den Sportplatz betrat: „Staunen und

Verwirrung herrschten, wenn er kam; und eine Schar Liebhaber folgte ihm." Später, wenn der blendend aussehende junge Mann auf der Bank Platz nahm, fielen die männlichen Groupies übereinander her beim Versuch, einen Platz neben ihm zu ergattern. Die Griechen zögerten auch nicht, diese Erotisierung bis zur letzten Konsequenz fortzuführen. So zeigen die überlieferten Kunstwerke, dass griechische Sportstätten eine Brutstätte homosexueller Aktivität waren. Viele Vasenmalereien zeigen z. B. Szenen, bei denen griechische Männer in Sporthallen sich jungen Athleten in der üblichen Verführerpose nähern – eine Hand berührt das Kinn des Jungen, die andere seinen Penis. Denkt man nun, der Sport stimulierte bei den Griechen nur homoerotische Neigungen, so zeigen die empörten Worte des Schriftstellers Euripides aus Athen über die Nacktheit der spartanischen Frauen bei Sportwettkämpfen, dass die Medaille zwei Seiten hatte:

„Kein spartanisches Mädchen konnte sauber bleiben, auch wenn sie es wollte. Sie sind immer auf der Straße anzutreffen, in knapper Kleidung, und stellen ihre nackten Gliedmaßen zur Schau. So rennen sie auch mit Jungen um die Wette und ringen mit ihnen – verabscheuungswürdig nennt man das."

Selbst *weibliche* griechische Athleten, so hat es den Anschein, trieben die Erotisierung des Sports weiter voran als die vergebliche Liebesmühe unseres Chef-Metrosexuellen David Beckham.

Oje – Beckhams zugegeben unfreiwilliger Versuch, den Wodaabe-Gerewol zu gewinnen, war wohl nur eine Farce. Er ist in allen drei Runden der metrosexuellen Dreierwette stark abgefallen: Narzissmus, Feminisierung und Erotisierung. Während die Gewinner zusammenpacken und Extrasättel auf ihre Kamele aufladen für die Mädchen, deren Herzen sie gestohlen haben, steht Beckham immer noch da und wirbelt Staub auf im zarten Bestreben, bei den Wodaabe nicht als Mauerblümchen abgestempelt zu werden. Seine Frau Victoria ist unterdessen mit einem besonders großen attraktiven Ehe-frauendieb der Wodaabe in der Wüste verschwunden, um ihr Leben damit zu verbringen, als Teegal-Drittfrau seine Hirse zu mahlen und seine Kühe zu melken, während er Schön-heitspflege betreibt, damit er weitere Liaisons einfädeln kann. Nicht einmal der letzte verzweifelte Versuch, Beckhams Ruf durch einen Appell an seine Sportlichkeit wiederherzustellen, kann ihn retten. Er bringt zwar reelle 90 oder mehr Minuten Fußball ein, jedoch dauern die Gerewol-Tänze sieben ganze Nächte am Stück. Es bestehen durchaus Zweifel, ob selbst Beckham fit genug wäre, das durchzustehen. Ähnliche Ver-suche, den Ruf der modernen Metrosexuellen zu erhalten, in-dem wir auf die exzessiven Diäten verweisen, die sie für die Schlankheit einhalten, ziehen auch nicht. Die Wodaabe-Män-ner essen nicht mehr als gelegentlich einen kleinen Happen während des gesamten Gerewols – das ist nur ein Grund, wa-rum er ein derart anspruchsvoller Ausdauertest ist.

Es gibt jedoch noch einen letzten Aspekt männlicher Schönheit, bei dem die eingefleischten Anhänger moderner Metros immer noch den Lorbeerkranz für sich beanspruchen: den Körperkult. Wir modernen Männer sind, so behaupten sie, immer noch schneller bereit, uns im Dienste der Schön-heit zu piercen, tätowieren, Schmucknarben einzuritzen oder vorsätzlich zu verschandeln als je ein Mann zuvor. Wir sind, laut ihnen, eher bereit, uns unters Messer zu legen, als unsere Vorväter. Die Beschwerdewelle konservativer Berichterstatter über „moderne Primitive", die wie ein Weihnachtsbaum mit Körperschmuck behangen sind, und Botox-Jungs mit fett-abgesaugten Bäuchen lässt diese Aussage glaubhaft erscheinen. Jedoch ist es wieder einmal nur eine dreiste Behauptung, wenn wir den Körperkult der alten Kulturen und Stämme betrach-ten. Selbst ein flüchtiger Blick reicht aus, um es uns abzu-schminken, dass wir unseren Vorfahren bezüglich Piercings oder Schönheitschirurgie für den männlichen Körper etwas beibringen könnten.

Schauen wir uns Piercings und Schmucknarben an. Es stimmt schon, dass wir modernen Männer uns erstaunlich gerne verschandeln lassen – in einer Studie über europäische Männer fand man heraus, dass 27 Prozent der 14- bis 24-Jährigen sich mindestens einer der beiden Prozeduren unterzogen hatte. Dennoch weist der amerikanische Anthropologe Ted Polhemus darauf hin, dass die Stammeskulturen, bei denen Verstümmelungen an der Tagesordnung waren (bei den meisten), *alle* Männer verstümmelt wurden. Sich nicht auf diese Weise zu schmücken hätte bedeutet, man sei kein richtiger Mann. Genauso verhält es sich auch mit der eigentlichen Prozedur unserer Piercings und Schmucknarben, die bei uns unter Betäubung stattfindet – und das ist ganz schwach im Vergleich zu den schrecklichen Riten, denen sich Stammesangehörige unterzogen, um sich zu verschönern. Picrcing z. B. war bei den Stammeskulturen oft eine brutale Angelegenheit. Wo der moderne Mann seine Unterlippe unter Schmerzmitteln mit einem kleinen Stecker oder Ring durchsticht, durchbohrten sie die Mura-Indianer mit den dicken Stoßzähnen des Pekari, einem südamerikanischen Wildschwein. Nasenpiercing ist bei modernen Männern ebenfalls sehr populär; jedoch ist das scheußliche Piercen der Nasenscheidewand, das sogenannte Septum-Piercing, das immer noch vom Stamme der Asmat aus Irian Jaya (Indonesien) betrieben wird, deren Männer ihre Nasenknorpel mit einem *otsj*, einem 2,5 cm dicken Knochenpflock, durchbohren, noch nicht bis zu uns gelangt. Einige moderne Männer dehnen in ähnlicher Form ihre Ohren, mit Pflöcken, bis fast bis auf ihre Schultern hinabreichen, wobei das nichts ist im Vergleich zu den Botocudo-Indianern aus Südamerika, die von den Portugiesen so genannt wurden, weil der Name die großen Holzscheiben beschreibt, die ihre Männer und Frauen in den Ohren und Unterlippen trugen. So sieht es auch beim Narbenschmuck aus. Moderne Tattoo-Magazine berichten von immer mehr Männern, die sich Motive mit Tätowierpistolen einritzen, allerdings ohne

Farbe. Zugegeben, das ist ziemlich schmerzhaft, denn die Prozedur wird normalerweise ohne Betäubung durchgeführt. Trotzdem hätten dieselben Männer wahrscheinlich nach dem ersten Versuch, sich Schmucknarben nach Art der australischen Aborigines einzuritzen, nach Pflaster und Lidocain geschrien. Die Männer der australischen Aborigines trugen zur Zeit der Kolonialisierung durch die Europäer oft kunstvolle Muster aus dicken, erhabenen Wulstnarben am ganzen Körper. Dafür wurden tiefe Schnitte in Haut und Muskulatur angebracht, die Wundränder auseinandergezogen und mit Fett, Kalk und Asche bestrichen, damit sich die Wunde entzündet und nicht verheilt. Diese Prozedur wurde bis zu drei Monate lang wiederholt, danach ragten die Wulstnarben bis zu drei Zentimeter aus der Haut heraus. Die Eroberer berichten, dass die Narben eines Mannes aus der Kimberley-Region nach der Initialisierung knappe 30 Meter lang seien, würde man sie aneinanderreihen.

Wenn wir modernen Männer Weicheier sind bei unseren kosmetischen Selbstverstümmelungen, geht der Punkt dann nicht wenigstens in der Disziplin Schönheits*chirurgie* an uns? Dass sich die modernen narzisstischen Männer immer häufiger unters Messer legen, ist unbestritten – 2006 führten amerikanische plastische Chirurgen 85 570 Nasenkorrekturen und 35 020 Fettabsaugungen bei Männern durch. Dagegen waren den Männern antiker Kulturen und Stämme, außer den Maasai und den Römern, in Bezug auf die Schönheitschirurgie aufgrund ihrer vergleichsweise primitiven Kenntnisse die Hände gebunden. Dies hielt jedoch einige prähistorische Männer nicht davon ab, alle möglichen radikalen Methoden anzuwenden, um die in ihren Augen kosmetischen Mängel zu beseitigen. Die Oromo-Männer aus Äthiopien führten vor einigen hunderten von Jahren die Gynäkomastie (Brustverkleinerung) bei Männern durch, die heute bei modernen Möchtegern-Metrosexuellen unter den am häufigsten verlangten Eingriffen an fünfter Stelle steht. Bei den Oromos handelte es sich dabei allerdings um eine simple Amputation mit einer Eisenklinge (selbstverständlich ohne Betäubung). Allerdings nutzten prähistorische Männer eher andere als chirurgische Methoden, um ihre körperlichen Makel zu korrigieren. Die Maya-Männer klebten z. B. eine Wachsperle oder einen Wachsball an ihrem Kopf fest, der zwischen ihren Augen baumelte und sie zum Schielen animierte – was in ihrer Kultur als Schönheitsideal galt. Zu den unblutigen, jedoch extremen kosmetischen Maßnahmen gehörte auch die Kopfverformung. Bei dieser Prozedur, die in der Kindheit eines Jungen stattfand, wurde der Kopf in eine konische Form oder eine Form mit abgeflachtem Oberkopf gebracht, indem er fest zwischen Holzplatten eingebunden oder zwischen zwei schwere Steine gepresst wurde. Dies scheint eine lange historische Tradition zu haben, denn einige 45 000 Jahre alten Schädel von Neandertalern tragen bereits solche Spuren. Selbst in diesen frühen Tagen, so scheint es, waren die Männer bereit, sich derart drastischen kosmetischen Maßnahmen zu unterziehen, dass selbst Joan Rivers blass würde.

Prähistorische Parodontologie

Moderne Männer sind offensichtlich genauso besessen vom Aussehen ihrer Zähne wie Frauen: Eine Studie der British Association of Cosmetic Dentists ergab, dass über vierzig Prozent aller kosmetischen Zahnbehandlungen heute an Männern durchgeführt werden. Obwohl Bleichen und Überkronen zu den häufigsten Behandlungen zählen, entscheiden sich viele Männer heute für extremere Maßnahmen wie Implantate und Zahnfleischkorrekturen. Selbst diese invasiven Verfahren verblassen gegenüber denen, die von den Männern der alten Kulturen und Stämme durchgeführt wurden, um ihre Zähne zu verändern. Einige südostasiatische Stammesangehörige aus präkolonialer Zeit schwärzten sich sogar die Zähne, vermutlich, um sich von Hunden abzugrenzen, die zwar weiße Zähne hatten, jedoch als unreine Tiere angesehen wurden. Die McKenzie-River-Eskimos feilten sich ihre Zähne offenbar aus demselben Grund ab. Einige Männer des Stammes taten jedoch genau das Gegenteil: Sie feilten ihre Vorderzähne spitz, um sich zu verschönern (wobei dies anscheinend auch die Kariesbildung hemmte). Selbst die ausgefallenen, edelsteinbesetzten „Grills" (Mundstücke), die die modernen Rapper wie Paul Wall, Nelly und KanYe West so lieben, hätten unter den Maya-Männern nur zweitklassig gewirkt: Hochgestellte Maya-Männer trugen nicht nur Inlays aus Jade und Juwelen, sie ätzten auch kunstvoll gewundene Muster direkt in die Zahnoberfläche.

Nachdem auch dieser letzte Rettungsversuch gescheitert ist, sollte klar sein, dass wir modernen Metrosexuellen – wie auch unser Fahnenträger Beckham – den Kampf verloren haben. Wir sind nicht die narzisstischsten, schönheitsbesessensten Männer unserer Spezies. Diese Ehre gebührt den Wodaabe, den Tuareg, den Mayas, den Maccaronis – und jedem anderen prähistorischen Mann oder Stammesangehörigen, der im Lichte einer brennenden Fackel und im Spiegelbild eines glatten Sees sein Gesicht mit Ocker und Tierfett retuschiert hat. Dem scharfsinnigen Leser ist sicherlich schon aufgefallen, dass wir modernen Männer, auch wenn wir echte Möchtegernschönheiten sind, gar nicht so viel zum Thema echte, natürliche Schönheit gesagt haben. Wie sehen wir denn bar jeder Kosmetik, Veränderungen, jedes chirurgischen Eingriffs, Haistylings, Schmucks und Kleidungsstücks aus – im Vergleich zum antiken Mann? Es stimmt schon, dass David Beckham nach rein physischen Gesichtspunkten beim Gerewol keinen Blick auf sich ziehen würde (er ist zu klein, seine Haut ist nicht rot genug und seine Nase bei weitem nicht lang genug, um den ästhetischen Ansprüchen der Wodaabe zu genügen), aber ihre Normen sind zu kulturspezifisch, um auf uns übertragbar zu sein. Doch eigentlich ist der Stand der Dinge bei unserer natürlichen physischen Schönheit noch ärgerlicher, als unsere Defekte als Metrosexuelle es sind. Im Hinblick auf die Schönheit hatten moderne Männer Vorteile, von denen prähistorische Männer nur träumen konnten, trotzdem haben wir es vermasselt und bringen es fertig, wie hässliche Entlein auszusehen. Was Frauen an Männern schön finden, lässt sich anhand der optischen Kennzeichen des männlichen Körpers und des männlichen Gesichts leicht vorhersagen. (Was ein schöner Körper ist, mag im Auge des Betrachters liegen, aber wenn dem so ist, so haben alle Frauenaugen einen verdammt ähnlichen Geschmack.) Und in beiden Fällen gilt: der *Homo masculinus modernus* bekommt glatte null Punkte, obwohl er einige kräftig helfende Hände hatte.

Was den Körper anbelangt, so gehört Größe zu den stärksten Attributen, die Frauen schön finden. Große Männer behaupten von sich, mehr Geliebte, mehr Ehen und mehr Kinder zu haben als ihre kleinwüchsigen Brüder. Angesichts dieser Behauptung sollten wir eigentlich lachen – die heutigen westlichen Männer sind schließlich fünf bis zehn Prozent größer als ihre europäischen Vorfahren von vor zwei bis drei Jahrhunderten. (Obwohl die beeindruckende Statur von Stephen Webbs, australischer Aborigine-Läufer, zeigt, dass uns sehr frühe Männer der Gattung *Homo sapiens*, ganz zu schweigen von frühen Riesen wie dem *Homo heidelbergensis* um Längen überragt haben.) Jedoch haben ein Spleen der Frauen bei der Partnerwahl und unsere eigenen Stubenhocker-Angewohnheiten sich verbündet und diesen hart erkämpften Vorteil wieder zunichtegemacht. Es hat sich herausgestellt, dass die Vorliebe der Frauen für große Männer noch von etwas anderem abhängt: Attraktive Männer müssen gleichzeitig noch den idealen VHI (Volumen-Größen-Index) haben – oder laienhaft ausgedrückt: Es kommt darauf an, wie rundlich man ist. (Interessanterweise gibt es bei den Männern der Antike einige Ausnahmen hiervon, siehe unten.) Wird man zu dick, wie es etwa dreißig Prozent unserer westlichen Männer sind, spielt es keine Rolle mehr, wie groß man ist.

Als Fett das neue Schwarz war

Abnehmen ist unbestritten eine Obsession des modernen Mannes. Einige medizinische Fachzeitschriften berichten, dass seit den 1990ern zehn Prozent der Essstörungen bei jungen Männern auftreten. Wir können jedoch nicht behaupten, wir hätten diese Obsession erfunden – bei den Polynesiern haben die Männer bereits vor 350 Jahren strenge Diäten eingehalten. In ihrem Fall hatte diese Obsession nichts mit *Abnehmen* zu tun, sondern mit *Zunehmen* – und zwar so schnell und so viel wie möglich.

Die spanischen Eroberer berichteten, dass sich Gruppen junger Tahitianer gelegentlich unter einen großen Kanuunterstand zurückzogen, um dort mit Kokosöl eingerieben regungslos auf einem Teppich aus Farnblättern zu liegen. Während ihres Aufenthaltes bewegten sie sich so wenig wie möglich, derweil sie mit riesigen Mengen extrem kalorienhaltiger Nahrung versorgt wurden.

Wenn sie schließlich wieder hinausgingen, zeigten sie sich zuerst nackt ihren Stammesgenossen, die sich positiv zu ihren nun herrlich dicken Körpern äußerten. Diese träge Phase dauerte normalerweise einen Monat, einige Erstgeborene mussten jedoch als „hochgeschätzte Kinder" ihre gesamte Jugend mit Faulenzen und Sich-Vollstopfen verbringen. Sollten moderne Stubenhocker neidisch sein, sei ihnen zum Trost gesagt: Das Leben als „hochgeschätztes Kind" war kein reines Zuckerschlecken. Sie wurden oft geschlagen, damit sie noch mehr aßen. Auch ein bulimisches Rückwärtsessen half nichts: Die Spanier berichteten, dass unwillige kleine Fresser auch gezwungen wurden, ihr Erbrochenes zu essen.

Das zweite Kennzeichenset, anhand dessen Frauen die männliche Schönheit beurteilen, ist uns ins Gesicht geschrieben. Am wichtigsten dabei: die Symmetrie. Frauen beurteilen die Symmetrie in Männergesichtern, so die Theorie, weil sie ein sicheres Zeichen für die Stärke des männlichen Immunsystems und der Gesundheit ist – er war in der Lage, die Symmetrie zu wahren, trotz Hindernissen wie Krankheit und Parasiten, die diese sichtbar stören. Auch hier haben wir modernen Männer wieder unglaubliche Vorteile gegenüber unseren prähistorischen Gegenstücken: Unsere medizinische Versorgung und unsere Ernährung sind heute so gut, dass wir kaum Einbußen bei unserer Gesichtssymmetrie hinnehmen müssen. Aber wieder einmal ist es uns gelungen, diesen Vorteil zu verplempern. Frauen beurteilen auch hervorstechende Eigenschaften wie eine großen, robusten Kiefer, einen großen Mund, ausgeprägte Wangenknochen und ein breites Gesicht mit weit auseinander stehenden Augen. Die Ausprägung all dieser Merkmale wird vom Testosteron gesteuert, dessen Anteil erstaunlicherweise (aus bisher ungeklärten Gründen) in der westlichen Welt zu sinken scheint. Obwohl mir keine Forschungen in dieser Hinsicht bekannt sind, bedeutet dies vielleicht, dass Gesichtsmerkmale, die Frauen bei Männern am attraktivsten finden, immer weniger stark ausgeprägt sind. Da diese offenbar fest einprogrammierten weiblichen Vorlieben nicht so bald verschwinden werden, sind wir modernen Männer wohl gerade dabei, noch einen Weg zu finden, auf dem wir unsere weiblichen Zeitgenossen enttäuschen können – mit unserer physischen Schönheit oder mit deren Nichtvorhandensein.

Genau genommen könnte sich die Situation allerdings als weniger dramatisch erweisen. Schließlich ist Schönheit immer relativ und zum Glück können uns die Frauen nicht mehr mit unseren besseren Vorfahren von Angesicht zu Angesicht vergleichen. Um ein Mädchen zu erobern, müssen wir sie nur davon überzeugen, dass wir besser sind als der nächste Tölpel – und nicht besser als ein echtes verwegenes Testosteronpaket von vor 12 000 Jahren. Nur, um ganz sicherzugehen, sollten wir vielleicht einen letzten Versuch unternehmen, um etwas, irgendetwas Positives zu finden, das wir in punkto Fortpflanzung und Attraktivität zu unseren Gunsten verbuchen können. Ist es nicht z. B. an der Zeit, die letzte verzweifelte Hoffung all jener aufzubieten, die sich gegenseitig wegschubsen, um auf dem Heiratsmarkt nicht als Letzter übrig zu bleiben – unsere Fähigkeit als Väter? Diese Fähigkeit hat schließlich schon so manchen suboptimalen Mann davor bewahrt, genetisch in Vergessenheit zu geraten.

Als Gruppe gesehen, sind moderne Väter besonders qualifiziert. In den letzten beiden Jahrzehnten hat sich der sogenannte „neue Vater" entwickelt – der Papa, der lieber teilt, mehr liebt und gibt, der mehr Zeit mit den Kindern verbringt und sich stärker daran beteiligt, sie großzuziehen, als es unsere Väter und Großväter für möglich, wünschenswert oder gar klug gehalten hätten. Wie fällt jedoch der Vergleich zwischen dem „neuen Vater" und einer weiteren Gruppe von Supervätern aus, die erst neulich durch ihre phänomenalen Vaterqualitäten Schlagzeilen machten: dem alten, aber bis heute überlebenden Stamm der Aka-Pygmäen aus dem westlichen Kongobecken?

Ich traue mich gar nicht nachzusehen.

Nachwuchs

Wo aber ist der „neue Vater", der auf einmal durch sämtliche Talkshows geistert und der die Seiten in den vielen Popkultur-Magazinen füllt, gerade im Begriff, den Ruf des modernen Mannes mit seiner neu entdeckten Fähigkeiten als Vater zu rehabilitieren? Wo kommt dieser Mann her? Wenn man den Autoren Karen Hansen und Anita Garey Glauben darf (in ihrem Buch „Familien in den USA"), so stammt er von seinen Vorfahren linear ab. In den weit zurückliegenden Tagen des Mittelalters, als die Kirche das Sagen hatte, da war Dad der „Hüter der Moral": Der Vater beanspruchte für sich, die Hauptlast zu tragen, wenn es darum ging, den moralischen Charakter seiner Nachkommen zu formen – und er tat dies mit roher Gewalt. Dann, mit der Ankunft der Industrialisierung und dem Aufkommen einer Mittelklasse, wurde Dad zum „fernen Vater, der für den Broterwerb zuständig war": zum klassischen, reservierten, westlichen *pater familias* der 1930er und 1940er Jahre. Viele moderne Väter, die sich im Alltag aufreiben, mögen denken, dass zu diesem Zeitpunkt die Entwicklung hätte stoppen können – aber die glorreiche Flucht aus der Verantwortung war nur vorübergehend. Die Zunahme von Beschäftigungsverhältnissen bei den Frauen in der Nachkriegsära führte zu völlig verständlichen Klagen darüber, dass Männer ihre Last zu Hause nicht tragen würden – eine Klage, die jeder verstand, es sei denn, er war ein Mann; die Männer nämlich hatten zu jener Zeit längst vergessen, dass sie überhaupt irgendeine Rolle einnehmen müssten. Es gab Bedenken, die von der aufkommenden psychoanalytischen „sex-role"-Theorie aufgegriffen wurden, dass das Fehlen der Männer eine ganze Generation von Jungs zu Weicheiern machen würde. Und somit war der „engagierte Vater" erfunden, wie ihn auch Jim Anderson verkörperte, der Vater aus der Sitcom „Father Knows Best", der mit seinen Kindern spielte, ihnen Gedichte vorlas und Baseball beibrachte, und der stets parat war, eine Erlaubnis auszusprechen, und väterlichen Rat erteilte.

Der „engagierte Vater" aber neigte dazu, seine Beteiligung und sein Engagement auf die älteren Kinder zu beschränken; die Säuglingspflege im Allgemeinen – und das Windelwechseln im Besonderen – blieben der Frau und Mutter. Das genügte eine Weile, so lange, bis die Frauenbewegung – und ihr Möchtegern-kleiner-Bruder, die Männerbewegung – die Männer auch an den Windeleimer riefen. Das heutige Modell war geboren: eben jener „neue Vater", der Zeit mit seinen Kindern verbringt, der sich auch im Säuglingsalter um sie kümmert (und nicht nur während der Kindheit), er war tatsächlich zur Kinderbetreuung zu gebrauchen und für Töchter und Söhne im gleichen Maße verfügbar. Das Kennzeichen dieses „neuen Vaters" ist sein fester Entschluss, jeden Aspekt der Elternschaft zu leben, ganz ohne Einschränkung. Einige „neue Väter" gingen sogar so weit, sich aus Sympathie einen künstlichen Bauch anzulegen – eine Konstruktion, die nicht nur ein Gewicht von 15 Kilo um die Hüften simuliert, sondern zusätzlich aus einem Rippengürtel besteht, der die Lungen zusammendrückt, der bewegliche Bleigewichte hat, die in der Lage sind, fötale Bewegungen zu simulieren, der aus einem Warmwasserbeutel Hitze abgibt, um so Hitzewallungen, wie sie schwangerschaftsbedingt sehr häufig sind, hervorzurufen, und der ein speziell positioniertes Gewicht aufweist, mit dem sich der Druck auf die Blase simulieren lässt.

Um ein bisschen weniger exotische Vertreter eines engagierten Vatertyps handelt es sich bei den Aka-Pygmäen, die noch immer in den Regenwäldern des westlichen Kongobeckens leben, so, wie sie es seit hunderten oder wahrscheinlich tausenden von Jahren tun. Bei diesem Stamm handelt es sich um echte Pygmäen, die Männer des Stammes sind nie größer als 150 cm. Wie bei ihren Nachbarn, den Mbuti-Pygmäen, rührt ihre geringe Körpergröße wohl von einer Mutation her, die sie resistent gegen menschliche Wachstumshormone macht. Diese Stämme, die meist um die hundert Menschen umfassen, sichern sich ihren Lebensunterhalt durch das Sammeln essbarer Waldpflanzen und Insekten und durch die Jagd auf kleine bis mittelgroße Beutetiere, die sie gemeinsam meist unter Zuhilfenahme von Fangnetzen erlegen – auch wenn die Männer der Aka durchaus in der Lage sind, Elefanten niederzustrecken und Wildschweine mit dem Speer zu töten. Aber die Aka tauchen in jeder Diskussion zum Thema Vaterschaft auf, und zwar dank der wegweisenden Feldstudien von Professor Barry Hewlett, Washington State University, über die Vaterschaft bei den Aka. Nachdem er mehr als 15 Jahre lang die Aka studiert und mehrere Monate unter ihnen gelebt hatte, legte er eine Doktorarbeit vor, in der er die Aka als „die besten Väter der Welt" bezeichnete. Die Männer der Aka, so Hewlett, verbringen nicht nur täglich sehr viel Zeit mit ihren Kindern, ganz viel dieser Zeit stehen sie gar in engem physischem Kontakt, Haut an Haut. Und sie behandeln Söhne und Töchter exakt gleich. Ihr Interesse gilt schon den Säuglingen, sie teilen sich die Pflege mit der Mutter des Kindes und widmen sich ihren Kindern nicht nur im Spiel. Sie sind so sehr in der Säuglingspflege engagiert, dass sie ihre Babys sogar säugen!

Es ist ganz offensichtlich, dass diese Charakteristika der Aka dazu geeignet sind, dem westlichen „neuen Vater" einen gehörigen Strich durch die Rechnung zu machen. Die Männer der Aka punkten auf sämtlichen Gebieten väterlicher Tüchtigkeit, die die „neuen Väter" auszeichnen. Dank Hewletts Arbeiten verfügen wir über exakte Zahlen, die wir vergleichen können, schließlich hat er akribisch alles aufgezeichnet: Es gibt Prozentzahlen dafür, wie lange sich Aka-Väter im Umkreis von einem Meter Entfernung von ihren

Kindern aufhalten, und darüber, wie oft der Aka-Nachwuchs zu den Vätern rund ums Lagerfeuer krabbelt. Alles, was wir tun müssen, ist also, vergleichbare Zahlen für die westlichen „neuen Väter" aufzutreiben (wobei wir das Lagerfeuer durch den Fernseher ersetzen), um diesen „neuen Vater" dann auf einer Lichtung im kongolesischen Regenwald auszusetzen und ihn mit einem jener Super-Vater-Winzlinge zu konfrontieren.

Um die Sache voranzubringen: Wie viel Zeit nun verbringen die westlichen „neuen Väter" mit ihren Kindern? Und wie sieht es damit im Vergleich zu den Anstrengungen ihrer weiblichen Partner aus? Gemäß einer Statistik des US Bureau of Labor Statistics (BLS) hinken die Männer in den USA noch immer gewaltig hinter den Frauen her. Ein verheirateter, berufstätiger Vater beispielsweise widmet sich durchschnittlich 1,21 Stunden am Tag der Kinderbetreuung, seine berufstätige Frau 1,97 Stunden. Und die Diskrepanz zwischen arbeitslosen Vätern und Müttern ist sogar noch deutlicher: 1,75 Stunden für den Vater, 3,21 Stunden für die Mütter – das ist also fast das Doppelte. Trotz allem bilden diese Zahlen einen gewaltigen Fortschritt ab, der in den letzten vierzig Jahren stattgefunden hat: Erbärmliche 17 Minuten täglich widmete ein Vater um 1965 herum seinen Kindern, 1985 waren es immerhin 26 Minuten und 1998 sogar 51 Minuten. Und was die tatsächliche Zeit angeht, die Väter und Mütter mit den Kindern verbringen, werden die Unterschiede in Wirklichkeit sogar noch größer sein, als es diese Zahlen vermuten lassen. Die Statistik des BLS belegt nämlich auch, dass eine Frau noch immer viermal so viel Zeit mit Hausarbeiten verbringt (eine Zeit, die in Haushalten, in denen sich Dreikäsehochs aufhalten, de facto gleichzeitig auch Kinderbetreuung ist) wie ihr Mann. Und somit sieht es ganz danach aus, dass die Form der Kinderbetreuung, die der „neue Vater" pflegt, schlichte Anwesenheit bedeutet. Die Statistiken belegen, dass Väter heutzutage durchschnittlich 3,56 Stunden in Sichtweite ihrer Kinder verbringen, wobei die meiste Zeit davon aufs Wochenende fällt.

Nimmt man zahlreiche andere Studien in Augenschein, so zeigen diese, dass die Anwesenheit der Väter ein entscheidender Faktor für das Wohlbefinden des Kindes darstellt, und die heutigen Väter sind im Vergleich zu den „abwesenden Brötchenverdienern" vergangener Zeiten ganz unleugbar ein gewaltiger Fortschritt. In der Gesellschaft der Aka aber würde man selbst das Verhalten heutiger Väter bestimmt als Kindesmissbrauch aufgrund von Vernachlässigung empfinden. Die Väter der Aka-Pygmäen, so notiert Hewlett, stehen ihren Kindern zwölf Stunden am Tag zur Verfügung, sieben Tage die Woche. Und das nicht nur in Sichtweite des Nachwuchses – Aka-Väter bleiben in dieser gesamten Zeit nur eine Armlänge von ihren Kindern entfernt. Doch wie schaffen sie das? Nun, zum Teil dadurch, dass sie ihre Kinder wirklich tragen, nämlich gut ein Viertel der Zeit. Und gemeinsam mit der Mutter schlafen sie bei den Kindern, auf unglaublich engen Betten (die gerade mal 50 cm breit sind), so lange, bis die Kinder das Teenageralter erreichen. Auch nehmen Aka-Väter ihre Kinder wirklich überallhin mit: Hewlett berichtet, dass er oft beobachtet hat, wie sich Aka-Väter während eines Gelages Palmwein – einen natürlich vorkommenden Alkohol – hinunterkippten, während sie ihre Kinder auf dem Schoß hielten oder auf den Hüften trugen.

Empörte westliche „neue Väter" mögen dem nun entgegenhalten, dass es nicht gestattet ist, den Nachwuchs in eine Bar mitzunehmen. Und sie könnten Zuflucht zu der Behauptung nehmen, dass die Aka Freaks seien – eine Ausnahme unter den zweifellos erbärmlichen Vätern anderer prähistorischer oder stammeszugehöriger Völker. Doch selbst wenn die Aka auch unter den Jägern und Sammlern eher zu den Freaks zählen, so sind sie doch längst nicht die einzigen fürsorglichen Väter unter den Stammesvölkern. Auch wenn uns akribische Zahlen, wie Hewlett sie liefert, nur selten vorliegen, so berichtet doch auch der berühmte Anthropologe Bronislaw Malinowski, dass die Trobriand-Insulaner auf Papua ebenfalls hingebungsvolle Väter seien, die oft über viele Stunden ihre Kinder herumtragen. Und die Männer der Lesu in Melanesien sind bekannt dafür, täglich mit ihren Kindern zu spielen und sie mitzunehmen, wenn sie sich mit anderen Männern treffen. Nachdem er solches vernommen hat, mag der moderne „neue Vater" grässlich schmollen und feststellen, dass, wenn er nun nicht derjenige ist, der die meiste Zeit mit seinen Kinder verbringt, er eben der Schlechteste ist. Doch selbst diese Ehre (wenn es denn eine wäre) bleibt ihm verwehrt. Die Männer zahlreicher prähistorischer Völker und Stammeszugehörige überbieten den modernen Mann. Als einziges Beispiel sei genannt: Die Rwala-Beduinen aus Saudi-Arabien und Syrien haben noch vor hundert Jahren so wenig Zeit mit ihren Kindern verbracht, dass ein Rwala-Junge in die Pubertät eintrat und bis dahin nur ein- oder zweimal ein paar Worte mit seinem Vater gewechselt hatte.

Wer die Rute schont ...

Die Redewendung „Wer die Rute schont, verzieht das Kind" stammt aus der Bibel (Sprüche 13,24). Das Zitat dient oft dazu, barbarische Züchtigungen an unglücklichen Schulkindern christlicher Bildungseinrichtungen zu rechtfertigen, und doch gibt es in einigen Völkerstämmen ein paar prähistorische Disziplinarmaßnahmen, die diesen Rat in größere Extreme trugen. Die Tswana aus Südafrika beispielsweise wandten die Rute manchmal gar mit tödlichen Konsequenzen an.

Der *bogwjera*-Initiationsritus der Tswana bestand darin, dass man die jungen Männer zwang, ihre Sünde zu bekennen, und sie dann dafür bestrafte. Die Bestrafung wurde mit Dornenstöcken durchgeführt, die man *dichoshwnne* nannte, „Ameisen", oder *dinotshe,* Bienen. Bösewichte wurden so lange ausgepeitscht, bis die „Ameisen" oder „Bienen" die Haut zerfetzt hatten. Richtige Verbrecher wurden auf den Rücken gelegt, langgezogen, und der Kopf wurde überstreckt, dann schlug man ihnen wiederholt auf den Hals – eine Form der *dichoswhwnne,* die häufig mit dem Tod endete.

Genauso grausam waren die arabischen Väter der Rwala-Beduinen in der syrischen Wüste. Sie disziplinierten ihre Söhne, indem sie sie mit Dolchen stachen – oder sogar mit Säbeln, falls ihr Vergehen schwerwiegend gewesen war. Weinen war verboten und führte nur zu weiteren Bestrafungen.

Doch auch die Tswana und Rwala, wenn sie die Angriffe ihrer Väter überlebten, schafften es irgendwann, der väterlichen Kontrolle zu entfliehen. Anders die antiken Römer: Sie standen ihr Leben lang unter der Kontrolle ihrer Väter. Selbst ältere, gestandene römische Senatoren, die vielleicht schon Großväter waren, konnten sich den Peitschenhieben eines autokratischen Vaters nicht erwehren. Dank einer rechtlichen Situation, die man als *patria potestas* bezeichnete, war vieles möglich: Väter konnten das Einkommen und das Vermögen ihrer Söhne schmälern, sie zur Scheidung zwingen und sie sogar ungestraft töten. Dem Gründer der Stadt Rom, Brutus, wird nachgesagt, genau das getan zu haben: Er soll zwei seiner Söhne wegen militärischer Inkompetenz getötet haben.

Auch im Ausdauerwettbewerb um die Zeit, die man den Kindern widmet, scheint es, dass die Aka die modernen „neuen Väter" schlagen. Sie verbringen dreimal so viel Zeit mit ihren Kindern wie westliche Väter, und sie sind ihnen dabei auch räumlich näher. Doch wie steht es um das zweite Kennzeichen der „neuen Väter", nämlich die Tatsache, sich auch den Säuglingen und nicht nur den etwas älteren Kindern zu widmen? Das nämlich ist der Punkt, der die „neuen Väter" auszeichnet, weil die früheren „engagierten Väter" gerade das nicht getan haben – solange ein Kind nicht alt genug war, dass es einen Baseball-Handschuh anlegen oder einen Fußball werfen konnte, war das Kind par definitionem eine Sache der Mutter. Ein schneller Blick in die Statistiken zeigt, dass moderne Väter diese Haltung verinnerlicht haben: Tatsächlich haben sie die Fakten sogar ins Gegenteil verkehrt. Die bereits erwähnte Zahl, dass Väter im Schnitt 1,21 Stunden pro Tag damit verbringen, ihre Kinder zu versorgen, bezieht sich auf Kinder, die jünger sind als sechs. Für ältere Kinder beträgt der Wert 47 Minuten am Tag. Auch wenn es stimmt, dass der Wert für die unter Sechsjährigen nicht präzise angegeben werden kann, zeigt er dennoch, dass moderne Väter *mehr* Zeit mit ihren kleinen Kindern verbringen als mit den älteren. Den einzigen Vorbehalt, den ich hier anzubringen habe, ist, dass das niedrige Niveau an Hausarbeit beweist, dass die modernen Väter sich noch nicht wirklich an allen Aspekten der Kinderbetreuung beteiligen. Wie dem auch sei – wie sieht die Sache aus, wenn man den besseren Kontakt moderner Väter zu ihren Säuglingen mit ihren Konkurrenten aus dem Stamme der Aka vergleicht?

Hewletts Zahlen beweisen, dass sich Aka-Väter viel, viel intensiver mit ihren Säuglingen beschäftigen als die „modernen Väter". In den ersten vier Lebensmonaten tragen sie ihren Nachwuchs 22 Prozent der Zeit, die sie im Lager verbringen, mit sich herum (wenn die Männer außerhalb des Lagers oder auf der Jagd sind, ist diese Prozentzahl geringer). Die Zahlen verringern sich, wenn der Säugling älter wird, aber sie liegen bei immerhin noch 14,3 Prozent, wenn der Nachwuchs 18 Monate alt ist. Das ist überhaupt nicht überraschend, wenn man die Worte eines Aka-Vaters bedenkt, die Hewlett zitiert: „Wir Aka sorgen für unsere Kinder mit Liebe, von der Minute ihrer Geburt an, bis sie viel älter sind." Hewlett fand heraus, dass es sich dabei nicht nur um Angeberei handelt: Die Männer der Aka bringen sich tatsächlich aktiv in die Säuglingspflege ein. Wenn ein Baby in der Nacht weint, sind es meist die Väter, die sie nach draußen nehmen, um sie zu beruhigen. Und es sind auch häufig die Väter, die die Kinder mit Blättern sauber wischen, wenn sie uriniert oder gekotet haben (häufig auf die Väter selbst). Und: Aka-Väter küssen ihre Babys öfter, als die Mütter das tun. Aka-Väter haben keinerlei Bedenken, vermeintlich weibliche Pflichten wie das Vorkauen der Nahrung oder das Füttern zu übernehmen. So manch einer mag nun denken, dass Aka-Väter trotzdem nicht alles für den Nachwuchs tun können, was eine Mutter kann – stillen zum Beispiel. Aber unglaublicherweise müssen wir festhalten, dass die Männer der Aka ebenfalls säugen können.

Diese Tatsache kam der Welt in einem Interview zu Ohren, das Hewlett 2005 gegeben hat. Die Zeitung berichtete, der Professor habe gelegentlich beobachtet hatte, dass Männer während der Feldarbeit ihre Babys zur Brust nahmen. Skeptiker warfen die Frage auf, wie Männer stillen können, wenn sie keine Brüste haben – eine Frage, die gewichtiger wurde, weil Hewlett behauptete, sogar Fälle von Gynäcomastia – männlichem Brustwachstum – bei Aka-Vätern beobachtet zu haben. Auch wenn das erstaunlich klingt – auch bei den Mbuti Pygmäen im östlichen Kongo-Becken, die den Aka überhaupt nicht verwandt sind, gibt es Fälle von Gynäcomastia. Darüber hinaus handelt es sich bei männlicher Laktation (Milchbildungsfähigkeit) keinesfalls um ein unbekanntes Phänomen. Auch bei einigen westlichen Männern, die eine instabile Hormonlage aufweisen, zum Beispiel Krebspatienten oder Überlebende von Konzentrationslagern, kommt die Fähigkeit zur Laktation vor. Die beiden wichtigsten Hormone dafür sind das Prolaktin, das die Milchproduktion in der Brust stimuliert, und das Östrogen, das die Produktion des Prolaktin und das Wachstum von Brustgewebe fördert. Wenn man nun alle Fakten zusammennimmt, kann es dann sein, dass die Aka-Väter in der Tat den Weg hin zum stillenden Superpapa beschritten haben?

Um das herauszufinden, habe ich mich direkt an Professor Hewlett gewandt. Und er stutzte mich schnell zurecht: Es sei zwar richtig, dass die Väter der Aka ihren Babys oft die Brustwarzen darreichten – aber nur, um sie zu beruhigen, nicht, um sie zu füttern.

Wenn man nun die mechanische Stimulation der Brustwarzen bedenkt – auch wenn es sich um männliche Brustwarzen handelt –, sei es dann nicht möglich, dass ein Aka-Vater hin und wieder Milch produziert, hakte ich nach. Hewlett meinte, einen solchen Fall nie beobachtet zu haben, und nachdem er bei einem Aka direkt nachgefragt hatte, gab er dessen Antwort weiter: „Aka-Väter könnten nicht stillen, weil ihre Brustwarzen zu klein sind." Doch was hat es dann mit dem kuriosen Brustwachstum, das Hewlett – und auch andere – beobachtet hatten, auf sich? Vielleicht, so meinte Hewlett, hänge diese Tatsache mit dem Anstieg an Östrogen zusammen, der ausreichen würde, das Brustwachstum anzuregen. Eine im Jahr 2001 von der Mayo Klinik unter kanadischen Männern durchgeführte Studie stellt fest, dass Männer, die Nachwuchs erwarteten, einen Anstieg an Östrogen und eine verminderte Produktion von Testosteron aufwiesen. Es scheint also nicht zu weit hergeholt anzunehmen, dass die fürsorgliche, väterliche Art der Aka dazu führt, dass ihr Östrogenlevel ansteigt und Brustwachstum verursacht (auch wenn es genauso gut anders herum sein könnte). Also weist eine Minderheit der Aka-Männer ein sichtbares Zeichen ihrer liebevollen väterlichen Fähigkeiten körperlich sichtbar auf.

Und obwohl die Aka-Pygmäen ganz offensichtlich einzigartig sind, was ihr Säugeverhalten betrifft, so sind sie unter den prähistorischen und stammeszugehörigen Völkern nicht einzigartig hinsichtlich ihres Einsatzes für ihre Säuglinge. Malinowski zum Beispiel stellte klar, dass auch die Väter auf den Trobriand Inseln ihren Säuglingen hingebungsvoll ihre Aufmerksamkeit widmen:

„Er (der Vater) hätschelt und sorgt für das Baby, säubert und wäscht es und gibt ihm zerstampfte vegetarische Nahrung ... Der Vater widmet sich diesen Pflichten mit einer ernsten, natürlichen Begeisterung ... und in seinen Augen steht Liebe und Stolz, wie man ihn nur selten bei Europäern findet ..."

Und auch Berichte über die melanesischen Väter der Lesu zeichnen ein ruhmvolles Bild der Beziehung zwischen Vätern und ihren Säuglingen:

„Der Vater und die Mutter sind gleichermaßen zärtlich zu dem Kind … Ein Mann spielt mit seinem Kind … und konfrontiert es mit bloßer Albernheit … oder sie summen ihm ein Tanzlied vor …“

Malinowski stellt heraus, dass solch zärtliches väterliches Verhalten hauptsächlich in matrilinearen Gesellschaften (also in solchen, die in der Erbfolge der mütterlichen Linie folgen) vorkommt, da die Väter in diesen Gesellschaften nicht die wichtigste Autorität sind (die wichtigste männliche Autorität eines Kindes war stets der Bruder der Mutter). Patrilineare Gesellschaften neigen dagegen eher dazu, väterliche Zuneigung geringzuhalten, wie zum Beispiel bei den afrikanischen Kipsigi, bei denen die Väter die Säuglinge im gesamten ersten Lebensjahr kein einziges Mal halten. Ganz klar: Wir „modernen Väter" entfernen uns in so mancher Hinsicht von unseren patrilinearen Wurzeln und bewegen uns in Richtung auf ein Modell der größeren Beteiligung an der Säuglingspflege. Und doch haben wir noch einen weiten Weg vor uns, wenn wir uns mit dem Einsatz der Aka, der Väter von den Trobriand Inseln oder den Vätern der Lesu vergleichen wollen.

Runde eins und Runde zwei gehen also an die Aka und die Super-Papas aus anderen Stammesvölkern. Doch wie steht es um die beiden übrigen Kennzeichen, die „moderne Väter" aufweisen – Kinderversorgung statt deren Bespaßung – und Gleichbehandlung von Söhnen und Töchtern? Um den ersten Punkt aufzugreifen: Warum eigentlich gilt die Versorgung denn als erstrebenswerter als die reine Bespaßung? Nun, aus genau zwei Gründen: Zum einen beweist der Vater damit seinen Willen, einen gewichtigen Anteil an der Kinderversorgung zu übernehmen, und zum zweiten zeigt sich darin ein hohes Maß an Intimität und Zuneigung zum Kind. Auf den ersten Blick scheint sich die Beteiligung der „neuen Väter" bei der Kinderversorgung tatsächlich dramatisch erhöht zu haben. Einer Studie der Universität von Chicago zufolge haben verheiratete Väter im Jahr 1965 genau 17 Minuten täglich der Versorgung ihrer Kinder gewidmet – im Jahr 1998 (die jüngsten erhältlichen Zahlen stammen aus diesem Jahr) waren es 51 Minuten. Und doch beweist dieselbe Studie, dass das Verhältnis zwischen Versorgung und Bespaßung das gleiche blieb. Mit anderen Worten: Die Zeit, die Väter ihren Kindern im Spiel widmeten, stieg um ein Vielfaches. Also Spaß statt Windelwechsel, Füttern und andere Aufgaben. Mütter dagegen widmen nur 28 Prozent ihres Engagements für den Nachwuchs dem Spiel. Und: Die Väter ziehen beim Spielen wilde körperliche Aktivitäten anderen Formen der Kinderbeschäftigung vor.

Ein Vergleich mit den Aka ist an dieser Stelle sehr aufschlussreich, denn trotz ihres gewaltigen Einsatzes für den Nachwuchs spielen die Aka so gut wie nie mit ihren Kindern. Hewlett berichtet, dass er nur eine einzige Episode notierte, wo ein Vater mit seinem Kind spielte – und das in 264 beobachteten Stunden. Die Kinder der Aka gaben ebenfalls an, dass ihre Väter selten mit ihnen spielten. Wir sind so darauf konditioniert, dass ein Vater mit seinen Kindern spielt, dass es in unseren Augen nach Vernachlässigung aussieht, wenn er das nicht tut – doch wie steht es dann um all die anderen Angaben, die es hinsichtlich des Einsatze der Aka-Väter gibt? Was ist da los?

Es gibt zwei Gründe, für die spielferne Natur der Aka-Väter im Umgang mit ihren Kindern: Zum einen haben sie einen festen Platz, wenn es darum geht, ihre Kinder zu unterweisen – eine Rolle, die westliche Väter an den Staat abgetreten haben. Das Training der Aka findet täglich statt, und es handelt sich dabei um ein minutiöses Programm, das zu einem ganz frühen Zeitpunkt beginnt. Hewlett notiert:

„Ich war erstaunt zu beobachten, dass Eltern ihre acht bis zwölf Monate alten Kinder unterrichteten, wie man einen Grabstock nutzt, kleine Speere wirft, Miniaturäxte mit scharfen Klingen verwendet und kleine Körbe trägt."

Aka-Väter müssen keine Spiele erfinden, um sich ihren

Kindern zu widmen, sondern ihr ganzes Leben ist ein – effektives – Lernspiel, weil sie ihr Leben mit ihnen verbringen. Und hinter diesem Grund verbirgt sich ein weiterer: die Intimität, die Aka-Väter für ihre Kinder empfinden. Sie verbringen so viel Zeit mit ihnen, dass sie Experten dafür sind, was ihr Kind wann braucht. Ein Aka-Vater kann, so scheint es, die Bedürfnisse seines Kindes viel besser lesen als ein moderner westlicher Vater. Wenn man die Sache so betrachtet, dann handelt es sich bei dem Spieldrang, den westliche Väter an den Tag legen, nicht um einen dem Manne innewohnenden, natürlichen Trieb, wie es manchmal heißt, sondern schlicht und einfach darum, genau zu wissen, was zu tun ist. Hewlett formuliert den wesentlichen Unterschied zwischen europäischen Vätern und den Vätern der Aka: Europäische Väter müssen die Interaktion mit ihrem Kind immer neu anstoßen – Aka-Väter so gut wie nie. Ihre tiefe Vertrautheit mit den Kindern ermöglicht ihnen eine bequeme Interaktion, auf eine leichte und natürliche Art.

Kinder auf dem Vorführtablett

Schönheitswettbewerbe für Kinder haben einen schlechten Ruf, seit JonBenét Ramsay 1996 ermordet wurde. Und doch erfreuen sie sich zunehmender Beliebtheit und haben ein Niveau erreicht, das, wenn man der Homepage des Pageant Center Glauben schenken darf, erstaunlich ist: bei mehr als 25 000 solcher Wettbewerbe wird ein Umsatz in Milliardenhöhe erzielt. Das Pageant Center behauptet, dass Schönheitswettbewerbe für Kinder in Florida während der 1960er erfunden wurden, aber überraschenderweise gibt es auch unter den Stammesvölkern einige, die schon seit hunderten von Jahren solche Schönheitswettbewerbe durchführen.

Im antiken Hawaii waren es verzückte Großeltern, die ihre „kleinen Lieblinge", *pa'i punahele*, ganz offensichtlich zur Schau stellten, und die regelmäßig einen *ho'okelakela*, einen Schönheitswettbewerb, durchführten. Wohl aber waren diese Wettbewerbe ganz anders als heute, wo es um unechte Hautbräune, den Babyatem und um Mini-Abendkleider geht. Im Einklang mit der polynesi-

schen Vorliebe für einen korpulenten Körperbau wurden die *pa'i punahele* mit Essen vollgestopft, damit sie möglichst dick wurden.
Die „kleinen Lieblinge" hätten sich auch sehr schwer getan, über
den Laufsteg zu staksen, da *pa'i punahele* das gesamte erste Lebensjahr überall hingetragen wurden.

An diesem Punkt sieht es wieder einmal schlecht aus für die
modernen Väter: drei von vier Runden sind inzwischen an
die Aka gegangen. Kann er nun in einer letzten Runde, derjenigen um die Gleichbehandlung von Mädchen und Jungs,
endlich punkten? Die Zeichen stehen nicht schlecht.

Anders als in so manchen asiatischen und afrikanischen
Ländern gibt es in der westlichen Welt keine besondere weibliche Säuglingssterberate. Und wenn man ein bisschen genauer hinschaut, treten weitere überraschende Fakten ans
Licht: Trotz des Fehlens einer Neigung, weibliche Föten abzu-
treiben, wünschen sich noch immer 48 Prozent der amerikanischen Väter, die Nachwuchs erwarten, einen Sohn –
im Gegensatz zu 19 Prozent, die auf eine Tochter hoffen.
Und wenn das Kind geboren ist, setzen unterschiedliche Mechanismen ein, die vermutlich dem Vater selbst nicht einmal
bewusst sind. Sobald sie einen Sohn haben, neigen Väter dazu, härter zu arbeiten, und sie streben nach mehr Geld. Sie
verbringen mehr Zeit mit ihrem Sprössling – eine Stunde täglich unter der Woche; Töchtern dagegen widmen sie nur eine
halbe Stunde. Der Unterschied in der Einstellung zu Söhnen
und Töchtern kann sogar seine Haltung zum Thema Ehe beeinflussen: Väter neigen eher dazu, die Mutter ihres Kindes
zu heiraten, wenn das Kind ein Sohn ist. Untersuchungen unter Paaren, die nach einer Ultraschalluntersuchung das Ge-
schlecht ihres Kindes kannten, heirateten vor der Geburt des
Kindes eher, wenn das Kind ein Sohn war. Und die Liste geht
weiter: Eltern, die einen Sohn haben, sparen eher für eine
Universitätsausbildung; Zufriedenheit und eheliche Harmo-
nie sind größer, wenn ein Paar männliche Kinder hat, die

Scheidungsraten sind geringer; und wenn sich ein Paar doch scheiden lässt, dann bemüht sich der Vater viel eher um das Sorgerecht, wenn er einen Sohn hat. Zwar sind die Unterschiede gering – aber eben auffällig. Und welche Haltung legen die Aka an den Tag?

Interessanterweise gibt es zu dieser Fragestellung überhaupt keine Aufzeichnungen – nicht eine einzige Kritzelei, nicht die geringste Notiz. Professor Hewlett hat die Frage in seine Feldstudien überhaupt nicht aufgenommen – sie fehlt völlig. Sein exzellentes Buch über die Väter der Aka, „Intimate Fathers", wirft nicht einmal im Stichwortverzeichnis diesen Themenkomplex auf. Das mag einfach darauf beruhen, dass diese Fragestellung nicht Teil des Forschungsauftrags war – aber ich glaube, der Sachverhalt ist ein anderer. Hewletts Studien suchen nicht nach Unterschieden im Verhalten der Väter gegenüber männlichen und weiblichen Nachwuchs, weil es einen solchen Unterschied überhaupt nicht gibt! Die Gesellschaft der Aka kennt keine Statusunterschiede zwischen Männern und Frauen, sodass es ihnen überhaupt nicht in den Sinn kommt, Mädchen und Jungs unterschiedlich zu behandeln. Ein Hinweis darauf findet sich in Hewletts Aufzeichnungen über die Rolle von Männern und Frauen in der Gesellschaft der Aka:

„Die Frauen der Aka fordern die Autorität der Männer regelmäßig heraus; sie haben einen deutlichen Einfluss bei Entscheidungsfindungen. Die Frauen beteiligen sich an Entscheidungen über die Bewegungen des Lagers, über außereheliche Affären, über fehlendes Jagdglück und über Anschuldigungen durch Hexer … Die Fähigkeiten von Frauen und Männern sind ziemlich ähnlich, und sämtliche Aufgaben können von beiden Geschlechtern übernommen werden."

Die Aka-Frauen nehmen also aktiv an vermeintlich männlichen Aktivitäten teil, zum Beispiel an der Jagd mit dem Netz; sie waren sogar für das Töten kleiner Antilopen und anderer Beutetiere verantwortlich, die ihnen die Männer ins Netz getrieben hatten. Das hohe Ansehen der Aka-Frauen zeigt sich auch in den Texten ihrer populären Lieder, *dingboku*, den „Tanzliedern der Frauen". Und es ist auffällig, dass weder Hewlett noch einer der anderen Anthropologen, die sich mit den Aka beschäftigten, jemals einen Fall von männlicher Gewalt gegen Frauen beobachtet hat. (Interessanterweise gab es einzelne Fälle von weiblicher Gewalt gegen Männer, wobei die Frauen meistens ihre Männer mit Messern im Gesicht ritzten oder sie mit brennendem Holz schlugen, wenn sie mit einer anderen Frau geschlafen hatten. Doch auch in diesen Fällen bestand der weibliche Aufstand meistens darin, dass die Frau die gemeinsame Hütte niederriss.) Und auch wenn ich zugeben muss, dass wir keine konkreten Aufzeichnungen über das Verhalten der Aka-Väter ihren Söhnen und Töchtern gegenüber haben, muss ich bedauerlicherweise auch diese Runde an die Aka geben.

Wenn wir also das Maß unserer „neuen" Vaterschaft festlegen wollen, so müssen wir modernen Väter erst noch beweisen, dass es sich dabei nicht um eine Totgeburt handelt. Trotz unserer nationalen Einrichtungen, trotz Elternschulen, Väterclubs und Geburtsvorbereitungskursen werden wir von ein paar in Wäldern lebenden Superpapas, die nicht einmal die Flyer wie „Lass dich auf die Schwangerschaft ein" oder Bill Cosbys Buch „Vaterschaft" („Fatherhood") lesen können, geschlagen. Zwar mag der gedemütigte „neue Vater" an dieser Stelle einwerfen, dass der Vergleich ziemlich unfair sei: Vaterschaft heute ist eine ziemliche Herausforderung, könnte er argumentieren, eine, die sich die Aka niemals träumen lassen könnten. Wie nämlich steht es um all die Innovationen, mit denen sich ein „neuer Vater" konfrontiert sieht, wie zum Beispiel das Stiefvater-Sein? Oder der Frau unter der Geburt beizustehen? Oder dem disziplinfreien Aufwachsen-Lassen der Kinder. Können die Aka-Väter es auf diesem Gebiet überhaupt mit dem westlichen „neuen Vater" aufnehmen, wo er diese quasi allesamt erfunden hat?

Warten wir's ab.

Stiefvaterschaft gilt in der Tat als eine Spezialität moderner Familien im Zeitalter nach der sexuellen Revolution. Und doch sieht es ganz so aus, als würden sich unsere selbsternannten Fähigkeiten auf dem Gebiet der Elternschaft in Luft auflösen, sobald die Statistiker zu Wort kommen: Im Jahr 2004 lebten weniger als sechs Prozent der amerikanischen Kinder mit ihrer Mutter und einem Stiefvater zusammen, im Gegensatz dazu lebten 25 Prozent der Kinder alleine mit ihrer Mutter. Darüber hinaus stellt sich die Situation der Kinder, die mit einem Stiefvater zusammen leben, eher schlecht dar: Eine Studie, die von Margo Wilson und Martin Daly in den 1980er Jahren durchgeführt wurde, belegt, dass Stiefväter für eine höhere Rate an körperlichen Angriffen – die noch dazu heftiger ausfielen – verantwortlich waren als biologische Väter. Auch wenn echter Missbrauch unter Stiefvätern relativ selten ist, kommt es doch häufig zu Vernachlässigung von Stiefkindern. Eine andere Studie über amerikanische Stiefväter, die das männliche Engagement auf vier Ebenen untersuchte – finanzielle Unterstützung von Geburt an, die Zeit, die ein Vater mit dem Kind verbringt, die Studiendauer und die finanzielle Unterstützung im Studium –, belegt, dass Stiefväter ihren Stiefkindern gegenüber weniger freigiebig waren als den eigenen Kindern. Diese Unterscheidung zog sich auch dann durch den Alltag, wenn die Stiefkinder mit den leiblichen Kindern in derselben Familie lebten. Und obwohl die meisten Stiefväter gewaltige Anstrengungen unternehmen, ihre Stiefkinder ebenso zu lieben wie die eigenen, sind ihre Bemühungen kaum erfolgreich.

Ganz anders die Aka. Stiefvaterschaft kommt bei ihnen viel häufiger vor als in westlichen Gesellschaften. Weil viele Aka-Eltern in einem sehr jungen Alter sterben und weil es bei den Aka eine überraschend große Scheidungsrate gibt, leben mehr als vierzig Prozent der Aka-Kinder im Alter von 16 Jahren in einer Stieffamilie. Jedes Stiefkind, das von Hewlett befragt wurde, gab an, vom Stiefvater gut behandelt zu werden, manchmal gar besser als vom leiblichen Vater. Und auch wenn Hewlett notiert, dass Stiefväter nicht denselben direkten Kontakt zu einem Stiefkind aufbauten wie zu einem eigenen, gab er doch zu bedenken, dass sein Datenmaterial viel zu beschränkt sei, um solide Rückschlüsse zuzulassen. Die Gesellschaft der Aka scheint aus der Stiefvaterschaft einige Benefits zu ziehen – Hewlett stellt fest, dass fast jedes Kind in seiner Statistik, das den leiblichen Vater verloren hatte, ebenfalls starb, wenn seine Mutter nicht innerhalb weniger Monate wieder heiratete. Das mag daran liegen, dass die Aka im Dschungel unter schwierigen Bedingungen leben, die den Vater in der Kinderbetreuung unersetzlich machen. Andere Stammesgesellschaften übrigens, die im Dschungel leben, zeigen einen noch besseren Umgang bei der Kinderbetreuung in Stieffamilien. Einige zum Beispiel dehnen den Schutz auf die Mutter aus. Die Männer der südamerikanischen Bari, Canela, Mundurucu und der Mehinaku-Stämme glaubten, dass es des Samens mehrerer Väter bedarf, um ein Kind entstehen zu lassen, und dass jeder einzelne Samenspender Verantwortung trägt. Bemerkenswerterweise hatten die Kinder, die auf mehrere Väter zählen konnten, bessere Überlebenschancen als die Kinder eines einzelnen Vaters. (Wir müssen an dieser Stelle aber nicht alle antiken stammeszugehörigen Väter zu Helden stilisieren: Die Aché-Indianer aus Paraguay töteten beispielsweise die Kinder, deren Väter starben oder die die Gruppe verließen). Der westliche „neue Vater" scheint dagegen ziemlich eigennützig: Eine Studie aus dem Jahr 2004 belegt, das wir unsere größten Anstrengungen für den Nachwuchs reservieren, der uns ähnelt.

Wenn sich also die Prahlereien mit stiefväterlichen Fähigkeiten als Augenwischerei entpuppen, wie steht's dann um unsere Gegenwart bei der Geburt? Das ist ganz sicher eine neue Entwicklung – noch vor fünfzig Jahren war Männern gar der Zutritt auf die Frauenstationen zur Geburt verweigert; heutzutage erleben fast neunzig Prozent der Väter die Geburt mit.

233

Und das ist etwas, das Aka-Väter *nicht* tun – wir haben also endlich einen Sieg errungen. Allerdings haben auch Aka-Männer keine Vorbehalte gegen Väter, die bei der Geburt dabei sind (Hewlett berichtet von mindestens einem Vater, der seiner Frau in den Wehen beistand, als diese im Wald einsetzten). Andere Stammesvölker kennen diese Vorbehalte dagegen schon. Die Flüssigkeiten, die mit einer Geburt in Verbindung gebracht werden, galten als so verseucht, dass Väter kreisende Frauen unter Todesangst mieden. In manchen Stämmen war es Sitte, dass die Männer eine spezielle Hütte bauen mussten, in der die Frau gebären konnte. Andere mussten sich strengen Restriktionen unterwerfen, wie zum Beispiel die Mehinaku aus Brasilien, wo sich die Väter dem Sex enthalten, sich selbst in eine abgrenzte Hütte zurückziehen und bis einige Monate nach der Geburt von so manchen Speisen (z. B. Fisch) fernhalten mussten. Und unter den Garifuna in Honduras konnte diese Lebensphase drei Jahre andauern. Andere Stammesväter aber waren bei der Geburt zugegen: Ihre Aktivitäten waren dann aber nicht darauf beschränkt, der Frau die Hand zu halten und ein gelegentliches „Jetzt pressen!" zwischen den Lippen hervorzubringen – die Nachbarn der Aka beispielsweise, die Mbuti, mussten (und müssen auch heute noch) sich entkleiden und ihren Penis entblößen. Und unter den burmesischen Bergvölkern waren es nicht nur die Väter, sondern alle Männer eines Volkes, die sich entkleideten und eine ganze Reihe von obszönen Posen einnahmen, vermutlich, um böse Geister zu vertreiben.

Andere Völker dagegen bedienen sich sadistischer Methoden, um dem Vater Schmerzen zuzufügen, damit er mit der Frau leidet. Einige antike brasilianische Stämme schlagen beispielsweise am ganzen Körper mit dem Zahn eines Aguti (eines Nagetiers), der so spitz ist, dass man damit brasilianische Nüsse aufpieksen kann, auf den werdenden Vater ein und schüttet dann mit Pfeffer vermischten Tabaksaft in die Wunden.

Wenn diese Vorstellung uns moderne Väter nicht wie einen begossenen Pudel aussehen lässt, wenn wir unsere Sympathiebäuche vor uns hertragen, dann muss er unbedingt noch Selbsttäuschung zu der Liste seiner Verfehlungen hinzufügen.

Ein Weitermachen an dieser Stelle scheint grausam, aber nur um den Zweck der Übung willen: Wie steht es um den vermeintlichen Dienst, die körperliche Züchtigung abgeschafft zu haben? In den vergangenen Jahrzehnten scheinen wir uns davon weit entfernt zu haben: Körperliche Strafen sind in europäischen Schulen und den meisten europäischen Familien verboten, ebenso in drei australischen und 23 amerikanischen Staaten. Das ist ganz sicher ein Fortschritt im Vergleich zur Barbarei früherer Zeiten. Noch in den 1820er Jahren wurde Alfred Lord Tennyson für das Vergessen einiger Zeilen beim Aufsagen einer Hausaufgabe so sehr ausgepeitscht, dass er sechs Wochen lang das Bett hüten musste. Und im Mittelalter waren die Bestrafungen noch schlimmer, als zum Beispiel sächsische Kinder im frühen England mit einem *joug*, einem Metallkragen, an einer Wand befestigt und für die Vorübergehenden als Wurfscheibe und Missbrauchsobjekt freigegeben waren. Doch nicht alle prähistorischen oder Stammesgesellschaften waren so grausam wie die unsere: Es ist wahrscheinlich, dass die Aka-Pygmäen *nie* solche brutalen Bestrafungen durchgeführt haben. Die Pygmäen schlugen ihre Kinder so gut wie nie: Hewlett berichtet, dass er in den 15 Jahren seiner Beobachtungen der Aka nur ein einziges Mal beobachtet hat, dass ein Kind geschlagen wurde. (Tatsächlich kann das Schlagen eines Kindes bei den Aka ein Scheidungsgrund sein). Die Väter der Aka greifen ihre Kinder auch nicht verbal an: Hewlett erzählt, dass er keine Mutter und keinen Vater der Pygmäen je das Wort „Nein" habe sagen hören. (Die Eltern entfernen das Kind lediglich vom Objekt des Fehlverhaltens). Auch erwarten die Aka-Väter kein besonderes Maß an Respekt von ihren Kindern. Hewlett notiert mit einigem Amüsement, die Worte eines entsetzten Dorfbewohners der Ngandu (einem Nachbarvolk der Aka, die ihre Kinder strenger behandeln):

„Junge Pygmäen haben keinen Respekt vor ihren Eltern; sie betrachten ihre Väter als ihre Freunde … sie sprechen sie immer bei ihrem Vornamen an. Ich war einmal in einem Pygmäen-Camp, und der Sohn sagte zu seinem Vater: ‚Etobe, deine Bällchen hängen unter deinem Lendenschurz hervor‘, und alle fingen an zu lachen. Kein Respekt, überhaupt keiner …"

Ich mag das falsch einschätzen, aber ich würde wetten, dass die meisten „neuen Väter" versucht wären, ihre Prinzipien einer gewaltfreien Erziehung infrage zu stellen, wenn Klein-Timmy dieselbe Nummer abziehen würde!

Warum eigentlich sind wir modernen Väter so viel schlechter als die Aka, obwohl wir doch über einen fantastischen Reichtum an Hilfe und Ratgeberliteratur verfügen? Zu unserer Verteidigung muss ich sagen: Es ist nicht alles unsere Schuld. Anthropologische Studien über gute Vaterschaft (definiert als mit dem Kind vertraut und in einem warmen emotionalen Verhältnis stehend) haben herausgefunden, dass diese in Sammler- und Jägerkulturen viel häufiger ist. Die Studien haben auch die Bedingungen offengelegt, die diese Verhältnisse in anderen Kulturen hemmen. Einer der Gründe ist, wie bereits erwähnt, ein patrilineares Abstammungssystem, aber es gibt noch andere Gründe. Forscher haben herausgefunden, dass in Weide- oder Herdengesellschaften die Väter am meisten abwesend sind. Ein Grund ist wohl der, dass solche Gesellschaften das Anhäufen gewaltiger Privatvermögen ermöglichen. Diese Tatsache wiederum ermutigt Männer dazu, der Promiskuität nachzugehen oder Polygamie zu betreiben und so eine größere Zahl an Nachkommen zu zeugen, da sie die Nachkommen ja unterstützen können. Die Investitionen in das Individuum aber gehen zurück. Dazu kommt das Problem, dass die Hirtentätigkeit den Mann von der Familie entfernt – manchmal sogar sehr weit –, und ihn somit für väterliche Aufgaben aus der Schusslinie schafft. Zudem sind Herdengesellschaften gewaltgeprägt. Die Tatsache, dass ein großer Reichtum an ein mobiles System gebunden ist, das leicht gestohlen werden kann, hat zur Folge, dass Herdenführer Gewalt als ein Mittel der Abschreckung anwenden. Im Rückschluss heißt das aber auch, dass eine solche Aggression einem vertrauten, warmherzigen Vaterverhältnis abträglich ist.

Es ist ganz offensichtlich, dass unsere Gesellschaft – diejenige der „neuen Väter" – wenigstens zwei dieser Bedingungen erfüllt. Auch wenn wir nicht mehr zu einer Hyper-Aggressivität Zuflucht nehmen müssen, um unsere Feinde abzuschrecken (diese Aufgabe übernimmt unser Rechtssystem für uns), so sind wir doch eine Herdengesellschaft, in der uns die Arbeitsplätze – oft sogar sehr weit – von unserer Familie entfernen. Außerdem sind wir eine habgierige Gesellschaft, die, wie oben aufgeführt, Promiskuität befördert und väterliches Engagement hemmt. Es stimmt zwar, dass wir nicht unbedingt so große Herden zeugen wie es die polygamen Herdenbesitzer getan haben, aber es ist nicht allein die Tatsache, dass zusätzliche Kinder uns von väterlichem Engagement abhalten. Auch die schwächere Bindung an eine bestimmte Frau, die aus der Tatsache, verschiedene Sexualpartner zu haben, resultiert, ist dafür mit verantwortlich. Gleichzeitig beweist die Tatsache, dass angestellte Väter, die die „Väterspur" einschlagen – die sich also für ihre Kinder engagieren und ihr Arbeitspensum zurückfahren –, schlechter Karriere machen und als weniger zuverlässige Angestellte gelten; väterliches Engagement ist also in der Tat in unserer Gesellschaft mit hohen Kosten verbunden.

Es ist ganz offensichtlich: Unsere väterlichen Grundbedingungen brauchen ein bisschen Aufmerksamkeit.

Bemerkenswerterweise gibt es auch unter den Aka Männer, die nicht die „Väterspur" einschlagen. Es gibt bei den Aka zwar nicht viele mit einem angesehenen Status verbundene Positionen, aber ein paar gibt es doch, darunter die Position eines *kombeti*, Hauptmanns, eines *nganga*, Heilers, und eines *tuma*, Elefantenjäger. Hewlett fand heraus, dass Männer, die eine dieser Positionen innehatten, im Allgemeinen weniger väterliche Bemühungen an den Tag legten als die anderen Männer. Wahrscheinlich, weil sie genau wie ihre westlichen „Amtskollegen" ihre größten Bemühungen in status-relevante Aktivitäten einbrachten und weniger in ihre Bemühungen um den Nachwuchs.

Allerdings sind diese Männer bei den Aka eher die Ausnahme als die Regel – noch dazu eine zahlenmäßig kleine. Den meisten Aka-Männern erlaubt ihre einzigartige Kultur, ihre väterlichen Instinkte frei jeglicher ungesunder Einflüsse auszuleben. Welche Bedingungen aber sind es, die das ermöglichen? Hewlett benennt drei Voraussetzungen: Zum ersten die Gleichheit von Männern und Frauen. Die Ehemänner der Aka, so schreibt er, verbringen viel Zeit mit ihren Frauen, sie genießen ihre Gegenwart, und sie haben ein so hohes Maß an Respekt für die Arbeit der Frau, dass sie sich nicht für unwürdig erachten, ihnen beizustehen. Das führt uns zum zweiten Grund: die Tatsache, dass Männer und Frauen bei der Jagd mit Netzen und beim Raupenfang zusammen arbeiten und so den Vater Tag für Tag auch in die Kinderbetreuung mit einbinden. Daraus resultiert der dritte Punkt: das hohe Maß an emotionaler Bindung von Vater und Kind. Die Väter der Aka wachsen so eng mit ihren jungen Kindern zusammen, weil sie ihnen die gesamte Kindheit hindurch auch physisch sehr nahe sind.

Das, so sagt Hewlett, hat Auswirkungen auf unsere Gesellschaft. Nicht nur, dass wir einen Weg finden müssen, die Arbeitsstätten der Väter näher an die Zuhause zu bringen, sei es durch Krippenplätze am Arbeitsort oder flexible Elternzeiten auch für Väter. Es bedeutet auch, dass unser Ansatz, dem Nachwuchs genug „quality time" zu widmen, womöglich in die falsche Richtung weist. „Quality time", so Hewlett, kann Quantität nicht ersetzen.

Und das ist die eigentliche Lektion, die uns die Aka ▓
len. Wenn wir ihrem Beispiel folgen, kann uns das den W▓
in eine bessere Zukunft weisen; im Moment aber stecken wir
wieder einmal in tiefen Schwierigkeiten. *Homo masculinus modernus* hat schon wieder nur als Zweitbester abgeschnitten,
und zwar im Kampf um die letzte Domäne, die einen Mann
berechtigt, diese Bezeichnung zu tragen: seine Fähigkeit als Vater. Zu allen bisherigen Niederlagen ist das ein schwerer
Schlag. Weil aber all diese Aspekte von Männlichkeit – Kraft,
Mut, Schönheit, sportliche und literarische Fähigkeiten – sich
als nichts anderes erwiesen haben als besondere Tricks im
Jahrhunderte alten Kampf um den Fortpflanzungserfolg und
sie uns nicht unser genetischen Auftrag ersparen, verbirgt
sich in unseren mittelmäßigen Anstrengungen die Frage: Wie
gut stellen wir uns mit den Frauen? Wie gut beherrschen wir
die Venuskünste, ganz besonders im Vergleich zu unseren antiken Vorfahren, die uns auf sämtlichen anderen Gebieten so
haushoch geschlagen haben?

Schätzchen

Ist es denkbar, dass Wilt Chamberlain im Verlauf seiner Karriere als Schürzenjäger wirklich mit 20 000 Frauen geschlafen hat? Für all diejenigen, die mit dem Leben des 2,16 Meter groß gewachsenen „Wilt the Stilt" nicht vertraut sind, hier ein kurze Biographie: Chamberlain wurde im Jahr 1936 in Philadelphia geboren, wo er an der Overbrook High School erste Kurse im Basketball belegte, um später dann eine professionelle Karriere als Basketballspieler zu verfolgen. Er spielte für die Harlem Globetrotters, die Los Angeles Lakers und die San Diego Conquistadors, bis er sich im Jahr 1974 zur Ruhe setzte. Chamberlain dominierte den Basketball zu seiner Zeit so stark, dass er noch immer 72 gültige Rekorde in der NBA (National Basketball Association) innehält: Er ist der einzige Spieler, der je 100 Punkte in einem einzigen Spiel erzielte, und auch der einzige, dem durchschnittlich mehr als 50 Punkte pro Spiel über eine ganze Saison gelangen. Wie aber steht es nun um seine Punktzahl im Schlafzimmer? Ganz sicher scheinen einige Fakten seinem außergewöhnlichen Anspruch eine gewisse Glaubwürdigkeit zu verleihen: Jene fabelhafte „Bude", die er sich in seinen Jahren bei den Lakers in Bel Air, Los Angeles, gebaut hat, galt als *der* angesagte Schauplatz vieler Playboy-Partys, und Chamberlain hat tatsächlich nachweislich in zehn Tagen mit 23 Frauen geschlafen. Wenn man diesen Appetit zugrunde legt und die Tatsache bedenkt, dass eine Summe von 20 000 Frauen bedeutet, dass Chamberlain über einen Zeitraum von fünfzig Jahren (also von seinem 13. Lebensjahr an bis zu seinem Tod im Alter von 63 Jahren) einmal täglich Sex gehabt haben müsste, dann erscheint die Zahl zwar schwierig zu erreichen, aber eben nicht unmöglich. Wenn wir jedoch ein bisschen genauer hinschauen, kommen allerdings Zweifel auf.

Erstens war Chamberlain ein Spätzünder: Seine Schulkameraden berichten, dass er zum Zeitpunkt seines Schulabschlusses noch jungfräulich war. Zweitens wurde seine kleine Playboy-Villa, wo die meisten seiner Aktivitäten stattfanden, erst gebaut, als er die dreißig überschritten hatte. Und auch am anderen Ende von Chamberlains Leben müssen wir ein paar Jahre abziehen, da er zehn Jahre vor seinem Tod unter Herzattacken litt. Und dann ist da noch die Tatsache, dass Chamberlain behauptet, er habe mit 20 000 *verschiedenen* Frauen geschlafen, obwohl bekannt ist, dass er auch einige Freundinnen für eine längere Zeit hatte (das mag ihn an seiner Schürzenjägerei vielleicht nicht gehindert, wohl aber ein wenig gehemmt haben). Wenn man all diese Faktoren mit bedenkt, dann müsste Chamberlain mit im Schnitt zwei bis drei Frauen täglich Sex gehabt haben, um auf eine Summe von 20 000 zu kommen. Und auch wenn wir es niemals genau wissen werden, so kann Chamberlain es im Laufe seines Lebens vielleicht auf 10 000 Eroberungen gebracht haben.

Ohne Frage handelt es sich dabei um eine beeindruckende Leistung, aber wie steht es damit im Vergleich mit den berühmten Sportlern längst vergangener Zeiten? Im Sinne eines fairen Wettbewerbs müssen wir Chamberlain dabei mit der einzigen Klasse von Männern vergleichen, die hinsichtlich Prestige, Reichtum und der Anzahl an Gelegenheiten mit ihm mithalten können – jenen Herrschern und Regenten, die in der Lage waren, ein Harem zu unterhalten. (Auch Sportler wie z. B. Porphyrius hätten das vermutlich gekonnt, aber leider gibt es über die erotischen Errungenschaften dieses berühmten Wagenlenkers keine Aufzeichnungen.) Ein kurzer Überblick zeigt uns, dass viele dieser sexy Tyrannen es Chamberlains Häschen ziemlich leicht gemacht hätten. König Tanga, der Regent des alten nord-indischen Königreichs Varnasi zum Beispiel, hielt sich einen Harem mit 16 000 Frauen. Ghiyath-du-din-Khilji, der im 16. Jh. ein anderes indisches Reich, nämlich Malwa, regierte, schlug sich mit seinen 15 000 Frauen fast genauso gut. Insgesamt sind das zwar nur 5000 bzw. 6000 Frauen mehr als diejenigen, die Chamberlain für sich beansprucht, aber man muss bedenken, dass es in einem Harem ständig Bewegung gab: Älter werdende Frauen wurden durch jüngere Schönheiten ersetzt, was bedeutet, dass die Zahl, mit der sich antike Schürzenjäger brüsten können, sogar noch höher lag. Und noch im 19. Jh. hielt sich König Mongkut von Siam – dem die westliche Welt mit dem von Rodgers und Hammerstein geschriebenen Musical „Der König und ich" ein ewiges Denkmal gesetzt hat – einen Harem mit 6000 Frauen. Verteidiger der sexuellen Tüchtigkeit eines *Homo masculinus modernus* und seines Champions Chamberlain könnten durchaus einwenden, dass die Tatsache, einen Harem mit mehreren tausend Frauen zu unterhalten, noch lange nicht heißt, dass der Regent auch mit jeder von ihnen geschlafen hat. Und doch gibt es Beweise dafür, dass diese Herrscher sich in der Tat die unersättliche Sexualität gönnten, die ihre Position ihnen ermöglichte. Mongkut zum Beispiel hatte 82 Kinder – eine Tatsache, die besonders eindrucksvoll ist, da er als zölibatärer Mönch gelebt hatte, bis er 47 Jahre alt war, sodass ihm bis zu seinem Tod im Alter von 64 Jahren gerade mal 17 Jahre zur Verfügung standen, seine 6000 Konkubinen zu befriedigen. Und es gibt jenen Beweis, den ich schon im Kapitel „Schlachten" aufgeführt habe, dass ungefähr 32 Millionen Menschen – 16 Millionen Männer und eben so viele Frauen – oder 0,5 Prozent der Weltbevölkerung von Dschingis Khan und seinen nächsten männlichen Verwandten abstammen.

Ganz sicher wäre es diesen libidinösen Lords ein Leichtes, selbst Wilt the Stilt hinsichtlich seines Einsatzes als Schürzenjäger zu beschämen. Dennoch könnte man argumentieren, dass diese, wie Chamberlain eben auch, nur eine ungewöhnliche Abweichung von der Norm darstellen. Wesentlich wichtiger sind da die Erfahrungen des ganz gewöhnlichen Mannes –

des alltäglichen *Homo masculinus modernus*, der seinem Alltagsgeschäft nachgeht; und dazu gehört eben auch der Versuch, sich selbst zu reproduzieren. Und wie schneidet er dabei im Vergleich zu seinen antiken und stammeszugehörigen, ganz normalen Wettbewerbern ab? Eine jegliche Untersuchung dieser Frage wirft sogleich ein gewaltiges Problem auf: Verlässliche Angaben darüber, wie viele Liebschaften der durchschnittliche moderne Mann in seinem Leben hat, existieren überhaupt nicht. Nicht nur, dass sämtliche Erhebungen gänzlich unterschiedliche Zahlen aufweisen, sie alle weisen auch einen logischen Bruch auf: dass nämlich Männer im Durchschnitt viel mehr Partnerinnen in ihrem Leben haben als Frauen Partner. Die einzig logische Erklärung dafür ist, dass Männer konstant übertreiben, wenn sie ihre Sexualpartner beziffern sollen (und dass Frauen dagegen untertreiben). Eine bessere Strategie ist es deshalb, einen Blick auf die Erfolgsquote eines romantischen Stelldicheins zu werfen – sprich: herauszufinden, wie oft es nach einem Date auch zum Sex kommt. Jenen „Gurus" der Verführungsgemeinden ist es zu verdanken, dass wir für die Erfolgsquote des ganz gewöhnlichen modernen Mannes einen Maßstab haben – wenn auch einen sehr vagen; Uneingeweihte betrachten die „Verführungsgemeinde" als eine lose Ansammlung männlicher Selbsthilfe-Experten, die aus der von Eric Webers 1970 veröffentlichtem Buch „Wie angelt man sich ein Mädchen?" ausgelösten Bewegung hervorgegangen sind und die sich zumeist im Internet tummeln. Diese Gurus prahlen damit, normalerweise für einen bestimmten Preis, einen ganz sicheren Rat für den durchschnittlichen Trottel bereitzuhalten – ganz egal, so der Untertitel dieses vermeintlichen Lehrbuchs, wie der Kerl aussieht oder wie viel Geld er verdient. Und wieder ist es sehr schwierig, exakte Angaben in dem allgemeinen Durcheinander herauszufinden, aber einige sind ganz sicher substanziell: Erik von Markovik, der sich selbst „Mystery" nennt, verkündet den Lesern seines Buches „Die Mystery-Methode: Wie man eine schöne Frau ins Bett bekommt", dass er selbst mit hunderten von Frauen geschlafen hat. Unzweifelhaft eine bemerkenswerte Tatsache, aber die meisten Gurus geben auch zu, dass diese hohe Anzahl auch auf einer großen Anzahl von Versuchen und Ablehnungen beruht. Das heißt: Selbst wenn all diese Superstars unter den ganz gewöhnlichen Männern sich mit einer ansehnlichen Zahl von Eroberungen brüsten, so ist ihre tatsächliche Erfolgsquote viel niedriger.

Aber ist die Quote besser oder schlechter als die antiker und stammenszugehöriger Männer?

Der Arbeit des Anthropologen Thomas Gregor bei den Mehinaku ist es zu verdanken, dass wir eine Vergleichsgruppe stammeszugehöriger Männer haben. In den Jahren seines Aufenthalts in einem Dorf der Mehinaku führte Gregor eine Liste darüber, welcher Mann mit welcher Frau eine Affäre hatte. Zu seinem Erstaunen stellte er fest, dass es in dem Dorf, das aus gerade mal 37 Erwachsenen bestand, zu 88 außerehelichen Affären kam. Fast alle Männer unterhielten mindestens drei Affären zur selben Zeit und waren auf irgendeine Art in zehn verwickelt. Was diese Zahl so erstaunlich macht, ist die Tatsache, dass Inzest-Gebote die Zahl der Partnerinnen, unter denen sie wählen konnten, ganz streng limitierten – soll heißen, dass die Männer des Dorfes mit jeder Frau, mit der es gesetzlich zulässig war, eine sexuelle Beziehung unterhielten. Ihre Erfolgsquote betrug somit fast hundert Prozent. Abgesehen von einfacher Bestechung durch Geschenke (die eine wesentliche Rolle spielten) führte Gregor diese Tatsache auch auf den Mut der Mehinaku-Männer zurück, die auf ihren Eroberungszügen manchmal so weit gingen, einfach ihre Hand in die Hütte zu stecken, um eine intime Berührung zu erreichen, ganz egal, ob ein möglicherweise wütender Ehemann ebenfalls anwesend war. Und häufig versuchten sie es mit ganz dreister Treulosigkeit – sie krochen in die Hütte der Geliebten und kopulierten, während der Ehemann nur wenige Zentimeter über ihnen in seiner Hängematte schlief.

Auch wenn die Aufreiß-Techniken modernen Verführungs-Gurus ganz sicher Wirkung zeigen, so hinken sie dennoch hinter denen unserer antiken Vorfahren her. Wenn es darum geht, Gelegenheiten für – Sie wissen schon – zu finden, dann täten Möchtegern-Casanovas gut daran, ein paar anthropologische Texte zu lesen. Es ist nicht nur der mangelnde Erfolg, der jene Guru-Techniken abwertet. Im Licht der Techniken unserer stammeszugehörigen Vorfahren betrachtet hinterlassen diese den Eindruck, dass jene Gurus – und mit ihnen auch der Rest von uns – dermaßen unritterliche Romeos sind, dass wir diesen Titel wohl kaum verdienen.

Der Einsatz von Sprache zu Verführungszwecken, wie ihn die Gurus nutzen, ist dem Liebesgeflüster antiker Zeiten ziemlich unähnlich. Die meisten Gurus nutzen Sprache als eine Waffe, den emotionalen Zustand der Frau zu manipulieren. Der Zweck dabei ist, ihr bewusstes Selbst auszuschalten und Zugang zu ihrer tiefen, ureigenen Emotionsmaschinerie zu finden, um ihre Fähigkeit, den Verführer bewusst zu bewerten, auszuschalten. Die Sprache eines Verführers ist somit oft berechnend, voller täuschender Absichten und zweckbestimmt, also von einer nur geringen Schönheit, Poesie oder Kunst. Und manchmal ist sie sogar nicht wirklich nett. Jener Mystery zum Beispiel ist berühmt dafür, das „neg" (kurz für negativ) erfunden zu haben. Es handelt sich dabei um eine Beinahe-Beleidigung im Stil von „Nette Fingernägel – sind die echt?" mit dem Zweck, das „Objekt der Begierde zu verunsichern, damit sie ihren Wert in Frage stellt, um so den eigenen Wert relativ zu erhöhen". Und der vielleicht am höchsten entwickelte Gebrauch von manipulierender Sprache findet sich beim „Geschwindigkeitsverführen" („Speed Seduction"), das von Ross Jeffries vorgeschlagen wird. Jeffries, der von der Zeitschrift Rolling Stone auch als „King of Schwing" bezeichnet wird, ist ein begeisterter Anhänger des NLP (Neurolinguistisches Programmieren), einer pseudowissenschaftlichen Motivationstechnik, die darauf abzielt, emotionale Zustände durch den Einsatz von verkappten Befehlen und Schlüsselwörtern zu „triggern“. Anhänger des „Geschwindigkeitsverführens“ achten deshalb darauf, ihre Sprache mit Botschaften an das Unterbewusste („Du gehörst mir“) zu spicken, um im Bewusstsein der anvisierten Frau eine ergebene Haltung zu provozieren.

Die Sprache der Liebe in Stammesgesellschaften war und ist dagegen meist ziemlich poetisch. Der Anthropologe Mette Bovin zum Beispiel berichtet von den Wodaabe-Nomaden aus dem Niger:

„Ein junger Mann, der wünscht, ein Mädchen zu beeindrucken und zu verführen, darf niemals zu direkt sein. Er sollte eine raffinierte Sprache entwickeln, eine nicht aggressive, poetische Sprache, eine sog. ‚süße Zunge‘. Der Verführer spricht in Metaphern, in Bildern, fast mit Poesie. Wenn ein junger Mann zu direkt ist, oder zu schnell, dann wendet sich das Mädchen von ihm ab und hört einem anderen, höflicheren jungen Mann zu.“

Ein erfolgreicher antiker Verführer aus Tahiti war ein solcher, der in der Lage war, ein schönes Liebeslied zu komponieren und es mit zärtlicher Stimme vorzutragen, zart wie das Blatt eines Taro-Baumes, über das der Abendwind streift. Einige stammeszugehörige Männer mussten sich übrigens in einer komplett neuen Sprache, oder einer ganz neuen Art der Verständigung, beweisen, um eine Liebesbotschaft zu übermitteln. Die Männer vom Stamm der Mangyan auf der philippinischen Insel Mindoro müssen *pahágot* – eine spezielle Liebessprache, bei der der Sprecher die Worte nicht durch Ausatmen, sondern durch Einatmen formt – sprechen. Diese tückische Kunst (versuchen Sie sich doch mal selbst darin) diente dazu, die Identität eines mangyanischen Romeos zu verschleiern, wenn er sich in der Dunkelheit der Hütte seiner Angebeteten näherte.

Und wie es mit dem Sprechen ist, so ist es auch beim Handeln. Die Literatur der Verführungsgemeinde ist voller Auffor-

derungen, den Möchtegern-Verführer als „Alpha-Männchen"
zu betrachten. Tony Clink, Autor des Buches „The Layguide",
macht dieses gar zum zweiten seiner zehn Verführungsgebote.
Um genau zu sein, empfiehlt er nicht, dass der Verführer tatsächlich ein Alpha-Männchen sein muss, er schlägt vor, dass er
so tut, als wäre er es:

„Projizieren Sie einfach das Bild eines Alpha-Männchens,
und die Frauen werden in Scharen über Sie herfallen ... Sie erreichen das nicht, indem Sie sich Muskeln antrainieren oder
Geld anhäufen, sondern dadurch, dass Sie Ihre Haltung ändern. Legen Sie sich fest, welches Modell Alpha-Männchen
sie gerne sein möchten, und werden sie dann zum Modell.
Und noch einmal: Das hat nichts mit Kraft, mit Aussehen
oder Geld zu tun."

Ist Ihnen aufgefallen, dass es hierbei noch nicht einmal um
einen Vorschlag geht, der Verführer solle sich tatsächlich als
ein fähiges, attraktives Alpha-Männchen beweisen – zum Beispiel ein Instrument beherrschen oder, sagen wir, ein Ehren-
amt zugunsten bedürftiger Kinder ausüben? Die Don Juans
der Stammesvölker dagegen wären schlichtweg verlacht worden, hätten sie den Status eines Alpha-Männchens nur vor-
getäuscht. *Sie* wurden tatsächlich danach beurteilt, was sie erreicht hatten, wie man dem folgenden Auszug aus einem alten
tahitischen Ratgeber zur Verführung entnehmen kann. Darin
heißt es, dass der Mann, der ein erfolgreicher Verführer werden will, der Mann ist, der ...

„... die Trommel gut schlägt (die Frauen werden ihm nach-
laufen);

... die Nasenflöte gut beherrscht (sie werden ihn mit Gewalt nehmen);

... ein gut aussehender Arioi (Tänzer) ist, der am Morgen
ein Bad nimmt;

... ein erfolgreicher Ringer ist, der stets gewinnt;

... ein Krieger ist, dessen Kopf noch niemals von der
Kriegskeule seines Gegners getroffen wurde;

… ein Künstler ist, der ein wunderbares Kanu baut;
… ein schönes Haus errichtet."

Ohne es an die große Glocke hängen zu wollen, steht in all diesen Zeilen nichts von einem, der „nichts weiter erreicht hat, als sich unter Zuhilfenahme von neurolinguistischem Programmieren seines IPods selbst in einen illusionären Zustand maskuliner Selbstüberschätzung zu befördern".

Aber vielleicht wurde dieser Passus ja einfach vom Herausgeber vergessen.

Egal – eines scheint ganz klar: Der *Homo masculinus modernus* ist nicht jener Champion unter den Verführern, wie es die Gurus der Verführungsgemeinde uns und sich selbst weismachen wollen. Doch wie nun steht es um die Fälle, in denen es, wenn auch auf ziemlich unbeholfene Art, doch zum Verführungserfolg kommt? Wie gut gelingt es ihm, das Mädchen sexuell zu befriedigen? Wenn man die Leserbriefseiten in Männermagazinen wie zum Beispiel dem FHM und MAXIM aufschlägt, erhält man den Eindruck, dass heutzutage die Frauen um ein Vielfaches zufriedener sind als jemals zuvor. Aber wir müssen uns nicht nur auf diese prahlerischen Worte verlassen. Es gibt auch bedeutende wissenschaftliche Beweise dafür, dass moderne heterosexuelle Frauen tatsächlich sexuell zufriedener sind als ihre Schwestern in den Jahrzehnten zuvor. Vierzig Prozent der finnischen Frauen beispielsweise haben im Jahr 1992 angegeben, mit ihrem Sexleben zufrieden zu sein, im Gegensatz zu gerade mal dreißig Prozent im Jahr 1971 (wobei nicht unerwähnt bleiben soll, dass noch immer sechzig Prozent der Frauen unbefriedigt bleiben). Die Prahlereien in all den Männermagazinen bestätigend, erzählten die finnischen Frauen übereinstimmend, dass ihre Männer nun unterschiedliche und bessere Sexualpraktiken anwenden und im Bett eine bessere und ausdauernde Leistung zeigen würden. So hätten sie viel häufiger einen Orgasmus als mit ihren Partnern zwanzig Jahre früher. Das klingt überzeugend, zumindest für die finnischen Frauen, aber wieder einmal verlangt ein fairer Vergleich, dass wir uns in all diesen Kategorien – modernen Sexualpraktiken, Ausdauer und der Fähigkeit, unsere Partnerin zu einem Orgasmus zu bringen – mit unseren antiken und stammeszugehörigen Vorfahren messen.

In der Tat gibt es Hinweise darauf, dass männliche Sexualtechniken in den letzten Jahren besser geworden sind. Als Erstes stellten die finnischen Frauen fest, dass ihre Partner zärtlicher geworden sind und sich mit größerer Hingabe dem Vorspiel widmeten, eine Bereitschaft zeigten, mit Sexspielzeugen umzugehen, und beim oralen Sex bereitwilliger eine aktive Rolle übernehmen würden. Andere Statistiken bestätigen diese Aussagen: 76,6 Prozent der amerikanischen Männer behaupten, die Partnerin wenigstens einmal durch Cunnilingus befriedigt zu haben.

Der Homo sapiens aus der Zeit von vor 100 bis vor 10 000 Jahren aber erzählt eine andere Geschichte. Die Entdecker, die erste Kontakte zu den Inselbewohnern Polynesiens hatten, waren fasziniert und angewidert davon, dass die polynesischen Männer ihre Frauen stimulierten, indem sie Körperteile zu Hilfe nahmen, die ihrer Meinung dazu dienen sollten, biblische Verse zu rezitieren. Auf den Truk-Inseln zum Beispiel wurde der Cunnilingus ganz unverfroren von all jenen älteren Männern praktiziert, die ihre Fähigkeiten verloren hatten, ihre unersättlichen jungen weiblichen Geliebten anderweitig zufriedenzustellen. Und die alten Griechen waren ebenfalls mit dem Cunnilingus vertraut, ganz gleich, wie sehr sie ihn auch schlechtmachten. Die Römer bildeten diesen Akt auf zahlreichen Kunstwerken ab, auch wenn sie diese Praktik schamvoll betrachteten und behaupteten, sie würde schlechten Atem verursachen. Und bedenkt man die freizügige Erotik des indischen Kamasutra, so ist es mehr als verwunderlich, dass die sinnlichen Inder der gleichen Ära nicht ebenso enthusiastisch waren, sondern den Cunnilingus nur an zwei Stellen in diesem Werk erwähnt fanden – einmal als eine Praxis der sexuell frustrierten Frauen in Harems, und einmal als Methode, „die nicht empfehlenswert ist, die man aber tun soll, wenn man sich gut dabei fühlt". Da waren die islamischen Araber derselben Zeit schon ein wenig forscher, gehorchten sie doch eifrig den Worten des Propheten Mohammed aus dem Hadith („offizielle Verkündigung"), in der es heißt: „Jedes Spiel, das eine Person spielt, ist sinnlos außer das Bogenschießen, das Training zu Pferd und das Spiel mit der Frau."

Der beste Freund der Höhlenfrau?

Mehr als ein Jahrhundert lang haben die Anthropologen über bestimmte Handwerkszeuge, die man in Höhlen aus dem steinzeitlichen Europa gefunden hat, gerätselt. Im Durchschnitt ungefähr 15 Zentimeter lang, geschnitzt aus Holz oder Geweihknochen, ähneln sie keinem bekannten Gegenstand – außer vielleicht einem Marschallstab, was so manchen Anthropologen veranlasste, diese Gerätschaften als *bâtons de commandement* zu bezeichnen. Doch eben jene Anthropologen waren viel zu kultiviert um aufzuzeigen, dass diese Gerätschaften genauso aussehen wie anderes Zubehör, das Männer an ihren rechten Platz verweist: Dildos.

Hitzige Diskussionen entbrannten darüber, wozu diese Gerätschaften wohl dienten. Aufgrund eines Griffes an dem einen Ende, der ein Loch, in das ein Zeigefinger passt, aufweist, behauptete ein Anthropologe, diese Dinger seien Speerwerfer. Ein anderer meinte, die seitlich eingeschnitzten Rillen dieser *bâtons de commandement* dienten dem Aufnotieren lunarer Rhythmen. Kein Einziger scheint sich die ganz offensichtliche Frage gestellt zu haben: Was, wenn es wirklich Dildos waren?

Nicht nur, dass ihr phallisches Aussehen nahelegt, diese *bâtons de commandement* könnten das Spielzeug einsamer palaeolithischer Höhlenmädchen gewesen sein; auch ihre Dimensionen erinnern an die moderner Sexspielzeuge. Einige weisen eingeschnitzte phallische Venen und Eicheln auf. Und viele von ihnen enden in der gleichen nach oben gebogenen Kurve, die moderne G-Punkt-Vibratoren aufweisen. Natürlich ist das alles nur Spekulation, aber wenn diese *bâtons de commandement* wirklich Dildos waren, dann eröffnet sich durch diese Sicht auf die Dinge die Möglichkeit, dass die eingeritzten Rillen keine Mondmarkierungen waren, sondern schlicht und einfach eine besondere Beschaffenheit zur Stimulation für ihre Nutzer aufwiesen. Mit anderen Worten: Diese Gerätschaften wären das palaeolithische Äquivalent eines „French Tickler".

Wenn es um Sexspielzeuge geht, dann sieht die Lage für den modernen Mann leider noch schlechter aus. Sicher, die zufriedenen finnischen Frauen bezeugen unsere zunehmende Bereitschaft, mit Hilfsmitteln, die Vergnügen bereiten, zu experimentieren. Und ein kleiner Bummel durch die Gänge eines jeden Sexladens wird uns in der Tat eine verblüffende Vielfalt an sexuellen Hilfsmitteln offenbaren. Stammeszugehörige Liebhaber aus längst vergangenen prähistorischen Tagen hätten über unsere zaghaften Versuche, Frauen Freude zu bereiten, nur gelacht. Sie verwandelten ihre eigenen Genitalien in Sexspielzeuge, und zwar gewöhnlich durch gefährliche und schmerzhafte operative Eingriffe, die zu beschreiben uns das Gebot der Schamhaftigkeit verbietet.

Was also die Sexualpraktiken anbelangt, bleibt vom modernen Mann ein gemischter Eindruck zurück. Auch wenn wir sicherlich einen größeren Enthusiasmus an den Tag legen als unser Großväter und Urgroßväter (nicht zu sprechen von früheren Spezies von Männern), was Cunnilingus und andere Praktiken angeht, so zeigt sich dennoch, dass unsere antiken Vorväter häufig besser mit den verschiedenen Techniken vertraut waren. Und auf dem Gebiet der Sexspielzeuge haben wir uns ebenfalls nicht als Helden erwiesen. Und deshalb lautet die Frage: Wie steht es um den zweiten Anspruch – Leistung?

Und wieder zeigt sich, dass wir auch hinsichtlich Leistung und Ausdauer bessere Karten haben als noch unsere Artgenossen aus der Ära vor der sexuellen Revolution. Wenn beispielsweise in den 1950er Jahren das Vorspiel gerade mal zwölf Minuten durchschnittlich dauerte – und der tatsächliche Vollzug des Geschlechtsaktes nur zwei Minuten –, so berichten im Jahr 1995 die Mehrheit der Männer, dass sie zumindest gelegentlich sexuelle Spielereien von mehr als einer Stunde Dauer hätten. Und Männer im Alter von unter dreißig Jahren behaupten, zweimal pro Woche Sex zu haben. Und auch wenn diese Fakten beeindruckend wirken, so wirken sie im Vergleich zu den sexuellen Superkönnern aus längst vergangenen Tagen ziemlich lächerlich. Herman Melville, der bekannte Romanautor aus dem 19. Jh., beschreibt, dass die Typee-Männer der pazifischen Marquesa-Inseln, von denen er kurzzeitig gefangengenommen worden war, als sexuelle Ausdauersportler, die ihren Liebhaberinnen in der Nacht für mehrmalige Orgasmen zur Verfügung zu stehen hatten. Etwas genauere Statistiken liefert uns der Anthropologe Mangaia, der von jungen Männern erzählt, die sich in der Nacht gleich drei Mal für einen Beischlaf bis zum Orgasmus bereithielten, und das jede Nacht. Und selbst die Polynesier werden beschämt von jenen Männern aus dem Stamme der Pokot im frühen 20. Jh. in Ostafrika, deren Frauen normalerweise fünf bis zehn sexuelle Erfüllungen pro Nacht verlangten.

Nimmt man diese offensichtlichen Verfehlungen unserer sexuellen Leistung zur Kenntnis, scheint es geradezu unfassbar, dass wir überhaupt in der Lage sind, Frauen einen Orgasmus zu verschaffen. Und wieder einmal sprechen die Fakten gegen uns. Zwar berichten die finnischen Frauen, die wir schon an früherer Stelle zitiert haben, von einer größeren Anzahl von Orgasmen als ihre Schwestern in den 1970ern, aber die aktuellen Zahlen sind alles andere als ermutigend. Gerade mal 28,6 Prozent der amerikanischen Frauen berichtet, dass jeder Geschlechtsverkehr mit ihrem männlichen Partner sie zum Orgasmus bringt. Eine pathetische Angabe, wenn man sie im Licht der Angaben ihrer männlichen Partner in derselben Umfrage betrachtet, in der 56 Prozent der Männer behaupten, dass ihre weiblichen Partner jedes Mal zum Orgasmus kommen. Noch dazu zweifelhaft pathetisch, da Shere Hite im späten 20. Jh. in ihren Untersuchungen belegt, dass Frauen zu mehr als 95 Prozent einen Orgasmus hatten,

wenn sie masturbierten. Einige Frauen aus unserer stammes-
geschichtlichen Vergangenheit mussten dagegen nicht auf
autoerotische Praktiken zurückgreifen, um zum Orgasmus
zu gelangen. Sie konnten sich darauf verlassen, beim Geschlechtsverkehr mit ihren Männern zum Orgasmus zu kommen. Die Männer der Truk, um nur ein Beispiel zu nennen,
betrachteten den Sex als einen Wettbewerb, bei dem der Partner, der zuerst zum Orgasmus kam, als der Verlierer galt.
Wenn der Mann derjenige war, dem so geschah, sah er sich
nicht nur der Geringschätzung seiner Geliebten ausgesetzt,
sondern der des ganzen Stammes. Und Malinowski berichtet,
dass die Männer der neuguineischen Trobriand-Inseln beim
Sex warten mussten, bis ihre Partnerin *ipipsi momona*, einen
Höhepunkt, hatte, bevor sie selbst daran denken konnten,
zum Orgasmus zu kommen. Tatsächlich zeigt uns das Beispiel
der Trobriand-Insulaner, dass auch weitere Heldentaten, die
wir für uns beanspruchen – nämlich die, den weiblichen Orgasmus und die Ejakulation entdeckt zu haben –, Hokus-
pokus sind. Die Trobriand-Insulaner waren so vertraut sowohl mit dem weiblichen Orgasmus als auch mit der
Ejakulation, dass sie das gleiche Wort verwendeten, um die
Ejakulation als den männlichen Orgasmus zu beschreiben:
ipipsi momona. Und sie standen mit ihrem Wissen nicht alleine da. Nicht nur andere polynesische Völker, auch andere
Eingeborene wie die ostafrikanischen Batoro und die nordamerikanischen Mohave verfügten über ein vollständiges Verstehen von Orgasmus und Ejakulation. Und auch viele zivili-
sierte Menschen in Asien zeigten sich wissend: Einige
mittelalterliche indische Tempel zeigten geschnitzte Statuen
weiblicher Ejakulation, ein frühes chinesischen Sex-Hand-
buch („Die Geheimnisse des einfachen Mädchens") lässt sich
darüber aus. Und sogar die antiken Griechen waren sich
weiblicher Ejakulation bewusst – keine geringere Autorität
als Aristoteles beschrieb das Phänomen detailliert, und zwar
in seinem Werk „Über die Generationen der Tiere":

„Die Freude, die sie erfährt, ist manchmal ähnlich der des Mannes, und ist auch von einem Ausfluss begleitet. Aber dieser Ausfluss ist keine Samenflüssigkeit … Und die Menge dieses Ausflusses, wenn es zu ihm kommt, ist manchmal von anderer Größenordnung als die Absonderung von Samen und kann diese bei weitem übersteigen."

Kein schlechtes Bemühen von Aristoteles, vor nunmehr knapp 2500 Jahren, insbesondere wenn man bedenkt, dass es noch heute Sexualforscher gibt, die bezweifeln, dass es weibliche Ejakulation wirklich gibt.

Eine unaufhörliche Besessenheit

In ihrer Bevorzugung von kleinen, ganz nett proportionierten Penissen waren die alten Griechen einzigartig. Sämtliche anderen antiken und stammeszugehörigen Männer dagegen teilten unsere moderne Besessenheit: dass ihre Penise so groß wie möglich, vorzugsweise sogar unmenschlich groß sein sollten. Sie unterschieden sich von heutigen Männern lediglich in den Methoden, mit denen sie versuchten, dieses Ziel zu erreichen.

Jene kriegerischen Männer der Truk zum Beispiel schlugen ihre Penise wiederholt so fest, dass sie Prellungen davontrugen, weil sie glaubten, das würde ihr Wachstum fördern. Und der portugiesische Entdecker Amerigo Vespucci berichtet, dass einige südamerikanische Indianer sogar noch einen Schritt weiter gingen und ihre Penise tatsächlich dadurch vergrößerten, dass sie sie mit einem ganz bestimmten Kraut einrieben (wobei er sich nicht darüber auslässt, wie dauerhaft dieses Wachstum war).

Vielleicht können wir ja von Glück sagen, dass wir nicht jene großen Verführer sind, für die wir uns halten, da wir ja anscheinend überhaupt nicht wissen, was wir mit den unglücklichen Frauen anfangen sollen, die uns in die Hände fallen. Aber noch ist nicht alles verloren. Ein paar Pluspunkte können wir in der Tat verzeichnen – zumindest laut all jenen Fernsehpredigern im Stile eines Billy Graham. Er beschreibt den modernen Mann als so dermaßen unmoralisch, dass wir selbst die Männer aus Sodom und Gomorrha hinter uns lassen, die in Gottes Ungnade gefallen waren. Unsere pubertären, Frauen tauschenden, rauschenden, drei- und vierfachen Gruppensex-Orgien zeigen uns als den verruchtesten Mann, der je über diesen Planeten gelaufen ist. Und die Partisanen der sexuellen Revolution zitieren die gleichen Gewohnheiten, wenn es darum geht, uns als den wohl freiesten und am wenigsten unterdrückten Mann der Geschichte darzustellen. Ganz klar, dass nicht alle beide recht haben können.

Aber wer hat Unrecht?

Beide. Wir sind weder die am meisten unmoralischen noch die erfrischend befreitesten Männer auf Gottes guter Erde. Unsere pubertären, Frauen tauschenden, rauschenden und drei- und vierfachen Gruppensex-Orgien hätten unsere stammeszugehörigen Vorfahren keineswegs beeindruckt.

Unsere vermeintlich außerehelichen Extravaganzen beispielsweise verflüchtigen sich selbst bei nur oberflächlicher Betrachtung. Billy Grahams Urteil zum Trotz sind moderne westliche Männer viel eher treu als untreu. Eine groß angelegte, anynome Studie aus den frühen 1990er Jahren legt offen, dass gerade mal 24,5 Prozent der Männer im Laufe ihrer Ehe ihre Frauen betrogen haben – und zwar normalerweise mit einem alleinstehenden Partner. Vergleichen Sie das mit den ehebrecherischen Abenteuern der Mehinaku. Bei den Mehinaku sind es hundert Prozent der Männer, die einen Ehebruch begehen, mit dabei durchschnittlich fünf Partnern, manchmal sogar zur gleichen Zeit, ganz zu schweigen von der Anzahl der Ehebrüche im Laufe einer Ehe. Und dabei ist es noch nicht einmal der Fall, dass die Mehinaku nicht eifersüchtig wären. Auch die Schürzenjäger im antiken Hawaii waren nur geringfügig maßvoller als die Mehinaku, dafür aber um ein Vielfaches kreativer. Ein Brauch auf diesen als Surferparadies geltenden Inseln war es, dass jeder Mann und jede Frau, die erfolgreich auf der gleichen Welle surften, sich am Strand „gewisse Freiheiten herausnahmen", ganz egal, wie es um ihren Familienstand bestellt war. In einigen Stammesgesellschaften war Ehebruch in der Tat ein so akzeptierter Bestandteil des Lebens, dass sich unterschiedliche Gepflogenheiten und Sexualpraktiken entwickelt haben, die nur mit außerehelichen Partnern praktiziert wurden:

„Man hielt ein kräftiges, Schmerzen verursachendes Kratzen für ein erstrebenswertes Vergnügen, und man trug es wettbewerbsartig aus, um die Stärke der Zuneigung zu beweisen. Unter Ehegatten allerdings verlangte man Zurückhaltung, die als weniger vergnüglich galt – und die dazu führte, dass sich verheiratete Menschen in außerehelichen Affären vergnügten."

Somit mussten die Schürzenjäger der Truk ihren wütenden Frauen nicht etwa Lippenstift auf dem Hemdkragen, sondern tiefe Kratzer auf ihrem Rücken erklären!

Ein noch viel abscheulicheres Vergehen als der Betrug – so jedenfalls der Tenor der Moralpredigten eines Billy Graham – ist der Frauentausch. Er nahm seinen Ursprung in den Militärgemeinden Amerikas in den 1950er Jahren und hatte in den frühen 1970ern epidemische Ausmaße angenommen – ein Angriff auf Moral und Ehre eines ganzen Volkes. Und doch belegt eine Studie aus dieser Zeit, dass es in höchstens zwei Prozent aller Ehen zum Frauentausch kam.

Bedenkt man diese Überreaktion, kann man sich nur wundern und fragen, wie diese guten Gentlemen (und es waren meistens Männer) der Kirche wohl reagiert hätten, hätten sie von den Gewohnheiten der prähistorischen Inuit gewusst. Nicht nur, dass die Männer der Inuit mit ihren Frauen handelten – manchmal über Monate und Jahre hinweg –, sie verliehen sie auch und stellten sie Besuchern für den Sex zur Verfügung. Selbst wenn wir vermuten, dass die Inuit wohl nicht eifersüchtig waren, weil sie mit dieser bemerkenswerten Praxis sehr wohl vertraut waren, so sei doch erwähnt, dass die Tatsache, dass Inuit-Männer ihre Frauen teilten – was als angebrachtes Verhalten frei sämtlicher Eifersüchteleien galt –, dennoch häufig in einem Mord endete, der meist mit still-schweigender Billigung seitens der Frau geschah. Auch die australischen Aborigines aus Arnhem Land teilten ihre Frauen und hielten sie für alle ihre „Brüder Cousins" – also für alle Cousins mütterlicherseits – sexuell freizügig verfügbar. Und selbst dieses promiskuitive Verhalten verblasst, wenn man sich die Gewohnheiten der Ulithi auf den Caroline-Inseln betrachtet: Ihr Verhalten ließ den Anthropologen William Lessa, der den Inseln einen Besuch abstattete, fassungslos zurück, als er beim „Festival der 100 Pettings", *pi supuhui*, beobachtete, „dass alle Dorfbewohner, die nicht extrem alt oder extrem jung waren, sich zu Paaren zusammenfanden und in den Wäldern verschwanden … Verheirateten Paaren aber war es nicht erlaubt, zusammen in den Wald zu gehen, und es war auch nicht vorgesehen, dass man sich bei dieser Gelegenheit nur einem einzigen Partner widmen sollte … Falls zufällig Besucher anwesend waren, wurden sie aufgefordert mitzumachen. Diese Menschen beschreiben es als ein nettes Spiel und entschuldigen sich nicht dafür."

Erwähnt sei noch, dass der Vergleich mit der Rate der Ulithi beim Partnertausch – beinahe hundert im Vergleich zu unseren armseligen zwei Prozent – aus den späten 1960ern stammt, einer Ära, die als Höhepunkt der amerikanischen Frauentausch-Phase gilt.

Verbrechen aus Leidenschaft

Verbrechen aus Leidenschaft füllen die Titelseiten unserer modernen Regenbogenpresse standardmäßig. Kaum eine Ausgabe erscheint, ohne dass von einem Mord die Rede ist, der am Liebhaber der Exfreundin verübt wurde. Oder man liest von Dreiecksbeziehungen, die in einer Tragödie enden. Die Liebhaber der Inuit von vor hundert Jahren dagegen hätten über die heutigen vermeintlichen Verbrechen aus Leidenschaft nur gelacht.

Der dänische Entdecker Peter Freuchen berichtet von einem Anführer der Karibu-Eskimos, der, als er von den Eltern des Mädchens, das er zur Frau wollte, abgelehnt wurde, die gesamte, aus acht Personen bestehende Familie mit der Harpune ermordet hat, um sie dann doch noch zu heiraten. Auch Dreiecksbeziehungen stellten für die Männer der Inuit eine potenzielle Gefahr dar, da die Inuit, die ja hervorragende Jäger waren, einfach verlangen konnten, mit der Frau eines anderen zu schlafen, und das auch ganz unabhängig vom Einverständnis der Familie taten. In einem solchen Fall, der sich bei den Copper-Eskimos zugetragen hat, hat ein Mann, der unter dem Betrug litt, auf gänzlich unritterliche Weise seine Frau ermordet, da er sich nicht traute, ihren Liebhaber zu attackieren, er aber nicht zum Teilen bereit war. Prompt wurde er selbst getötet. Bei solchem Benehmen ist es kein Wunder, dass ein anderer dänischer Abenteurer, Knud Rasmussen, herausfand, dass jeder Einzelne der Männer vom Stamm der Musk-River-Eskimos wegen einer Frauengeschichte in einen Mord verwickelt war. Es ist wahrscheinlich ein großes Glück, dass die Inuit-Gesellschaften keine Zeitungen kannten – sie hätten nichts anderes außer den tragischen Ausgängen von Liebschaften zu berichten gehabt.

Natürlich gab es auch beim westlichen Frauentausch Fortschritte zu verzeichnen, bis in die Mitte der 1970er Jahre hinein. Und auch seitdem ist die Swinger-Szene permanent gewachsen: Wenn man der NASCA, der „North American Swing Club Association", Glauben schenken kann, sind inzwischen 15 Prozent der US-amerikanischen Paare ihr zugehörig. Ein Meilenstein dabei war die Erfindung der sogenannten „Schlüsselpartys", Zusammenkünfte, bei denen die Autoschlüssel der Teilnehmer in eine Schüssel getan wurden, der Partner jeweils einen Schlüssel zog und so per Zufall seinen Gefährten für die Nacht fand. Es mag überraschen, dass „Schlüsselpartys" längst erfunden waren, und zwar vor gut tausend Jahren, von amourösen Hawaiianern. Der Prediger David Malo, der im 19. Jh. auf Hawaii gelebt hat, beschreibt eine riesige Schlüsselparty, als er das *pili* („von der Wand berührt") beschreibt, zu dem seine Männer einmal eingeladen waren:

„Ein Zeitvertreib, der bei den Hawaiianern sehr beliebt war, ist ein ehebrecherischer Sport, der wie folgt betrieben wird: Man fertigt eine große Umfriedung, pa genannt, und fordert alle Menschen auf, sich in dieser Umfriedung im Kreis hinzusetzen. Dann singt ein Mann einen fröhlichen und lasziven Song und schwingt einen Zauberstab, der mit Vogelfedern versehen ist. Wenn er die Runde macht und einen Mann und eine Frau mit dem Zauberstab berührt, verlassen diese die Umfriedung und genießen einander ... Bei Tagesanbruch geht der Mann dann zu seiner Ehefrau und die Frau zu ihrem Ehemann zurück.“

Doch selbst die Hawaiianer werden, was das Swinging angeht, noch von den legendären Tahitianern dieser Zeit übertroffen. Die jungen Männer und jungen Frauen auf Tahiti kannten eine Swinging-Brüderschaft, den sog. Arioi-Kult, dessen Mitglieder dem Friedensgott Oro huldigten, indem sie buchstäblich Liebe und nicht Krieg machten. Die Arioi reisten um die Insel, von Dorf zu Dorf, und gaben Vorstellungen mit erotischen Tänzen als ein Vorspiel für ihre wahre Mission – „das Sammeln der sexuellen Wünsche ihrer Gastgeber und Gastgeberinnen“. Sie sammelten auch selbst, ständig, und konkurrierten mit den standeshöchsten Mitgliedern, den „Schwarzbeinen“, die so genannt wurden, weil sie über und über mit Tattoos versehen waren, um den sexuellen Anspruch auf alle anderen Mitglieder des Kultes sicherzustellen. Neben Schönheit und tänzerischem Können bestand die Hauptqualifikation darin, nicht verheiratet zu sein – eine Heirat sorgte für sofortigen Ausschluss aus dem Kult. Die meisten Mitglieder waren demzufolge jung, manche aber blieben bis in den mittleren Lebensabschnitt hinein aktiv. Anthropologen schätzen, dass es tausende von Arioi gab zu der Zeit, als die Europäer mit ihnen in Kontakt traten, bei einer Gesamtpopulation von nur 50 000 Menschen auf Tahiti zu jener Zeit. Auch wenn kein genauer Prozentsatz angegeben werden kann, so sind die Arioi jenen 100 000 Mitgliedern (bei einer Gesamtbevölkerung von 300 Millionen) in amerikanischen Swinger-Clubs haushoch überlegen.

Die amourösen Aktivitäten der Arioi weisen uns außerdem auf ein Problem hin, das sich aus den Anschuldigungen jener moralpredigenden Aktivisten ergibt – dass moderne Männer einen bis dato ungekannten Appetit auf drei-, vierfachen und überhaupt allerlei Arten von Gruppensex haben. Es ist zwar richtig, dass sich der Gruppensex in der modernen Welt aus den Randbezirken der Kultur (wie zum Beispiel von den Bikern) in ihr Zentrum bewegt hat, aber dennoch sind es nicht mehr als sechs Prozent der westlichen Männer, die von einem flotten Dreier berichten, geschweige denn von Aktivitäten mit mehr als drei Teilnehmern. Das mag darauf zurückzuführen zu sein, das der Homo sapiens eine instinktive Abneigung dagegen zu haben scheint, bei der Kopulation von anderen beobachtet zu werden. Eine Abneigung, die so stark ist, dass selbst in Stammesgesellschaften, in denen die Mitglieder häufig in gemeinsamen Ein-Raum-Hütten leben, Paare auf der Suche nach ein bisschen Privatheit sich in die Dunkelheit oder auf uneinsehbare Fleckchen zurückziehen. Und doch ließen sich manche stammeszugehörigen Männer gelegentlich zu öffentlichem Sex hinreißen, und wenn sie es taten, dann mit weit mehr als nur zwei Partnerinnen, mit zwei, drei, vier und manchmal sogar zehn Extra-Partnerinnen. Einige polynesische Gesellschaften beispielsweise feierten sportliche Triumphe oder auch die Rückkehr nach einem erfolgreichen Fischfang mit öffentlichen Orgien. In Hawaii fanden solche Orgien nach dem Tod eines wichtigen Häuptlings statt: „Sobald der Chief verschieden war, rannten die Menschen ohne Kleider hin und her. Jedes Laster wurde praktiziert, und die Erfüllung eines jeden einfachen und wilden Gefühls wurde ohne Reue eingesogen …"

Solche Szenen sexueller Exzesse konnten alle erwachsenen Mitglieder eines Stammes involvieren – manchmal mehrere hundert Menschen. Andere Gruppensex-Rituale waren (für unseren Geschmack) zwar weniger abstoßend, dafür umso tödlicher. Die Beerdigung von Wikinger-Häuptlingen beispielsweise waren ein Ruf an die Kriegskameraden, Gruppensex mit seinem mutigen Sklavenmädchen (das sich normalerweise freiwillig bereiterklärt hatte, ihrem Herrn in den Tod zu folgen) zu haben, wie uns der arabische Reisende Ibn Fadlan im 11. Jh. in einem Augenzeugenbericht kundtut:

„Dann betraten sechs Männer das Zelt, und alle hatten Sex mit ihr. Danach legten sie sie an die Seite ihres Herrn, zwei hielten ihr die Füße, zwei die Hände. Die alte Frau, die Todesengel genannt wurde, legte ihr eine Schlinge um den Hals, und während zwei Männer an dem Seil zogen, schlug die alte Frau auf das Mädchen ein. Danach kamen die Verwandten des toten Häuptlings mit einer brennenden Fackel und setzten das Schiff in Flammen."

Harter Stoff, ohne Frage – und mehr als genug, moderne Gruppensex-Enthusiasten in ihre Schranken zu verweisen.

Und wieder einmal scheinen die Dinge einen entsetzlichen Lauf zu nehmen. Der heterosexuelle Ruf des *Homo masculinus modernus* liegt in Scherben. Es gibt nichts, das er mit seinen Frauen anstellt – egal, ob er sie erobern, erfreuen, tauschen oder sie betrügen möchte –, das seine antiken und stammeszugehörigen Vorfahren nicht erfolgreicher, zärtlicher, häufiger und besser angestellt hätten. Sollte er also die Spur wechseln und versuchen, seine Ehre auf dem Feld der homosexuellen Abenteuer zu verteidigen? Schließlich ist eine weitere bevorzugte Anschuldigung, die sämtliche Moralisten aussprechen, dass wir uns zu zügellosen gleichgeschlechtlichen Sünden herablassen, und das auf einer in moralischer Hinsicht bereits abschüssigen Straße. Und es gibt dafür sogar wissenschaftliche Unterstützung: Obwohl nur ein Prozent der US-amerikanischen Männer sich als ausschließlich homosexuell bezeichnen (so eine Statistik des National Opinion Research Center), bezeichnen sich immerhin weitere vier Prozent als bisexuell. Aber sind wir wirklich die fröhlichsten

Schwulen, die sich je ein ledernes Tuch um die Lenden gebunden haben?

Warten wir's ab.

Man könnte argumentieren, dass das Beispiel der Bonobos zeigt, dass sogar unsere frühesten Vorfahren eine schwule Ader hatten. Bonobos, wie jeder weiß, sind unglaublich sexy Affen und erfreulich vorurteilsfrei bei der Wahl ihrer Partner – tatsächlich finden die meisten Sexualkontakte der Bonobos als lesbische Kontakte zwischen älteren Weibchen statt. Männliche Bonobos sind der Homoerotik weniger zugeneigt, aber sie engagieren sich doch immer wieder im gegenseitigen Reiben ihrer Eicheln und Penisse. Männliche Schimpansen berühren sich gegenseitig an der Eichel, um sich Solidarität zu versichern, und schlagen sich gegenseitig auf den Hintern als Versöhnungsgeste nach einem Kampf. Und unsere direkten hominiden Vorfahren? Tatsache ist, dass es keine Beweise für schwule Kontakte unter frühen hominiden Männern gibt – nicht, weil es diese nicht gab, sondern weil es keinerlei Beweise für ihre sexuellen Aktivitäten gibt, die 18 000 Jahre zurückreichen (außer natürlich unserer Existenz!). Zwar gibt es zahlreiche sexy Zeichnungen, die während der Steinzeit auf Felswände geritzt, aber seltsamerweise keine Abbildungen sexueller Aktivitäten. Allerdings gibt es zahlreiche Bespiele für homoerotisches Verhalten in jüngeren prähistorischen Zeiten männlicher Homo sapiens. Unter den in Neuguinea lebenden Sambia war (und vermutlich ist) homoerotisches Verhalten für Männer während Adoleszenz und Erwachsensein Pflicht. Ab einem Alter von neun Jahren werden sambische Jungs dazu abgeordnet, die älteren Männer ihres Stammes durch Fellatio zu befriedigen. Für uns klingt das nach einem schrecklichen Kindesmissbrauch, aber die Sambia glauben, dass sie so den Jungen helfen, da der Samen die „heilige Milch" ist, die sie brauchen, um selbst zu Männern zu werden, zumal der Samen nicht von männlichen Körpern produziert, sondern von Generation zu Generation weitergegeben wird. Und auch wenn dieser Brauch eine rituelle Zeremonie ist, so gibt es doch keinen Zweifel daran, dass viele sambische Männer, und Jungen, begeisterte Nutznießer der homoerotischen Aspekte der Samenweitergabe sind.

Damit wir nicht glauben, dass es sich dabei um ein bizarres Verhalten handelt, zu dem nur stammeszugehörige Männer fähig sein, ist es wert, daran zu erinnern, dass auch unsere eigenen Vorfahren homosexuelle Strategien in der Aufzucht des männlichen Nachwuchses praktizierten. Im antiken Sparta beispielsweise wurden erwachsene Männer dafür bestraft, wenn sie einen männlichen Liebhaber, der jünger war als zwölf, ablehnten. Der Grund hierfür war eine *eromenos* genannte Tradition, bei der der jugendliche Liebhaber seinen Liebeslehrer brauchte, der ihn lehrte, mithilfe von *agoge* (Training) zu werden, was ein Spartaner war. Diese Beziehung war definitiv erotisch, auch wenn die Spartaner für sich beanspruchten, dass *eromenos* ihre Lust nur dadurch befriedigte, dass sie die eingeölten Hüften rieben. Ganz im Gegensatz dazu stehen nämlich jene Graffiti, die man zufällig in den Sportarenen des antiken Sparta fand: „Krimon f*ckte Amotion hier". Gleichzeitig kannten auch die Athener keinen Zweifel an den Gewohnheiten ihrer Feinde aus Sparta: Ihre Dramen und Schauspiele sind voll von anzüglichen Anspielungen auf spartanischen Sex – sprich Sodomie. Und wie auch immer es um den Wahrheitsgehalt dieser Anschuldigung stehen mag, ist auf alle Fälle klar, dass männliche Homosexualität nicht im Stonewall Inn im Jahre 1969 in New York erfunden wurde.

Das Gleiche gilt für eine andere häufig geäußerte Kritik am *Homo masculinus modernus* – seine Vorliebe für Pornografie. Sicher, der Pornografie-Markt hat in den vergangenen vierzig Jahren enorm zugelegt: Während das Gesamtvolumen – für Filme, Zeitschriften, Bücher und Live-Dienstleistungen wie Telefonsex und Peep-Shows – im Jahr 1970 noch zehn Millionen Dollar betrug, ist es inzwischen auf einen Wert zwischen zwei und fünf Milliarden Dollar angewachsen. Begonnen hat das alles im Jahr 1953, mit Hugh Hefners allererstem Playboy-Magazin. Wirklich? Der auf Felsenmalereien spezialisiserte Forscher Russell Dale hat in den späten 1970er Jahren ein interessantes Experiment durchgeführt: Er verglich ausgewählte weibliche Figuren aus steinzeitlichen europäischen Höhlenmalereien mit den Postermädchen einer deutschen Playboy-Ausgabe.

Er fand heraus, dass die Posen, die die Frauen auf den Felsenzeichnungen innehatten, denen der Postermädchen bemerkenswert ähnlich waren, betonten sie doch Hüften, Taille, Brust und Beine. Und eine große Anzahl von Gemälden zeigt die Frauenfiguren von hinten, ein ganz ungewöhnlicher Winkel, es sei denn, mal will den Sex-Appeal ihres Hinterns herausstellen. Felsenzeichnungen zeigen oft auch ganz explizit die weibliche Vulva, ein Schritt, den selbst der Playboy als zu gewagt empfindet. Doch die prähistorische Kunst hat so etwas getan. Die Menschen der Moche, einem Stamm im antiken Nord-Peru, können sich mit dem Titel schmücken, die Erfinder des Sextopfes zu sein. Sie fertigten keramische Gefäße – man hat tausende davon gefunden –, die expliziteste Sex-Aktivitäten abbildeten, allesamt detaillierte, realistische Darstellungen. Der Triumph also gehört den Moche – und das vor 1500 Jahren! Manche dieser Gefäße zeigten gar verstörende Darstellungen – masturbierende Skelette –, die wir heutzutage als illegale, nekrophile Pornografie verbieten würden. Und dabei handelte es sich bei diesen Gefäßen noch nicht einmal um Produkte, die unter der Ladentheke ausgehändigt wurden, wie es das Schicksal vieler moderner pornografischer Artikel ist. Jeder einzelne Sextopf der Moche war nicht nur eine Skulptur, sondern zugleich ein voll funktionsfähiges Gefäß, das man wohl öffentlich zur Schau gestellt in ganz vielen Behausungen antraf. Im Gegensatz dazu ist in unserer Gesellschaft das öffentliche Zurschaustellen von Pornografie noch immer so verpönt, dass die Sitcom *Seinfeld* einmal die gesamte Nebenhandlung einer ganzen Episode um die verstörende Anwesenheit eines Stapels von *Penthouse*-Zeitschriften in einer Zahnarztpraxis konstruierte.

Wie es also aussieht, bleibt dem *Homo masculinus modernus* nur noch eine einzige Wahl: sich zurückzuziehen und dem Sex gänzlich abzuschwören. Einige moderne Männer sind tatsächlich diesen Weg gegangen, darunter die Anhänger jener „radikalen Zölibat"-Bewegung, die in den 1980ern eine kurze Blütezeit erlebte. Ein prominenter Abstinenzler war der britische Schauspieler Stephen Fry, der sich als „zölibatär" outete, in einem denkenswerten Zeitungsartikel im Jahr 1980. Doch selbst wenn es um Rückzug und Askese geht, so stehen wir modernen Männer wieder einmal in der zweiten Reihe. Frys Zölibat, beispielsweise, dauerte ungefähr 16 Jahre, von 1979 bis 1995. Auch wenn das eine lange Durststrecke ist, ganz sicher, so sieht diese im Vergleich zu der heldenhaften Abstinenz einiger antiker Männer ein wenig mager aus. Frühe christliche Mönche, bekannt als „Wüstenväter", die in den ägyptischen Ödländern lebten, schworen lebenslang dem Sex ab, obwohl es zur damaligen Zeit keine Vorschrift gab, die das von ihnen verlangte. Und Symeon Stylites, ein berühmter Asket, der im 5. Jh. lebte, verbrachte 69 Jahre seines Lebens, ohne die Zärtlichkeiten einer Frau zu spüren (was ihm erheblich dadurch erleichtert wurde, dass er 37 Jahre auf einem 15 Meter hohen Pfeiler zubrachte). Und wie vorauszusehen war, übertraf die Dauer der Lustunterdrückung, die diese „Wüstenväter" auf sich nahmen, die moderner Abstinenzler bei weitem. Im Viktorianischen Zeitalter empfahlen Ärzte eine strenge Diät und zahlreiche kalte Duschen, um das Feuer der Lust abzukühlen; und einige frühe Christen zogen es vor, wortwörtlich den Kampf mit dem Feuer aufzunehmen und quälten sich selbst mit rotglühenden Bügeleisen, um erotische Gedanken zu vertreiben. Oder sie setzten sich auf eine extreme Hungerdiät, um ihren Körper „auszutrocknen" – Mangelernährung als effektives Mittel, sowohl die Samenproduktion zu reduzieren als auch jegliches Interesse an Sex zu verlieren. Einige platzierten Giftschlagen in ihrem Lendenschurz, und ein anderer, den die Erinnerung an seine kürzlich verstorbene Schöne quälte, grub ihren Körper aus und rieb seine Kleidung an ihrem verrottenden Fleisch, um seine Sehnsucht länger am Leben zu erhalten.

Man könnte nun argumentieren, dass die Wüstenväter extreme Individuen waren, die nicht wirklich als Maßstab dienen können. Aber einige antike Gesellschaften verlangten von ihrer gesamten männlichen Population, dass sie ihr gesamtes Leben in Abstinenz verbrachten. Eine solche Gesellschaft war die keltische, prä-angelsächsische Bevölkerung von England. Eine im Jahr 2002 durchgeführte genetische Analyse der Y-Chromosomen-Variationen von englischen Männern und Männern aus Wales fand heraus, dass die Mehrheit der englischen Männer Y-Chromosome tragen, die untereinander sehr ähnlich sind, die sich aber sehr von denen der Männer aus Wales unterscheiden. Da Y-Chromosomen vom Vater auf den Sohn unverändert weitergegeben werden, würde das bedeuten, dass die ursprünglichen, keltischen Einwohner Britanniens, vertreten durch die Männer aus Wales, alle abgeschlachtet und durch die einfallenden Angeln und Sachsen im 5. Jh. ausgetauscht worden waren. So könnte es gewesen sein – wäre da nicht die Tatsache, dass laut Studien die weibliche mitochondrische DNA, die von der Mutter auf die Tochter ebenfalls unverändert weitergegeben wird, viel geringere Abweichungen zwischen England und Wales aufweist, was somit belegt, dass die keltischen Frauen nicht abgeschlachtet und durch einfallende Angeln und Sachsen ausgetauscht wurden. Und dann ist da noch der linguistische Beweis, den es für das Überleben einiger keltischer Männer gibt. Die ländliche Bevölkerung in einigen Teilen Englands hat noch bis vor kurzem ein keltisches System, ihre Herde zu zählen, bemüht – ein Beweis, dass einige von ihnen, vermutlich als Weidesklaven, lang genug überlebt haben, um ihre

Gewohnheiten in der Schafzucht zu überliefern. Eine mögliche Erklärung für diese Tatsache könnte sein, dass keltische Männer die angelsächsische Invasion überlebten, dass ihnen aber der Zugang zu ihren Frauen von den neuen Herrschern verwehrt wurde. Sieht also ganz danach aus, dass männliche, keltische Briten nie mehr Sex hatten, nachdem die Angelsachsen ihr Territorium betreten hatten.

Wohl eine radikale Form des Zölibats?

Der unfreundlichste aller Schnitte

Zeitungsartikel aus dem Jahr 1996 berichteten über den am längsten lebenden Eunuchen. Sun YaoTing aus China war, um mit Worten von Mark Twain zu sprechen, ziemlich überschätzt. Einer kürzlich veröffentlichten Studie der John-Hopkins-Universität zufolge listet eine Website für Selbst-Kastraten 3500 Mitglieder auf, von denen sich 166 tatsächlich selbst kastrierten. Die Motive für ihre Tat rangierten dabei von sexuellem Fetischismus bis zu dem Wunsch, das eigene sexuelle Verlangen zu reduzieren. Dabei wird das „Burdizzo", eine landwirtschaftliche Kastrationsklammer, die die testikularen Blutgefäße abklemmt, als Werkzeug empfohlen. Die Prozedur verursacht eine halbe bis eine Minute lang extreme Schmerzen (genug, um Erbrechen hervorzurufen), ist aber, verglichen mit der Prozedur, die antike Eunuchen über sich ergehen lassen mussten, relativ harmlos.

Italienische Kastraten (Jungs, die man kastriert, um ihnen die Sopranstimme zu erhalten) bekamen ihre Testikel zerstoßen, um sie zu zerstören, nachdem man die Buben erst mal in ein brühend heißes Bad getaucht hatte, um sie zu erweichen – eine Prozedur, die viele überhaupt nicht überlebten. Das Zertrümmern von Testikeln war so tödlich, dass es von den türkischen Ottomanen als Exekutionsmethode angewandt wurde.

Welch ein Desaster! Selbst wenn es darum geht, *keinen* Sex zu haben, laufen unsere antiken Vorfahren dem *Homo masculinus modernus* den Rang ab. Man könnte nun argumentieren, dass das in evolutionärer Hinsicht alles kein Verlust ist, da es schließlich Sinn und Zweck der Gene ist, sich selbst zu überliefern, und nicht, Abstinenzrekorde aufzustellen. In diesem Licht betrachtet ist es unsere lustarme sexuelle Leistung, die die größte Niederlage bedeutet. Schließlich ist es genau diese Leistung, die die Weitergabe unserer Gene gefährdet. Und weil dem so ist, macht es Sinn, hier ein bisschen genauer hinzuschauen. Worin liegt die Ursache für unsere defizitäre sexuelle Leistung?

Die gute Nachricht lautet: Die Ursache ist, zumindest im Westen, kulturell bedingt. Schon die frühen Christen haben verkündet, dass der Körper ein Gefängnis der Seele sei und seine Bedürfnisse ein schwaches Glied in der Kette. Das Christentum wurde zur Domäne sexueller Ignoranz, und das so gründlich, dass die vierte Frau von Heinrich VIII. nicht begriff, dass sie schlicht deshalb nicht schwanger wurde, weil ihr Mann überhaupt nicht mit ihr schlief. Eine solche Unwissenheit musste unweigerlich zu einer Verschlechterung männlicher Sexualtechniken führen, und so war es auch. Albertus Magnus, ein deutscher Kirchenvater, notierte, dass von fünf Sexualstellungen, die dem Manne bekannt seien, nur eine einzige, die Missionarsstellung, vor Gott zulässig sei. Die Fokussierung auf diese eine Stellung mag wenigstens zum Teil der Grund für die enttäuschenden Zahlen hinsichtlich der Orgasmushäufigkeit bei modernen Frauen sein. Studien beweisen, dass Stellungen (zu denen die Missionarsstellung nicht gehört), die die vorderen Scheidenwände, auf denen sich der G-Punkt befindet, stimulieren, am ehesten zu einem weiblichen Orgasmus führen. Interessanterweise waren diese Stellungen in den Stammesgesellschaften, bei denen die Orgasmushäufigkeit sehr hoch war (wie eben bei den Trobriand-Insulanern), sehr beliebt, die Missionarsstellung überhaupt nicht. Tatsächlich machte sich die Inselbevölkerung sogar darüber lustig – Malinowski berichtet, dass es zu den Lieblingsbeschäftigungen der Trobriand-Jugendlichen, die mit den Europäern zusammengearbeitet hatten, gehörte, die seltsamen und völlig uneffektiven Sexualpraktiken ihrer Herren zu Belustigungszwecken nachzuahmen.

Und auch wenn es demütigend ist, so birgt diese Tatsache doch auch Hoffnung auf eine Verbesserung in sich. Selbst wir können uns nicht auf ewig verweigern, neue Tricks zu lernen. Da ist die Tatsache, dass Malinowski auch berichtet, dass sich seine jugendlichen Informanten auch über die begrenzte Ausdauer ihrer Arbeitgeber mockierten, schon bedenklicher:

„Man karikierte die Kürze und das Fehlen von Leidenschaft in der Vorstellung, die die Europäer abgaben. Der weiße Mann kommt viel zu schnell zum Orgasmus; die Melanesier brauchen viel länger und setzen eine größere mechanische Energie ein, um das gleiche Ergebnis zu erzielen."

An dieser Stelle legt Malinowski seinen Finger in die Wunde: dass es tatsächlich physische Defizite sein könnten, die die europäischen Männer auf sexuellem Gebiet haben. Vergleichen wir doch einmal die beiden häufigsten sexuellen Probleme: vorzeitige Ejakulation und Erektionsstörungen. Selbst die geringsten Zahlen in modernen Studien legen offen, dass 26 Prozent der modernen Männer zwei Minuten nach dem Eindringen in die Vagina ejakulieren (Kinseys Zahlen aus den 1940ern und 1950ern sind noch schlechter, geben sie doch an, dass 75 Prozent der Männer keine zwei Minuten brauchen). Die Fähigkeiten der Truk und der Trobriand-Insulaner dagegen beweisen, dass vorzeitige Ejakulation unter den Stammesangehörigen viel seltener ist. Und das Gleiche gilt für Erektionsstörungen. Der britische National Health Service schätzt, dass mehr als fünfzig Prozent der westlichen Männer über vierzig zumindest gelegentlich unter Erektionsstörungen leidet – zum Vergleich: Die Frauenhelden der Manga auf den Cook-Inseln schaffen dreimal wöchentliche „Tollereien" und dauerhafte Orgasmen. Der einzige tröstliche Umstand für uns ist, dass die umweltbedingten Stressoren der modernen Gesellschaft oft eine Mitschuld an unserem Versagen tragen. Vorzeitige Ejakulation zum Beispiel wird häufig durch Angst und Stress ausgelöst. Erektionsstörungen sind oft das Ergebnis von Bluthochdruck, Arteriosklerose, Alkoholismus und

Rauchen, allesamt Produkte eines modernen Lebensstils, den Stammesangehörige nicht kennen.

Verstörenderweise aber lassen sich nicht alle unserer Defizite auf Umweltfaktoren abschieben. Einige scheinen genetisch bedingt zu sein. Eine Studie aus dem Jahr 1999 unter ein- und zwei-eiigen männlichen Zwillingen zeigt, dass 23,3 Prozent der Probleme, eine Erektion zu bekommen, erblich bedingt war, und 26,7 Prozent der Probleme, eine Erektion aufrechtzuerhalten, ebenso. Und eine 2007 in Finnland an Zwillingen durchgeführte Studie kam zu einem annähernd gleichen Ergebnis bei der Untersuchung der vorzeitigen Ejakulation. Dagegen lassen anthropologische Berichte vermuten, dass genetisch bedingte Impotenz und sexuelle Funktionsstörungen unter Stammesbrüdern nur selten auftraten. Die wenigen Probleme, die auftauchten, waren auf Krankheit oder Verletzung zurückzuführen.

Woher rührt dieser Unterschied? Wieso gibt es überhaupt einen, zumal wir über Sex reden, jenen Mechanismus natürlicher Selektion? Wie kann es sein, dass sexuelle Inkompetenz in westlichen Gesellschaft ein Für, in Stammesgesellschaften ein Wider ist? Natürlich ist jede These wilde Spekulation – aber ich vermute mal, dass die Ursache im kulturellen Wandel liegt. Denken wir doch mal nach: In welchen selektiven Umgebungen gelingt es schlechten „Performern", ihre Gene weiterzugeben? Etwa in einer promiskuitiven polynesischen Gesellschaft, wo die Frauen sexuelle Anforderungen stellen und unter einer Vielzahl von virilen Partnern wählen können? Oder in einem rückständigen Europa, wo Sex als eine beschämende Aktivität gilt und schon der Begriff „Sex" verpönt ist, geschweige denn ein Vergleich bei der Ausführung?

Ich denke, wir alle kennen die traurige Antwort.

Epilog:
Wir könnten Helden sein

Es war eine lange Reise in die Nacht. Und der Morgen hat uns keinen Beistand gebracht: Das harte Licht der Dämmerung zeigt uns blinzelnd, nackt, zitternd und entblößt. Nichts bleibt uns, außer dass wir die versprengten Scherben unserer männlichen Selbstachtung aufsammeln, unsere Nacktheit bekleiden und herauszufinden versuchen, was nun zu tun ist.

Falls wir überhaupt etwas tun können.

Nun, das kommt ganz darauf an. Die beschämenden Ergebnisse, die in diesem Buch ausgeführt sind, haben drei Ursachen: Kultur, Ontogenese und Genetik. An den ersten beiden Schrauben können wir drehen; die dritte bleibt ein Problem. Wenn unsere Verfehlungen eine genetische Ursache haben, dann ist daran nur wenig zu rütteln.

Gibt es also einen Beweis, dass dem so ist?

Unglücklicherweise ja. Jene Ergebnisse der teilweisen Vererbbarkeit von vorzeitiger Ejakulation und Impotenz sind erst der Anfang. Ein deutlicherer Beweis dafür, dass eines unserer Defizite zumindest teilweise eine erbliche Ursache hat, ist unsere Kurzsichtigkeit. Charles Darwin war der Erste, der dieses moderne physische Defizit näher beleuchtete. In seinem 1839 angefertigten Bericht von seiner Reise auf der H.M.S. Beagle vermerkte er die phänomenale Sehkraft zweier eingeborener Männer der Fueger, Jemmy und York, die auf der Beagle in ihre südamerikanische Heimat zurückkehrten:

„Die Seeleute waren bekannt für ihre gute Sehkraft, und doch waren die Fueger ihnen überlegen, und noch dazu ohne Fernglas. Wenn sich Jemmy mit einem der Officer stritt, behauptete er: ‚ich gesehen ein Schiff, ich nicht sagen‘. Er und auch York hatten unweigerlich recht: Die Objekte, wenn man sie mit dem Fernglas fokussierte, waren Schiffe."

Eine Fähigkeit, die erblich sein musste, wie Darwin feststellte, denn selbst in den Fällen, in denen Europäer gemeinsam mit Ureinwohnern aufwuchsen und somit denselben Umweltbedingungen ausgesetzt waren, war ihre Sicht weniger akkurat.

Und Walfänger im frühen 19. Jh. in Australien haben gelernt, ihren australischen Aborigine-Schiffgefährten nicht zu widersprechen, die in der Lage waren, Wale ohne Zuhilfenahme irgendwelcher Hilfsmittel zu erspähen in Entfernungen, die die Fähigkeiten der Europäer bei weitem übertrafen. Ein berühmter australischer Aborigine-Walfänger, Tomym Chaseland, verblüffte Captain J. Lort Stokes auf der Acheron nicht nur damit, einen treibenden toten Wal zu entdecken, der noch weit außerhalb des Sichtfelds des Teleskops war, er war sogar in der Lage, die Harpune und das befestigende Seil zu beschreiben. Und ein anderer Schiffskamerad notierte, dass Chaseland Land aus 50 Kilometer Entfernung ausmachen und 1,5 Kilometer tief ins Wasser hineinblicken konnte. Dieser Unterschied lässt sich noch heute nachweisen. Der australische Ophthalmologe Hugh Taylor hat 1981 berichtet, dass die australischen Aborigine-Männer in West-Australien ein 6/1,5-Meter-Sichtfeld haben – sie sehen in einer Entfernung bis zu sechs Meter scharf; europäischstämmmige Australier schaffen gerade mal 1,5 Meter.

Warum aber ist die Sehkraft der australischen Aborigines genetisch bedingt so viel besser als die europäischer Männer? Ganz klar, weil sie das Jagen erst kürzlich aufgegeben haben: Das selektive Umfeld, in dem die australischen Aborigines noch bis vor hundert Jahren lebten, brachte einen hohen selektiven Druck für eine scharfe Sicht mit sich, wohingegen für europäische Männer, die während der vergangenen 8000 Jahre in einer landwirtschaftlichen Gesellschaft gelebt haben, die Pflanzen und Tiere – und somit der reproduktive Erfolg –

nie mehr als ein paar Meter entfernt waren. Diese Tatsache führte zu einer Lockerung auf den selektiven Druck für eine gute Sicht, sodass es über die Jahrhunderte zu einer verschlechterten Sicht auf das heutige Niveau kam.

Einige unserer Defizite sind also somit tatsächlich genetisch bedingt. Das ist entmutigend; ein kleiner Trost ist aber, dass diese erblichen Defizite in der Minderheit zu sein scheinen. Wir haben unsere Knochen als einen Beweis dafür – erinnern Sie sich: Im Kapitel „Muskeln" kam zur Sprache, dass die artikularen Enden unserer langen Knochen – die Komponenten, deren Wachstum genetisch bestimmt ist – noch immer so robust sind wie die unserer Verwandten von vor mehreren Millionen Jahren. Wir können somit erleichtert aufatmen. Unser Versagen ist somit eher kulturell und ontogenetisch bedingt – wir können daran also etwas ändern.

Und selbst einige der Defizite, die genetisch bedingt sind, können wir durch kulturellen Wandel beeinflussen. Vorzeitige Ejakulation beispielsweise kann durch sexuelles Training behoben werden. Vielleicht ist es ja an der Zeit, dass wir an einem Crashkurs in verzögernden Sexualpraktiken teilnehmen. Vielleicht sollten wir eine UN Task Force aufstellen und all die Männer der Pokot, Mangia, Trobriand und Tahitianer, die sich dem westlichen Einfluss erfolgreich verweigert haben, zusammenrufen, damit sie der westlichen Welt zeigen, wie's geht.

Spaß beiseite – das Wissen um die Schwächen, das hier offengelegt wird, gibt uns Hinweise darauf, wie wir vergessene männliche Tugenden wie zum Beispiel Tapferkeit und väterlichen Instinkt wieder erwerben können. Man könnte geeignete Betätigigungsfelder für die Bravado des männlichen Nachwuchses ersinnen – dies ist schließlich mit ein Grund, warum Sportprogramme so erfolgreich die Kriminalitätsrate unter jungen Männern bekämpfen. Ausgedehnte Väterzeiten in Betrieben und eine flexible Arbeitsplatzgestaltung könnten ebenfalls dazu beitragen, den herausragenden und bemerkenswerten Qualitäten der Aka nachzueifern.

Die tiefere Botschaft unserer Knochen aber ist die, dass wir Verräter sind. Wir verraten zahllose Generationen männlicher Lebewesen, die einen harten Kampf ums Überleben geführt haben. Bringen wir uns doch nur die reduzierte Robustheit unserer Schaftknochen im Vergleich zu denen von Homo erectus und anderen frühen Arten in Erinnerung. Ganz egal, ob es sich dabei um ein ontogenetisches oder ein entwicklungsbedingtes Phänomen handelt, wir sind das Produkt moderner Lässigkeit und Inaktivität. Wir verweigern unserem Körper und unserem Geist die Stimulation – egal ob mechanisch oder intellektuell –, die nötig ist, unser in die Genotypen eingeschriebenes Potenzial gänzlich auszuschöpfen, und das, obwohl wir durchaus Gelegenheit dazu hätten. Auch wenn es wahr ist, dass wir nicht mehr die Kraft der Schimpansen – oder vielleicht unserer Vorfahren, der Neandertaler – haben, könnten wir noch immer die Stärke der hart arbeitenden Menschen aus der frühen industriellen Revolution haben, wenn wir uns in gleichem Maßen selbst fordern würden. Wir könnten so schnell rudern wie die Besatzungsmitglieder auf einer griechischen Trireme, so schnell rennen wie unsere eiszeitlichen Vorfahren in New South Wales, so hoch springen wie die *gusimbuka-urukiramende* und die Bögen mit der phänomenalen Genauigkeit der Mongolen und der Heldenhaftigkeit der mittelalterlichen japanischen *toshiya* schießen – wenn wir denn bereit wären, ein ähnlich hartes Training auf uns zu nehmen. Und wir könnten dichten wie Homer und singen wie die slawischen Barden, wenn wir uns vom Feuer der Worte in ähnlicher Weise entzünden ließen.

Wir sind also zweifelsohne verräterisch, und unsere Nachlässigkeit geht nicht nur zulasten unseres genetischen Materials, sondern auch zulasten unserer Söhne. Rufen wir uns nur in Erinnerung, dass der männliche Körper massiv auf mechanischen Stress reagiert, der das Wachstum im Alter zwischen acht und vierzehn Jahren stimuliert. Indem wir unsere Söhne auffordern, uns in unseren so wenig glorreichen Fußstapfen zu folgen, verurteilen wir sie lebenslang zu brüchigen Knochen, schwachen Sehnen, weichen Körpern und schwachen Köpfen. Wir tun unseren Kindern keinen wirklichen Gefallen, wenn wir ihnen vorführen, wie unfähig wir sind: Wären wir nicht so negativ, zu welchen Höchstleistungen wären sie fähig?! Vermutlich wären sie schockiert zu begreifen, welch Potenzial ihnen qua Geburtsrecht innewohnt – ein Versprechen, das in ihren 23 Chromosomenpaaren kodiert ist.

Um dieses Problem für uns und unsere Söhne zu lösen, bedarf es nicht mehr als purer Willenskraft. Haben wir also eine Chance?

Unglücklicherweise stehen die Zeichen gar nicht gut.

Der erste Schritt, das Problem zu lösen, ist, ihm ins Auge zu sehen. Und selbst daran mangelt es. Denken wir nur zurück an die selbstbetrügerischen Aussagen, wenn wir über die sexuelle Zufriedenheit unserer Partner, unsere Leidensfähigkeit, medizinische Prozeduren zu überstehen, oder unsere Tapferkeit im Kampf von Angesicht zu Angesicht berichten. Tatsächlich scheint Selbstbetrug unsere Spezies auszuzeichnen – er hat gar seine eigene evolutionäre Logik. Zahlreiche Evolutionspsychologen haben darauf hingewiesen, dass das Bluffen eine wesentliche männliche Fähigkeit ist, einen Gegner abzuschrecken, solange man selbst daran glaubt. Wenn also Selbstbetrug das Ergebnis der Evolution ist, was soll's? Selbst Darwin hat nie behauptet, dass der Prozess der Selektion zu einem moralisch befriedigenden Ergebnis führt. Schließlich kam dabei die feige Hyäne ebenso heraus wie der edle Löwe.

Eine interessante Parallele unter den Primaten findet sich beim Orang-Utan. Die meisten männlichen Orang-Utans sind fürchterliche Machos, mit riesigen Körpern, die bis zu 118 Kilo auf die Waage bringen und die so tief brüllen können, dass der Regenwald zittert. Es ist sehr kostspielig, so imposant zu werden, und doch ist es ihnen gelungen – es muss gelingen, denn nur der größte männliche Orang-Utan gewinnt die

Kämpfe, die ihm sexuellen Zugang zu den Weibchen gewähren. Orang-Utan-Weibchen verweigern den Sex mit schwächlichen Männchen. Und doch hat sich die Evolution einen anderen, weniger noblen Weg ausgedacht, wie es den Orang-Utan-Männchen gelingt, ihre Gene weiterzugeben. Einige Männchen nämlich verweigern sich der Notwendigkeit, großzuwachsen und zu kämpfen, und beschließen, ihr Leben als kleinwüchsige Erwachsene zu leben. Diese feigen, kleinen Männchen nutzen die Energie, die sie im Kampfgerangel sparen, dafür, Weibchen zu jagen, und ihre geringere Größe ermöglicht es ihnen, Weibchen schneller zu fangen, als das großen Menschenaffen möglich ist. Zwar verweigern sich die Weibchen den Annährungsversuchen hartnäckig, aber die Stärke der „kleinen Männchen" ist noch ausreichend, sie mit Gewalt zu nehmen.

Die Evolution hat kleine Orang-Utans also zu Vergewaltigern gemacht. Viel unmoralischer geht es gar nicht.

Zum Glück aber haben sich die meisten modernen Männer genug Würde bewahrt, vor gewalttätigen Angriffen zurückzuschrecken. In so viel anderer Hinsicht dagegen – das Buch mag dies aufgezeigt haben – sind wir heute die „kleinen Männchen" der Gattung Homo – nur dass uns die Ehrlichkeit der Orang-Utans fehlt. Die „kleinen Männchen" der Orang-Utan haben den Mut, ihren Status, nur Zweitbester zu sein, zu verinnerlichen und auszunutzen; wir dagegen bestehen auf einer Maskerade als Helden. Man kann sich nur fragen, was wohl unsere Vorfahren, jene Homo erectus, von unserem Verhalten halten würden. Wenn wir einen Homo erectus von vor 1 000 000 v. Chr. aus der afrikanischen Wüste aufsammeln und an einem modernen westlichen Event – sagen wird, einer NASCAR-Rallye oder einer Versammlung in einem Swinger-Club – teilnehmen ließen, was würde er sagen? Ohne Zweifel käme es zu Diskussionen, darüber, ob er überhaupt etwas sagen würde, denn wir wissen nicht, ob Homo erectus überhaupt reden konnte. Aber wenn er es könnte, hätte er ganz sicher Veranlassung genug, zu protestieren gegen den Betrug, den wir an dem Genotyp verübt haben, für den er gekämpft, für den er gelitten hat und für den er gestorben ist. Ganz sicher würde er die Rede jener Gottheit aufgreifen, deren bloße Existenz man sich für weitere Millionen von Jahren noch nicht einmal würde vorstellen können:

„Meine Söhne, meine Söhne, warum habt ihr mich verlassen?"